Chris Stewart
Unter den Zitronenbäumen

Inhalt

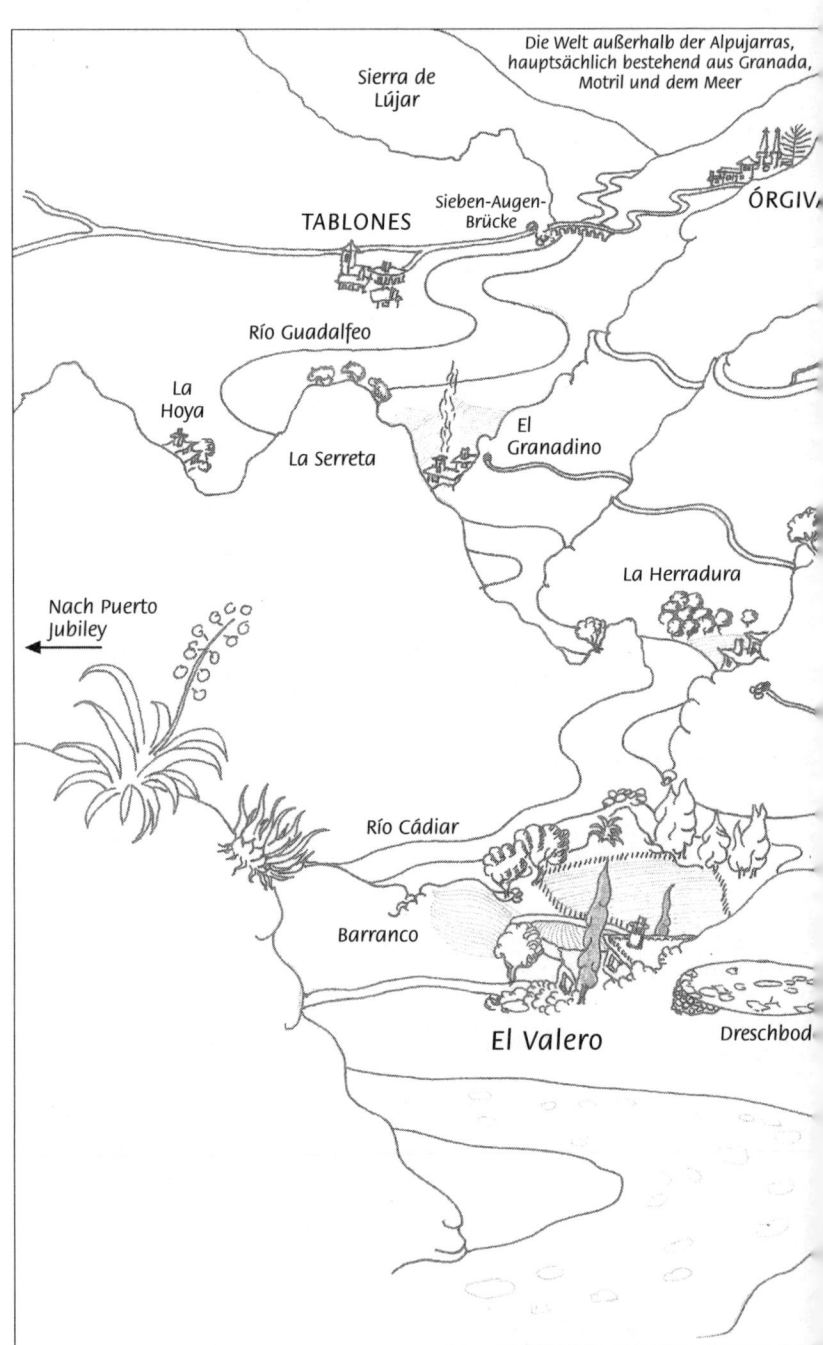

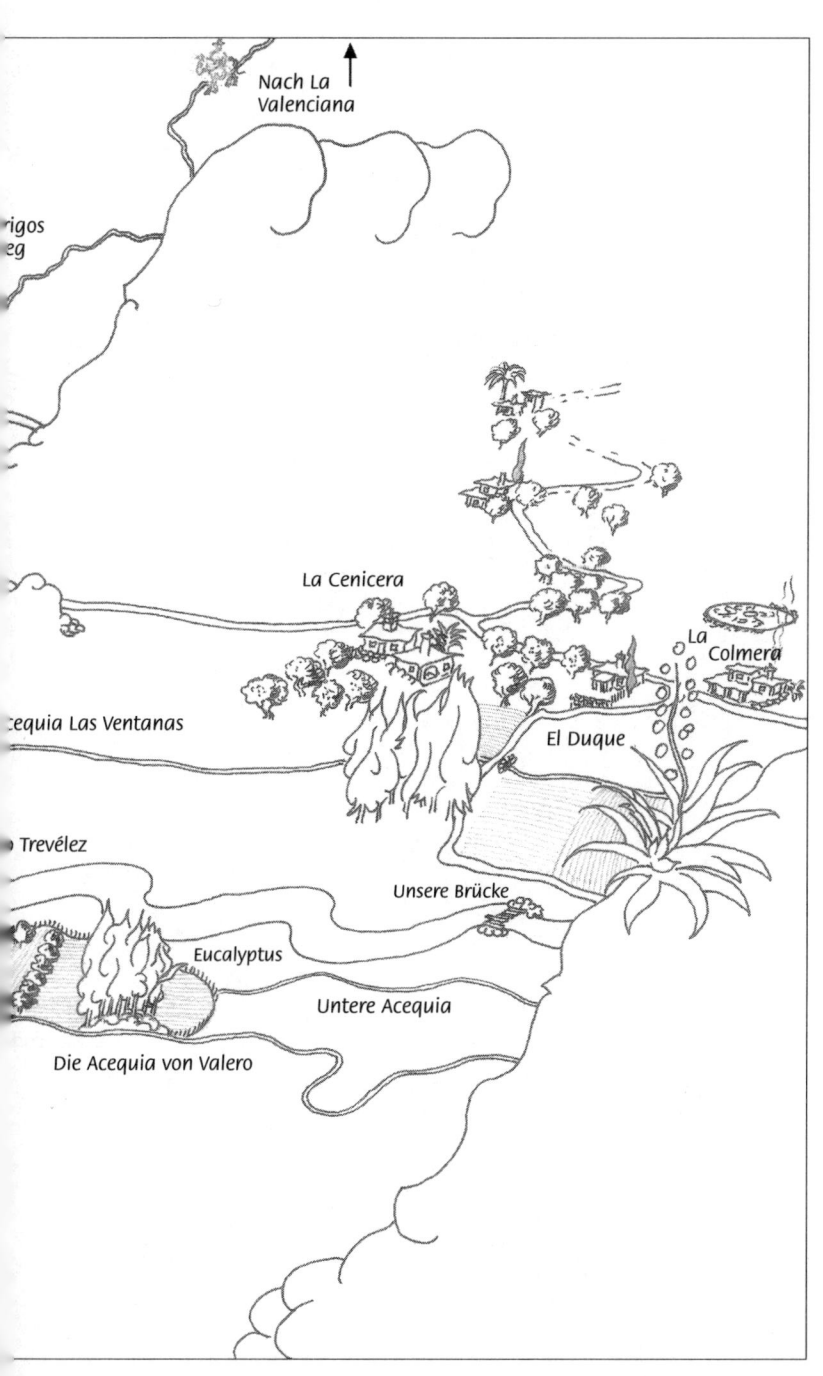

Nach La
Valenciana

rigos
eg

La Cenicera

equia Las Ventanas

La
Colmera

El Duque

Trevélez

Unsere Brücke

Eucalyptus

Untere Acequia

Die Acequia von Valero

El Valero

»Nun, das hat wirklich keinen Sinn, hier möchte ich nicht leben!«, sagte ich, als wir wieder eine Teermakadamstraße hinter einer Reihe weiß gekalkter Häuser entlangfuhren. »Ich will um jeden Preis in den Bergen leben, nicht in den Vororten irgendeiner Stadt in einem Tal.«

»Halten Sie den Mund und achten Sie auf die Straße«, blaffte Georgina, die Frau, die neben mir saß. Sie zündete sich die nächste Zigarette aus starkem schwarzem Tabak an und nebelte mich in eine Rauchwolke ein.

Ich hatte Georgina zwar erst an diesem Nachmittag kennen gelernt, doch hatte sie nicht lange gebraucht, um mir meine Grenzen aufzuzeigen. Sie war eine selbstbewusste junge Engländerin mit einer bemerkenswert mediterranen Art, sich in ihre Umgebung einzufühlen. Sie lebte seit zehn Jahren in den Alpujarras, den Ausläufern der Sierra Nevada südlich von Granada und hatte sich einen Platz geschaffen als Vermittlerin zwischen den Bauern, die ihre *cortijos* in den Bergen verkaufen und in die Stadt ziehen wollten, und den Fremden, die sich für ihre Höfe interessierten. Es war ein harter Job, doch niemand, der erlebte, wie sie mit dem ungehobeltsten Bauern ins Geschäft kam oder mit dem hartnäckigsten Bürokraten über Wasserrechte verhandelte, hätte bezweifelt, dass sie die richtige Frau dafür war. Wenn sie eine Schwäche hatte, dann die, dass sie Dummheit und Unschlüssigkeit nicht ertragen konnte.

»Behandeln Sie all Ihre Kunden so?«, protestierte ich.

»Nein, nur Sie. Jetzt links.«

Gehorsam bog ich ein, und wir ließen die letzten Häuser von Órgiva hinter uns, dem Marktflecken, in dem mich meine Agentin unter ihre Fittiche genommen hatte. Wir rumpelten auf eine unbefestigte Straße und fuhren hügelab auf den Fluss zu.

»Wo sind die Berge?«, quengelte ich.

Georgina ignorierte mich und blickte auf die Orangen- und Olivenhaine zu beiden Seiten des Weges. In den Gerippen der Weinranken vom letzten Jahr verbargen sich weiße Häuser, die mit leuchtenden Geranien und Bougainvilleas prunkten; Maultiere pflügten; zwischen schnurgeraden Gemüsereihen beugten sich Pflanzer im Overall mit hochgerecktem Hintern vornüber; eine Palme beschattete die Straße, auf der Hühner im Staub badeten. Hunde schliefen auf der Straße im Schatten; Katzen dösten auf der Straße in der Sonne. Der Wagen hatte anscheinend das geringste Recht, dort zu sein. Ich hielt an und setzte ein wenig zurück, um eine Zitrone zu umfahren.

»Fahren Sie über die Zitronen«, befahl Georgina.

Es gab tatsächlich verdammt viele Zitronen. Sie wirbelten vorüber, getragen von dem Wasserlauf, der in der Nähe plätscherte; an manchen Stellen war die Straße mit zermatschten Früchten übersät, und die Erde unter den Bäumen leuchtete vor abgefallenen gelben Kugeln. Mir fiel ein halb vergessenes Lied ein, irgendwas über einen liebeskranken Zigeuner, der Zitronen in den großen Fluss warf, bis er zu Gold wurde.

10

Die Zitronen, die Tiere und die Blumen erfreuten mein Herz. Wir fuhren weiter durch eine flache, mit Kohlköpfen und Bohnen gepolsterte Ebene, an deren Ende sich ein Hügel erhob. Dann tauchten wir in ein Bananenwäldchen ein, bogen scharf rechts ab und quälten uns einen steilen Berg mit tiefen Einschnitten im roten Felsgestein hoch.

»Das sieht schon eher nach was aus.«

»Noch ein bisschen Geduld, dann sind wir da.«

Wir fuhren eine Serpentine nach der anderen hinauf, unter uns breitete sich das Flusstal wie auf einem Luftbild aus. Weiter ging es durch eine Schlucht, und plötzlich stürzten wir in ein neues Tal. Die Ebene, die wir durchquert hatten, war vollkommen verschwunden, verschluckt durch das Bergmassiv und das Dröhnen des Wassers in der Schlucht.

Weit unten, neben dem Fluss, erblickte ich in einem hufeisenförmigen Tal einen kleinen Bauernhof, ein verlassenes Haus auf einer von Kakteen bewachsenen Felsenspitze, umgeben von vernachlässigten Feldern und Terrassen mit uralten Olivenbäumen.

»La Herradura«, verkündete Georgina. »Wie wäre es denn damit?«

»Tja, es ist schön zu träumen, aber mit den paar Kröten, die wir zur Verfügung haben, können wir uns wohl kaum so ein Anwesen leisten.«

»Das Geld, das Sie ausgeben können, reicht aus, um den Hof zu kaufen und ihn wieder in Stand zu setzen.«

»Das glaube ich Ihnen nicht. Das kann unmöglich Ihr Ernst sein.«

Ich zweifelte, weil meine kühnsten Hoffnungen übertroffen wurden. Ich war mit einer Summe Geldes nach Spanien gekommen, die im Süden Englands kaum für den Erwerb eines Gartenschuppens reichte, und erwartete daher, nur ein verfallenes Haus mit einem kleinen Stück Land kaufen zu können.

»Nun, wir brauchen gar nicht weiter zu suchen. Ich nehme das hier. Gehen wir runter und sehen es uns an.«

Wir stellten den Wagen neben der Straße ab und trippelten den Pfad hinab. Ich war vor Aufregung und Glück so überwältigt, dass mir schlecht wurde und ich mir eine Apfelsine vom Baum pflückte, was ich noch nie getan hatte. Es war die widerlichste Apfelsine, die ich je gegessen hatte.

»Süße Orangen«, sagte Georgina. »Sie sind hier meistens sehr süß – gut für Saft. Und die alten Männer ohne Zähne lieben sie.«

»Das ist es, Georgina. Das Paradies. Ich will es. Ich meine, ich werde es auf der Stelle kaufen.«

»Es ist keine gute Idee, solche Dinge übereilt zu entscheiden. Lassen Sie uns noch ein paar andere Objekte ansehen.«

»Ich will nichts mehr sehen. Ich will hier leben, und außerdem bin ich der Kunde. Also machen wir das, was ich will, und nicht das, was Sie wollen!«

Wir fuhren wieder los, weiter ins Tal hinein, und Georgina zeigte mir eine steinerne Ruine, die langsam von einem Hügel auf einen Abgrund zurutschte. Sie war von verfaulenden Kakteen umgeben, und auf dem trostlosen Hügel drumherum kümmerten abgestorbene Bäume. Inmitten von Dornsträuchern sickerte eine giftige Quelle aus dem Boden.

»Zum Teufel, nein, wozu sollte ich mir diesen Hof ansehen?«

»Er hat auch seine guten Seiten.«

»Zum Beispiel den Vorteil, weitab vom nächsten Golfplatz zu liegen, aber das ist auch schon alles, wie mir scheint.«

Wir fuhren abermals los und sahen uns ein Blockhaus aus Beton an, eine Legebatterie in einem Hühnerstall, eine dreckige Bruchbude, in der es von Fledermäusen wimmelte, und eine Art Höhle, die mit Kothaufen und Zeitungspapierfetzen übersät war.

»Es reicht, jetzt habe ich genug von solchen Sachen. Lassen Sie uns nach La Herradura zurückfahren.«

Gesagt, getan – ich setzte mich auf einen von der Sonne gewärmten Stein im Flussbett und gab mich einem jener seltenen Träumen hin, die plötzlich um dich herum Wirklichkeit werden, bis mich Georgina aufschreckte.

»Ich weiß, Chris, es ist sehr schön, aber es gibt Probleme mit La Herradura. Der Platz gehört mehreren Leuten, von denen nicht alle verkaufen wollen – und einer, der nicht verkaufen will, hat das Recht auf ein Zimmer genau in der Mitte des Hauses. Das könnte störend, wenn nicht nachgerade unangenehm sein. Und dann wäre da noch die Sache mit dem Wasser…«

Ihre Worte verklangen, als wir beide den Kopf drehten, weil uns vom Flussbett die Töne eines Liedes entgegenwehten. Ich verstand die Worte »Frosch« und »Kristallgläser«, doch der Rest verlor sich in einem rauen Bariton. Hinter einem Felsen kam eine rote Ziege mit nur einem Horn hervor. Sie beäugte uns einen Augenblick und vollbrachte dann das Kunststück, was sie und ihre Artgenossen seit Anbeginn der Zeit beim Menschen so beliebt gemacht hat: nämlich zur gleichen Zeit zu rülpsen und zu furzen.

»Schlau, wie sie das anstellen, nicht wahr?«

Georgina überhörte diese Bemerkung. »Der Mann, der jetzt auf uns zukommt«, flüsterte sie eindringlich, »ist der Eigentümer des Anwesens über dem Fluss – und wahrscheinlich will er verkaufen.«

Der einhornigen Ziege folgte ein riesiger Mann mit einem roten, borstigen Gesicht, der rittlings auf einem Pferd saß. Er sang das Lied, vermutlich um sich zu unterhalten, während er die Ziege und ihre Gefährten beaufsichtigte, darunter ein paar Kühe, ein Zicklein, ein schmuddliges Schaf und einige Hunde. Er hielt an, ruckte in seinem Sattel vor und blickte unter einem schmutzigen baumwollenen Strandhut auf uns hernieder. Mit einem Fluch brachte er sein Gefolge zum Stehen.

»*Hóla, buenas tardes.* Sind Sie vielleicht Pedro Romero, dem der Hof über dem Fluss gehört?«, begann Georgina in der ihr eigenen Direktheit.

Der Mann grunzte.

»Hab läuten hören, dass Sie ihn vielleicht verkaufen wollen.«

»Kann sein.«

»Dann würden wir ihn uns gern ansehen.«

»Wann?«

»Morgen früh. Wie kommen wir dorthin?«

Es folgte eine langatmige Erklärung, von der ich nur den seltsamen Verweis auf Bäume, Brombeersträucher und Steine mitbekam. Ziemlich überflüssig, dachte ich, denn schließlich konnten wir das Anwesen sehen, das kaum eine halbe Meile entfernt lag.

»Will dieser Fremde den Hof kaufen?« Er grinste spöttisch und versuchte einzuschätzen, was man von mir erwarten konnte.

»Vielleicht, vielleicht auch nicht.«

»Bis morgen dann.«

»Bis morgen.«

Damit trat die kleine Prozession misstönig den Rückweg zum Fluss hinunter an. Romero hatte aufgehört zu singen und wirkte gedankenverloren. Ich sah gebannt zu, wie die sinkende Sonne die Staubwölkchen, welche die Hufe der Tiere aufwirbelten, golden aufleuchten ließ.

»Ich kenne mich in dem Geschäft ein klein wenig aus«, sagte Georgina, »und dieser Bauernhof da ist sicher einen Blick wert. Er heißt El Valero.«

Georgina betrachtete mich nachdenklich, während wir unseren Morgenkaffee tranken, bevor wir uns auf den Weg ins Tal machen wollten.

»Hören Sie, Sie sagen am besten nur etwas, wenn ich Ihnen einen Wink gebe. Überlassen Sie das Reden mir.«

»In Ordnung. Doch einen Augenblick noch. Ist es denn schon ausgemacht, dass ich El Valero kaufen will? Ich hatte, wenn Sie gestatten, den Eindruck, dass ich La Herradura wollte.«

Georgina blickte mir direkt in die Augen. »Ich habe darüber nachgedacht und entschieden, dass El Valero und Sie gut zueinander passen. Das werden Sie sehen, wenn wir dort sind.«

Unter den Strahlen der warmen Januarsonne fuhren wir ins Tal. Die Bauern arbeiteten auf ihren Gemüsefeldern, die Hunde und Katzen hatten ihren angestammten Platz auf der Straße eingenommen. Diesmal wirkte es vertraut. Als wir an La Herradura vorbeikamen, schaute ich sehnsüchtig hinab und dann mit gemischten Gefühlen zu dem Haus über dem Fluss.

Nach einer Weile hörte die Straße ganz auf, wir zogen unsere Schuhe aus und wateten durch das knietiefe Gewässer, das bitterkalt war und streckenweise rasch dahinströmte. »Das ist ja die reinste Hölle, zu diesem Hof zu kommen, wenn ich so sagen darf.«

Wir kletterten an den Eukalyptusbäumen das Ufer hoch, überquerten ein Feld und folgten dann einem schmalen Pfad durch Terrassen, auf denen Blumen leuchteten und Orangen-, Zitronen- und Olivenbäume Schatten warfen. Hier und da flossen klare Bäche, die sich über steinige Gefälle ergossen und Obstbäume und Gemüse bewässerten. Der Weg führte über einen Fluss und wand sich spiralförmig durch ein Wäldchen blühender Mandelbäume. Georgina drehte sich um und lächelte mir zu.

»Was meinen Sie?«

»Das wissen Sie doch – so was hab ich noch nie gesehen!«

»Da ist das Haus.«

»Haus?! Es sieht wie ein ganzes Dorf aus. Ich kann mir kein Dorf leisten.«

Einige Häuser mit Ställen und Ziegengehegen, Hühnerhöfen und Lagerräumen breiteten sich auf verschiedenen Ebenen eines großen, steilen Felsens aus. Unter diesem Komplex tröpfelte an einem Granatapfelbaum Wasser aus einem Schlauch in ein rostiges Ölfass.

Pedro Romero stand neben einem Haus oder einem Stall, rieb sich die Hände und grinste.

»Ha! Da sind Sie also. Setzen Sie sich, trinken Sie Wein, essen Sie Fleisch!«

Wir hockten uns auf niedrige Stühle, auf denen uns die Knie fast bis zu den Ohren reichten, und genossen das Schauspiel, wie zwei Hunde in der Mitte des Kreises, den die Stühle bildeten, mit Inbrunst kopulierten. Ich wusste nicht, ob es angebracht war, das Geschehen mit einer derben Bemerkung zu kommentieren, oder so zu tun, als ob nichts passierte. Georgina blickte mich finster an, und ich hielt wie vereinbart den Mund.

In dem Moment tauchte eine schmächtige, verhutzelte Gestalt auf, Romeros Frau Maria, die auf eine gebieterische Geste des Hausherrn hin aus einer Coca-Cola-Plastikflasche braunen Wein kredenzte und einen Brocken fetten Schinkens auf die Kiste knallte, die uns als Tisch diente. Die Sonne brannte, Fliegen summten. Wir tranken den Wein, aßen den Schinken und betrachteten das Liebesspiel der Hunde in einem Zustand wachsender Trunkenheit.

Georgina und Romero unterhielten sich angeregt über Nachbarn, Grenzen, Wasser, Raten und Rechte, während ich auf meinem Stuhl vor und zurück ruckelte und nichts sagend grinste. Die Hunde waren jetzt still, weil der eine im anderen feststeckte, blickten verschämt in verschiedene Richtungen und wünschten sich vielleicht, dass sie die ganze leidige Sache nie angefangen hätten. Der Wein und der Schinken kamen und gingen, ich döste ein und schlug die schweren Lider auf, als mich Georgina in die Rippen knuffte.

»Klatschen Sie ihm das hier in die Hand, als ob Sie es ernst meinen.«

Sie reichte mir ein dickes Bündel Pesetascheine von hohem Nennwert.

»Jetzt sind Sie der glückliche Besitzer von El Valero, und das ist die *señal* – die Anzahlung.«

Es hatte wirklich keinen Sinn, mit Georgina zu streiten, also tat ich, was sie sagte, und kaufte den Hof. Dann klopften wir uns immerfort auf den Rücken, schüttelten uns die Hände und grinsten.

»Er ist zu diesem Preis verschenkt«, jammerten Romero und seine Frau. »Wir sind ruiniert, wir haben unser Zuhause verloren… Sie haben für ein paar Pfennige ein Paradies gekauft, doch was hätten wir tun sollen?«

Ich wollte ihnen schon mehr Geld anbieten, aber Georgina brachte mich mit einem Blick zum Schweigen, und so hatte ich für etwas weniger als fünf Millionen Pesetas (ungefähr 25 000 Pfund bzw. 75 000 Mark) einen Besitz gekauft, den ich mir früher kaum über den Zaun anzuschauen gewagt hätte. Binnen weniger Minuten war ich aus einem umherziehenden Schafscherer und Mieter eines Cottages in der Einflugschneise eines Flugplatzes in Sussex zum Besitzer eines Berghofs in Andalusien geworden. Das bedurfte der Gewöhnung.

Kaum fähig, meine Aufregung im Zaum zu halten, fuhr ich zur nächsten Bar, um mit meiner Frau Ana in England zu telefonieren – und dann hielt ich plötzlich inne. Wie sollte ich ihr denn bloß erklären, was ich gerade getan hatte? Ich schob die Münzen auf dem Tisch umher und blickte den Rest in meinem Weinglas Hilfe suchend an. Genau genommen war mein Auftrag gewesen, bestimmte Gegenden in Andalusien zu erkunden und die Möglichkeit zu prüfen, ein Haus und ein Stück Land zu kaufen, das geeignet war für die Gestaltung einer gemeinsamen Zukunft. Irgendwie wurde ich das Gefühl nicht los, dass ich meine Befugnisse überschritten hatte. Natürlich wird jeder einmal von seinen Gefühlen überwältigt – aber würde Ana es auch in diesem Licht betrachten?

Sie tat es ganz und gar nicht. Allerdings hätte ich es in ihrer Lage wahrscheinlich auch nicht getan. Doch zum Glück für uns beide neigte Ana nicht zu Vorwürfen und nahm bald zu jener behutsamen Art der Nachforschung Zuflucht, die Ärzte anwenden, wenn sie am Unfallort angekommen sind.

»Wie weit ist es von der nächsten Straße?«, lautete ihre erste Frage. Ich war erleichtert, mich mit praktischen Problemen beschäftigen zu können.

»Oh, ungefähr so weit wie von unserem Cottage zum Schweinestall.« Ich versuchte mir vor Augen zu führen, wie Ana über den Hof in Sussex blickte. »Und das ist schließlich nicht schrecklich weit, oder? Ich meine, es ist nicht sehr weit zum Schweinestall… Nein, dort gibt es kein fließendes Wasser… nein warte, das ist nicht wahr, es gibt einen Schlauch, aus dem Wasser in ein Ölfass plätschert, etwa zwanzig Meter unter dem Haus.«

Dann schwärmte ich ausgiebig von den scharlachroten Geranienblättern, die auf dem Wasser des Fasses schwammen, den zahmen Tieren, die dort tranken, und den leuchtenden Blumen, die diese Idylle umrahmten. Doch Ana ließ sich nicht ablenken.

»Ja, es gibt tatsächlich ein Badezimmer, das sogar über ein Bidet verfügt… Nein, das Wasser kommt leider nicht bis dorthin… weißt du, die Quelle liegt nicht hoch genug… wenn man den Schlauch über das Fass hebt, hört er auf zu tröpfeln, hm, zu fließen… Nein, man kann es nicht trinken, es ist giftig. Sie waschen sich auch die Haare nicht damit, sie waschen sie im Fluss, was ganz schön ist, glaube ich. Sie haben mir erzählt, dass die Pflanzen eingehen, wenn man sie zu viel damit gießt… Nein, ich weiß nicht, warum sie es ausgerechnet dort eingerichtet haben! Schließlich kann ich ihre

Gedanken nicht lesen. Die Tiere trinken es – ja, die Tiere trinken es. Und nein, ich weiß nicht, warum die Tiere nicht aus dem Fluss trinken – wahrscheinlich weil sich die Leute dort die Haare waschen!«

Mir wurde etwas mulmig, und ich versuchte es mit einem anderen Thema.

»Es gibt dort Elektrizität – einen Sonnenkollektor, also spart man sich die Stromrechnungen und kann so viel verbrauchen, wie man will. Sie haben Fernsehen und ein paar Lampen, darunter auch einen Schalter, der das Licht vom Bett an- und ausknipst, kannst du dir das vorstellen? Anscheinend muss man damit im Sommer etwas sparsam umgehen…

Im Winter? Nein, im Winter funktioniert es vermutlich gar nicht, aber schließlich kann man nicht alles haben, nicht wahr?«

Ana, die ich mit meiner romantischen Schilderung des zauberhaften Anwesens noch nicht völlig überzeugt hatte, sagte, dass sie sich mit all diesen bedrückenden Aspekten von El Valero abfinden könnte, wenn es nur nicht windig sei. Wind war für sie das Schlimmste auf dieser Welt.

»Es schmiegt sich in einen kleinen Winkel eines Flusstals«, beruhigte ich sie. In Wirklichkeit war das Gegenteil der Fall. El Valero stand auf einer Bergkuppe und war den Winden zweier Flusstäler und zweier großer Gebirgsketten ausgesetzt. Dennoch konnte ich Ana mit dieser sanften Zurechtbiegung der Wahrheit so weit begeistern, dass sie versprach, es sich unvoreingenommen anzusehen, wenn sie mit der nächsten Chartermaschine ankam.

Ich blieb inzwischen da und sah mir mein neues Besitztum von allen Seiten an. Ich erklomm den Hügel mit dem Zwillingsgipfel auf der anderen Seite des Flusses und blickte über die trockenen Sträucher und Kiefern und El Valero, das dagegen mit seinen dunklen Obstbäumen und hellen Wasserläufen wie eine Oase erschien. Ich konnte Romero sehen, der im Flussbett umgeben von seinen missgestalteten Tieren auf dem Pferd saß, und seine Frau und Tochter, die mit gebeugtem Rücken auf einer Terrasse Knoblauch pflanzten. Dann kletterte ich auf den steilen Hügel hinter dem Hof, bis ich den Fluss nicht mehr hören konnte und, inmitten von Rosmarin und Thymian versunken, nur den Wind im Ginster und die Schreie unbekannter Vögel vernahm. Von dort aus blickte ich über das ganze Tal, das sich an einem Ende zu sanft abfallenden grünen Feldern und Obstgärten ausweitete, bevor es in der tiefen Bergspalte, durch die der Fluss rauschte, ganz verschwand. Am anderen Ende verengte es sich zu der felsigen Schlucht bei El Granadino, der kleinen Siedlung am südlichen Rand des Tales. Der Hof wirkte unendlich klein am Fuße des großen Berges, der einen kleinen Hügel auf dem Gipfel trug, wie das Horn auf der Nase eines Rhinozeros.

Im weicher werdenden Licht des Nachmittags fuhr ich die Contraviesa hoch, den Abhang des Burggrabens der großen Festung im Südwesten, und fand eine Stelle, von der ich ebenfalls das ganze Tal überschauen konnte, das sich grün und lieblich und scheinbar unzugänglich unter mir erstreckte, verloren unter den trockenen Hügeln, auf denen nur Gestrüpp und Dornsträucher wuchsen.

Vor Aufregung schwirrte mir der Kopf, voller wilder Ideen und Träume. Die Aussicht war verblüffend. Überall, wo ich hinging, bei jedem Schritt, staunte ich über die Schönheit der beiden Flüsse, die sich in das breite Tal ergossen, und die hohe, enge Schlucht an seinem Ausgang. Dann ging mir ein Licht auf. Das hier war ein natürlicher Platz für ein Staubecken. Ein fünfzig Meter breiter Damm am Eingang der Schlucht würde binnen weniger Wochen das ganze Tal füllen – zwei Flüsse, eine enge Schlucht, ein paar ungebildete Bauern, die man umsiedeln musste; die Küstenstädte, nur zwanzig Kilometer südlich gelegen, waren trocken wie Ziegelsteine, die Menschen tranken salziges Wasser aus versiegenden Brunnen. Es passte alles zusammen. Deswegen wollte jedermann seinen Hof verkaufen, der in ein paar Jahren unter Wasser liegen würde.

Als diese grässliche Vorstellung Gestalt annahm, zogen dunkle Schatten über meine neue Welt. Wie, zum Teufel, sollte ich das Ana erklären? Besonders, wo sie jetzt vielleicht schon über den Wolken in den Süden Spaniens jagte. Halb wahnsinnig rannte ich zum Fluss hinunter, wo ich auf Romero und seine Tiere traf.

»Werden Sie hier einen Damm bauen und das Tal überfluten?«

Meine Zukunft – von meiner Ehe einmal abgesehen – hing von seiner Antwort ab. Er sah mich leicht überrascht an, während ein schlaues Grinsen über sein unschönes Gesicht flog.

»Natürlich.«

»Wollen Sie mir damit sagen«, kreischte ich, »dass Sie mir soeben einen Platz verkauft haben, der in ein paar Jahren zwanzig Meter unter der Oberfläche eines Staubeckens liegt?!«

»*Claro* – na klar.«

»Wie konnten Sie …?«

»Oh, Sie sind fein raus, Sie werden mit einem Haufen Geld entschädigt werden.«

»Aber ich habe das Land nicht für die verdammte Entschädigung gekauft, ich will hier leben …«

»Das könnte allerdings schwierig sein, unter Wasser und so. Doch ich muss jetzt weiter, den Tieren folgen.«

Und während er das sagte, schlug er mit einem Stock auf sein Pferd ein und verschwand flussaufwärts.

Ein Paradies unter Wasser

Georgina lehnte an einem Spielautomaten und las ein Buch über Alchimie, als ich in die Bar Retumba am anderen Ende der Stadt stürzte.

»Georgina, was, zum Teufel, ist das mit dem Damm?«, platzte ich heraus.

»Ein Damm? Was für ein Damm?« Sie wirkte ehrlich erstaunt.

»Pedro Romero hat mir gerade erzählt, dass sie einen Damm bauen und das Tal unter Wasser setzen werden.«

»Ach das.«

»Was meinen Sie mit ›ach das‹!?«

Mein gequälter Blick musste sie gerührt haben, denn ihr Ton wurde etwas weicher. »Nun ja, vor fünfundzwanzig Jahren gab es einen Plan, die Schlucht mit einem Damm zu verschließen und das Tal zu fluten, doch Tests haben ergeben, dass es sich wirtschaftlich nicht lohnen würde. Die Felsen ringsherum sind wie ein Schwamm. Und selbst wenn man den Plan wieder aufgreift, wird man Sie für Ihren Ärger gut bezahlen. Es ist wirklich kein Problem.«

»Ist das sicher? Ich meine, absolut sicher?«

Sie dachte einen Augenblick darüber nach, bevor sie ihr Buch zuklappte und nach ihrer Tasche griff.

»Wissen Sie was, wir fahren zu Domingo. Er ist ihr nächster Nachbar in dem Tal und lebt mit seiner Familie schon seit Jahren auf La Colmena am nördlichen Ende. Er sollte es wirklich am besten wissen. Vorhin habe ich seinen Wagen gesehen, also muss er hier irgendwo sein.«

Und sie schritt in ihrem gewohnt raschen Tempo durch die Hauptstraße von Órgiva, während ich ihr hinterherlatschte.

»Halten Sie die Augen offen«, blaffte sie. »Er ist leicht zu erkennen – einer der bestaussehenden Männer, die Sie hier in der Gegend finden. Er ist um die Dreißig, klein, aber das ist hier schließlich jeder, und wird allmählich kahl auf dem Kopf…«

»Nicht unbedingt ein schmeichelhaftes Porträt«, bemerkte ich, denn ich hatte das Gefühl, dass ich mir unter diesen Umständen eine leichte Verstimmung leisten durfte.

»Ah, warten Sie nur. Er ist wie ein Preisboxer gebaut und hat das bezauberndste Lächeln, das man sich denken kann.« Offenbar hatte der Mann Georgina tatsächlich ein wenig verzaubert.

Wir eilten am so genannten »Schinkenmuseum« vorbei, das in Wahrheit nur ein kleiner Supermarkt war, am Rathaus, von dem die Fahnen Andalusiens und Spaniens flatterten, und weiter die Hauptstraße entlang zur nächsten Ansammlung von Bars.

Hier fanden wir meinen Nachbarn, der, lässig an einen Laternenpfahl gelehnt, mit einem Zigeuner redete. Er versuchte ihm eine Kuh zu verkaufen, so hatte es wenigstens den Anschein. Wir warteten darauf, dass der Handel zu einem Abschluss gelangte; doch lange Zeit schien sich nichts zu bewegen, weil beide Seiten auf ihren Positionen beharrten. Ein paar Zuschauer hatten sich eingefunden, die sich am liebsten in die Verhandlung eingeschaltet hätten. Georgina führte mich über die Straße in eine Bar und signalisierte Domingo, uns Gesellschaft zu leisten, wenn er sein Verkaufsgespräch beendet hatte.

Von unserem Tisch beobachtete ich, wie Domingo Geschäfte machte. Die Umstehenden hörten gespannt zu, was er zu sagen hatte. Er machte den Eindruck, als sei er es gewohnt, sich durchzusetzen. Er trug saubere Bluejeans, ein weißes Hemd mit offenem Kragen und Turnschuhe. Sein Schädel war, wie Georgina beschönigend angedeutet hatte, so kahl wie eine glänzende braune Nuss.

Schließlich kam er zu uns. Schüchtern lächelnd schüttelte er uns die Hand und starrte auf einen Fleck unter dem Tisch, als Georgina mich vorstellte.

»Sind Sie nur hier, um Urlaub zu machen?«, fragte er.

»Nein verdammt, wir wollen hier leben und Landwirtschaft betreiben.«

Daraufhin lächelte Domingo und hob für einen Augenblick den Kopf. Georgina hatte nicht übertrieben. Er verwandelte sich in einen auffallend gut aussehenden Mann.

»Was wissen Sie über den Damm im Tal von La Colmena?«, fragte Georgina. »Pedro Romero hat Cristóbal von einigen Plänen erzählt …«

»Hören Sie nicht auf Romero«, sagte Domingo ruhig. »Vor vielen Jahren hat es ein Projekt gegeben, das allerdings im Sande verlief. Es besteht keine Gefahr mehr, dass man es wieder aufleben lässt.«

»Sind Sie sich dessen sicher?«, stotterte ich. »Es ist wirklich sehr wichtig für uns. Wir wollen dort unser restliches Leben verbringen, nicht eine Entschädigung einsacken.«

»Ja, natürlich bin ich mir sicher, aber wenn Sie es von offizieller Seite hören wollen, gehen wir am besten zum Bürgermeister.«

Ohne weitere Umstände machten wir uns auf den Weg,

und Domingo marschierte mit seinen Turnschuhen und Jeans geradewegs durch die offene Tür des Büros des Bürgermeisters.

»Hóla, Antonio. Dieser Fremde hier, Cristóbal, hat den Nachbarhof von La Colmena gekauft und macht sich nun Sorgen wegen des Damms. Ich habe es ihm gesagt, aber er würde es wohl gern vom Bürgermeister hören. Also sagen Sie's ihm.«

Antonio wiederholte all das, was Domingo mir gerade erzählt hatte. Doch in dem Moment dachte ich gar nicht mehr an den Damm. Ich beglückwünschte mich, dass ich einen so praktischen Nachbarn erwischt hatte.

Von einer Last befreit, holte ich Ana vom Flughafen ab und sauste mit der Keksdose auf vier Rädern, die ich gemietet hatte, nach Granada zurück. Wir sahen, wie die schneebedeckten Gipfel der Sierra Nevada aus dem blauen Dunst über der Stadt auftauchten und die Wintersonne mit den letzten Strahlen des Tages die Spitzen rosarot erglühen ließ. Ana war hingerissen, und mich machte all diese Schönheit auch ein wenig benommen. In was für ein Land waren wir nur gekommen, um dort zu leben! Wir ließen Granada hinter uns und mühten uns über den Pass namens Suspiro del Moro, des Mohren Seufzer, wo der letzte moslemische König sich umgedreht und geweint hatte, als er für immer seine geliebte Stadt hatte verlassen müssen. Kein Wunder.

Pedro und Maria hatten uns eingeladen, bei ihnen zu übernachten, und spätnachmittags fuhren wir ins Tal, damit Ana einen ersten Blick auf unser neues Zuhause werfen konnte. Im Licht der untergehenden Sonne wirkten die Felder neben der Straße noch schöner, als ich es mir ausgemalt hatte. Ana schien mit allem zufrieden, und ich wies sie stolz auf die Dinge hin, an denen wir vorüberkamen. Oliven, Orangen, Zitronen... Kohl... Kartoffeln...

Wir passierten mit dem Wagen die Klippen der Schlucht und fuhren ins Tal hinab.

»Da ist es!«

Gleich am Eingang des Tales kann man einen kurzen Blick auf El Valero werfen, bevor es wieder hinter einem großen Felsenvorhang verschwindet.

»Wo?«

»Da drüben, siehst du? Auf dem Felsen am anderen Flussufer.«

»Das?«

»Was meinst du mit ›das‹?«

»Genau das – *das*.«

»Nun ›das‹ ist es. El Valero. Was hältst du davon?«

»Aus dieser Entfernung überhaupt nichts. Ich halte mich mit meinem Urteil zurück, bis wir nicht mehr so weit weg sind.«

Wir fuhren tiefer ins Tal und hielten an einem näher gelegenen Aussichtspunkt an. »Nun, ich denke, es sieht eigentlich ganz nett aus.«

Ich sah Ana erstaunt und erfreut an. Gewöhnlich neigte sie nicht zu solchen Ausbrüchen spontaner Begeisterung.

Ein Stückchen weiter, wo die Straße endete, parkten wir den Wagen. Von hier aus mussten wir laufen. »Schweineställe?«, fragte sie. Es handelte sich zweifellos um eine Frage.

»Wie bitte?«

»Die Schweineställe?«, fragte sie noch einmal.

»Was für Schweineställe? Hier gibt es keine Schweineställe!«

»Du hast mir gesagt, dass es von der Straße nach El Valero nur so weit wie bis zu den Schweineställen ist.«

»Hab ich das?«

Das Licht wurde schwächer, und ich wusste, dass der Weg durch das Tal zum Hof lang und ziemlich beschwerlich war. Wir betraten den Pfad zum Fluss hinunter, schlitterten über ein schlammiges Stück, wo der Weg einen Bach querte, und mühten uns dann durch ein Dickicht gewaltiger, süß duftender Eukalyptusbäume, in denen der Abendwind flüsterte und zahllose Vogelstimmen erklangen. Am Ufer des Flusses tauchten wir wieder auf. Er stürzte über ein steiles, felsiges Bett, toste und krachte über die Gefälle glatter Felsen und glitt sanft durch die tiefen, stilleren Stellen.

Ich lächelte und drückte Anas Hand, als wir erwartungsfroh über die Postbrücke eilten, beflügelt von der Aussicht, unser neues Zuhause zum ersten Mal gemeinsam anzusehen.

Anderthalb Stunden später wurde es unaufhaltsam dunkler, und wir zwängten uns durch Brombeersträucher, während wir bis zu den Knöcheln in nassem, schwarzem Schlamm steckten. Spanische Brombeeren sind tückischer als englische. Jeder Dorn ist ein gebogener Widerhaken und wenn sie dich einmal erwischt haben, lassen sie dich nicht so leicht mehr los.

»Ich weiß nicht, wie du den Nerv hattest, zu behaupten, dass es nicht weiter als bis zu den Schweineställen sei.« Die Sache ließ Ana sichtlich keine Ruhe.

»Entfernungen können in so einem Gelände wirklich täuschen«, behauptete ich lässig, während ich in dem Matsch umherglitschte und mit einem Ohr ziemlich kläglich an einem Brombeerzweig festhing. »Aber ich habe diesen Bauernhof erst vor ein paar Tagen gekauft und kann ihn einfach noch nicht wieder finden.«

»Das sieht dir gar nicht ähnlich.«

Ich ignorierte die Bemerkung und starrte weiter in das Gestrüpp. »Das hier könnte der Weg sein, den ich beim letzten Mal gegangen bin, aber er ist ein wenig überwuchert. Lass uns zu dem großen Oleander zurückgehen und den anderen Weg versuchen.«

Zuletzt brachen wir in der uns einhüllenden Dunkelheit

durch einen wirren Haufen Pampasgras, und Ana entdeckte den blassen Staub eines Weges, der durch freies Gelände führte.

»Da ist er. Ich wusste doch, dass er hier irgendwo verlief.«

Und so war es auch. Als wir die Felsenstufen hinaufkeuchten, die mich beim ersten Mal so entzückt hatten, wandte ich mich triumphierend zu Ana um und schenkte ihr in der Dunkelheit ein breites Lächeln. Es war ein warmer Abend, der leichte Wind duftete nach unbekannten Blüten; und als wir bergauf stapften, tauchte über uns in der Dunkelheit der schemenhafte Umriss eines Gebäudes auf.

Der Duft der Blumen wich dem Geruch von Mist und Ziegen. »Das ist das Haus«, verkündete ich und deutete mit dem Arm auf die düstere Silhouette, doch Anas Antwort wurde vom Knurren und Jaulen der Hunde übertönt. Eine Tür flog auf, und eine Stimme fluchte mörderisch laut in die Nacht hinaus.

»Unser Gastgeber«, erklärte ich.

Als wir näher kamen, wurde die Tür wieder zugeknallt. Ich klopfte und wartete. Die Hunde knurrten wütend um unsere Knie. Noch einmal ging die Tür auf, und da stand Romero mit der winzigen Maria, die sich hinter seiner Massigkeit versteckte. »Willkommen«, sagte er.

»Das ist meine Frau Ana.«

»Hübsche Frau«, sagte Romero und betrachtete sie mit einem lüsternen Glitzern in den Augen von oben bis unten.

»Wie jung Sie sind und wie schön!«, schwärmte Maria und küsste sie. »Kommen Sie rein, kommen Sie rein.«

Wir betraten das Zimmer. Romero gab den Hunden, die an unseren Taschen schnüffelten, geschickt einen Fußtritt und schloss die Tür hinter uns.

Das Wohnzimmer in El Valero war klein, quadratisch und bis auf den glatten Zementboden weiß gekalkt. Darin befand sich ein schwarzes Plastiksofa, das vor zwei Holzstühlen und einem runden Tisch mit einem Fernseher stand. Zur Dekoration hing an einer Wand ein Puppenessbesteck aus Plastik und an der anderen ein Christusbild, das man aus einem Magazin ausgeschnitten hatte. Das war alles, und nirgends war ein Staubkörnchen zu entdecken. Eine nackte Glühbirne hing in der Mitte und beleuchtete die Szene mit ihrem schwachen Licht.

Man führte uns zum Sofa. »Nein, nein«, protestierte ich in meinem ziemlich steifen Spanisch. »Wir wollen uns nicht auf der einzig bequemen Sitzgelegenheit breit machen; wir nehmen die Holzstühle.«

»In Ordnung«, meinte Romero und ließ sich auf das Sofa fallen, von wo er Ana besser begaffen konnte. Ana stand auf, kramte in ihrer Tasche herum und zog eine Dose mit teurem Teegebäck heraus, die sie Maria gab. Maria guckte verwirrt und reichte sie Romero. Wir sahen uns alle höchst betreten an, bis auf Romero, der damit beschäftigt war, den Deckel der Dose aufzustemmen. Er nahm einen Keks, betrachtete ihn und biss eine Ecke ab.

»Arrgh! Das mag ich nicht. Schmeckt nach Käse!«

»Sie sind in England sehr beliebt; wir dachten, dass sie Ihnen beiden schmecken würden.«

»Nein, überhaupt nicht.« Romero grinste liebenswürdig.

Maria nahm die Dose und verstaute sie nebenan in einem dunklen Vorratsraum. Sie würden einen feinen Nachtisch für die Schweine abgeben, diese Highland Shortbreads von Harrods mit dem Schottenmuster auf der Dose.

Ein Weilchen saßen wir schweigend da und sahen uns an.

Maria brach als Erste das Eis. »Willkommen in unserem bescheidenen Heim«, sagte sie. »Es ist ärmlich und schmutzig, aber wir sind arme Leute, was sollen wir machen?« Sie breitete ihre Hände aus und blickte traurig drein.

»Nein, nein, es ist wundervoll, schön – und makellos sauber.« Ich nickte in Anas Richtung, damit sie mir beipflichtete. Sie lächelte Maria an.

»Wir haben uns verlaufen, wir konnten den Weg durch das Tal nicht finden«, sagte ich zu Romero in der Hoffnung, dass Ana das Gespräch fortsetzen würde, das ich für sie in weiser Absicht auf saubere oder schmutzige Häuser gelenkt hatte.

»Das ist ja klar. Sie kannten den Weg nicht«, erwiderte Romero, der wenig Mitgefühl zeigte und noch weniger Neigung, dieses Thema fortzusetzen.

Wieder Schweigen. Ich hustete und kniff mich ins Bein, dann grinste ich von einem zum anderen. Romero schleppte sich ächzend zum Fernseher und stellte ihn an. Die Glühbirne wurde schwächer. Ein raues Zischen erfüllte das Zimmer und etwas, das dem Quaken zahlloser Frösche in einem entfernten Teich ähnlich war. Schließlich füllte ein Schneesturm den Bildschirm mit Schatten, die sich gleichzeitig von oben nach unten und von links nach rechts bewegten. Romero trat beiseite, um uns den Blick auf den Bildschirm freizugeben, und lud uns mit spöttisch erhobenem Haupt zur Bewunderung ein.

»Ein prima Fernseher«, stieß ich rasch hervor. »Unglaublich, dass Sie hier draußen fernsehen können. Ha – die Segnungen des zwanzigsten Jahrhunderts!« Doch niemand hörte mir zu; sie waren alle in das Programm vertieft – was immer es auch sein mochte.

Romero kehrte zum Sofa zurück, und wir sahen uns etwa fünf Minuten lang das bizarre Geflimmere an. Ich habe in meinem Leben schon viele lange fünf Minuten durchgestanden, aber das hier übertraf alles. Dann stand Romero auf und schaltete auf einen anderen Kanal um. Wieder ein Schneesturm, noch mehr Schatten, begleitet von entferntem Froschquaken, das diesmal undefinierbar anders als vorher klang. Wir lehnten uns zurück, um diese phantastische Vorstellung zu genießen.

Weitere fünf lange Minuten vergingen, dann hatte Romero

vom zweiten Programm genug, erhob sich und schaltete noch mal um.

»Wunderbar«, sagte ich. »Einfach wunderbar. Wie viele Programme können Sie denn mit diesem unglaublichen Gerät empfangen?«

»Ach, nur diese zwei«, sagte er abwertend. »Das hier ist wieder das erste.«

Also saßen wir alle viere da, ließen uns von dem, was sich vor unseren Augen abspielte, fesseln und nickten uns von Zeit zu Zeit lächelnd zu, bis Romero schließlich aufstand und das vermaledeite Ding abstellte.

»Nun, das war auch genug«, griente ich. »Ich will nicht behaupten, dass ich Fernsehen nicht mag... aber es ist doch kein wirklicher Ersatz für – ahm – die Wohltat einer guten Unterhaltung... nicht wahr?«

Eine bleierne Stille senkte sich herab. Ich fühlte mich wie ein totes Schwein in einer Teestube und kniff mich abermals ins Bein. Ich liebe es, meine eigene Stimme zu hören, aber das hier war selbst für mein dickes Fell zu viel.

»Tja, äh... wie finden Sie es denn, dass Sie bald auf einem *cortijo* unweit der Stadt leben werden? Das wird bestimmt sehr schön für Sie.«

»Es ist ein Albtraum«, seufzte Maria. »Der Tod. Wir gehören in unser geliebtes Valero. Hier sind wir glücklich. Aber wir mussten verkaufen, und Sie haben es praktisch für nichts bekommen. Wir sind arme Leute, und jetzt sind wir noch ärmer – doch was sollten wir machen?« Dabei breitete sie ihre Hände mit einer Geste aus, die Verzweiflung andeutete, und lächelte uns herzerwärmend an.

»Meine Güte, ich will Sie nicht aus Ihrem Heim vertreiben. Wir werden doch nicht gleich einziehen. Sie können den ganzen Sommer hier bleiben. Um Himmels willen, nein, Sie können so lange bleiben wie...« Der Rest ging in einem grimmigen Hustenanfall Anas unter.

Abermals hüllten wir uns in Schweigen; Romero starrte Ana unentwegt an, bis mich der stechende Geruch, der mit der steifen Brise durchs Fenster wehte, zu einem neuen Gesprächsversuch anspornte.

»Ziegen! Sie haben hier wohl Ziegen, nicht?«

»Ja, Ziegen.«

»Sie haben hier Ziegen, Ana.«

»Wie interessant.«

»Hätten Sie gern ein Glas Milch?«, fragte Maria.

»O bitte!«, riefen wir unisono, voller Hoffnung, dass uns ein Ereignis, ein Ritual über den toten Punkt hinweghelfen würde.

Pedro und Maria sprangen auf, schossen mit einem Kochtopf und einer Taschenlampe nach draußen und knallten die Tür hinter sich zu. Ana und ich sahen uns eine Minute lang an, ohne ein Wort zu sagen.

»Es wird wohl Ziegenmilch sein«, flüsterte Ana schließlich. Aus irgendeinem Grund war es ihr unangenehm, beim Reden erwischt zu werden, wenn unsere Gastgeber nicht im Zimmer waren. »Sie werden eine Ziege melken und uns die Milch in einem Glas reichen, als ob sie aus der Flasche käme.«

Maria und Pedro jedoch lagen solche Absichten fern. Unter uns hörten wir Stampfen und Scharren, einen finsteren Fluch und den Furz einer Ziege: dann das metallische Geräusch, als die zwei dünnen Milchströme in den Topf spritzten. Bald, aber nicht zu bald, weil sie die Sache wahrscheinlich ebenfalls so lange wie möglich hinauszögerten, kehrten unsere Gastgeber mit einem Topf voll weißem Schaum zurück.

»Ah – Milch«, sagte ich töricht. »Handelt es sich vielleicht um Ziegenmilch?«

»Natürlich. Jetzt müssen wir sie abkochen.«

Maria stellte den Topf auf einen Campingkocher. Wir umringten sie dabei und sahen zu.

»Sie kochen die Milch, Ana.«

»Hör mal zu – abgesehen davon, dass ich sehen kann, dass sie die Milch kochen, habe ich zufällig mehrere Jahre lang Spanisch studiert. Demnach bekomme ich ungefähr mit, was gemeint ist.«

Maria erklärte, dass die Milch dreimal abgekocht werden müsse, bevor man sie trinken könne. »Maltafieber.«

Diese unterhaltsame Vorstellung beschäftigte uns gute zwanzig Minuten, dann schütteten wir das grässliche Zeug in uns hinein. Romero reckte die Glieder und gähnte. Ich fing schon wieder an zu reden.

»Tja, es war ein wundervoller Abend, aber… nun ja, wir sind so müde, dass wir kaum mehr klar denken können. Zeit zum Schlafengehen, denke ich.«

Alle stimmten mir begeistert zu. Ein paar Schritte den Fels hinab, unter dem Granatapfelbaum, putzten Ana und ich uns mit dem Wasser, das in das Fass tröpfelte, die Zähne. Es war eine klare Nacht, die helle Mondsichel beschien die Flüsse unter uns. Die Kiefern auf dem Berg gegenüber rauschten mit dem starken Wind.

»Gütiger Gott«, zischelte Ana in der Dunkelheit. »Wie lange werden wir hier bleiben?«

»Fünf Tage, so war es geplant.«

»Nun, ich glaube nicht, dass ich noch so einen Abend wie diesen ertragen kann. Dir hat es vermutlich gefallen, weil es das ›wahre Leben‹ war.«

»Gefallen wäre zu viel gesagt. Vielleicht sollten wir besser in der Stadt übernachten. Ich werde mir eine Entschuldigung ausdenken.«

In jener Nacht nahm der Wind an Heftigkeit zu. Er fegte durch das offene Schlafzimmerfenster und blies einen Stuhl um, auf dem Ana ihre Kleider und ein Glas Wasser deponiert hatte.

Ich hatte schon befürchtet, dass die Sache mit dem Wind und dem Stuhl das Ende unseres andalusischen Abenteuers bedeuten könnte – das heißt, wenn wir nicht jeden Penny für den Hof ausgegeben und uns damit den Rückzug abgeschnitten hätten. Doch das Gegenteil war der Fall.

»Ich finde es herrlich«, sagte Ana. »Obwohl ich einige handfeste Bedenken habe.«

»Und welche wären das, bitte schön?«

Sie las sie mir aus einer langen Liste vor, die sie mitgebracht hatte und die auch Empfehlungen enthielt, was man hinsichtlich der Straße, des Zugangs, des Wassers – das sie in seinem gegenwärtigen Zustand trotz der vierteiligen Badezimmergarnitur nicht beeindruckt hatte – und anderer Dinge, die zu unbedeutend waren, um sie hier zu erwähnen, tun könnte.

»Sehr schön«, murmelte ich geistesabwesend. »Ich werde mich darum kümmern, dass all dies in Ordnung gebracht wird.«

Ein Sommer des Lernens

Nach England zurückgekehrt, mussten wir einen geordneten Rückzug aus unserer bisherigen Existenz antreten. Das bedeutete praktisch, unser Cottage zu räumen und in den letzten uns verbleibenden Monaten unsere verschiedenen Jobs zu beenden.

Mir fiel das alles viel leichter, weil ich in den Jahren zuvor schon ein mehr oder weniger unstetes Leben geführt hatte. Meistens hatte ich zwei oder drei Monate im Ausland zugebracht, um Recherchen für Reiseführer durchzuführen – ich war in China, der Türkei und auch in Spanien gewesen. Dazwischen verdiente ich mir etwas Geld, indem ich in einem russischen Restaurant in London Gitarre spielte und auf einheimischen Bauernhöfen Schafe scherte und versorgte. Und in jedem Frühjahr und Herbst, wenn sich unsere finanzielle Situation verschärfte, ging ich für ein paar Wochen nach Schweden, weil dort die Arbeit als Schafscherer besser bezahlt wurde.

Ana hingegen war gezwungen, tiefere Wurzeln zu kappen – und das im wörtlichen Sinn: sie betrieb ein kleines Gartenbaugeschäft und musste nun jemanden suchen, der es für sie übernahm. Außerdem gab es noch eine Menge Papierkram zu erledigen – vor allem etliche obskure Dokumente zu besorgen, die von Nöten waren, um Anas geliebten Gefährten, einen schwarzen Labradormischling namens Beaune, und einige ihrer kostbaren Pflanzen mitzunehmen.

Für all das würden wir schätzungsweise neun Monate brauchen – gerade genug Zeit, um unsere Verwandten und Freunde darauf vorzubereiten, dass wir bald nicht mehr bei ihnen wären. Nach sechs Monaten stellte ich jedoch fest, dass ich nicht länger warten konnte, und nahm unter dem fadenscheinigen Vorwand, vom Besitzer die Bewirtschaftung des Hofs erlernen zu wollen, einen Billigflug nach Spanien, um zu sehen, ob es El Valero auch tatsächlich gab.

Es war August, ein mörderisch heißer Monat in jenem Jahr, und als ich mit dem Bus in Órgiva angekommen war, führte mich mein Weg aus der Stadt heraus an einem fast trockenen Flussbett entlang. Ich hatte eine kleine Tasche – man braucht im Sommer in Andalusien nicht viel – und, vielleicht weniger praktisch, eine Gitarre im Kasten dabei.

Gegen Mittag erblickte ich die Terrassen von El Valero, die sich über dem Flussbett erhoben. Das Anwesen sah wunderschön aus – und dabei war jetzt die ungünstigste Zeit, um es zu betrachten. Mitten am Tag brennt die Sonne alle Farben aus der Landschaft. Was unter den schrägen Strahlen am Morgen und Abend als dunstige Hügellandschaft erscheint, mit schimmernden Felsspalten und Gipfeln, entpuppt sich jetzt als schattenlose Einöde aus Buschwerk und Dorngestrüpp. Man tut besser daran, diese offensichtliche Realität zu ignorieren, und lässt nur die Impressionen am Anfang und Ende des Tages auf sich wirken.

Ich machte mir ein Fest daraus, den Fluss unterhalb des Hofs zu durchqueren, und tauchte von Kopf bis Fuß in das kühle Wasser, bevor ich zum Haus hochkraxelte, wo ich Romero anzutreffen hoffte. Ich hatte ihm geschrieben, dass ich einen Monat auf seinem Hof zubringen wollte, um alles zu lernen, was er mir beibringen könne; und ich vermutete, dass ihm seine Tochter den Brief vorgelesen hatte, denn die meisten Leute auf dem Land, die über fünfzig sind, haben keinen blassen Schimmer von ihrer Schriftsprache.

Als ich die letzte Terrasse erklomm, wo die Pferde unter Olivenbäumen an kurzen Leinen angebunden waren, hörte ich vom Haus her eine vertraute Stimme ein Lied krächzen. Romero saß vor dem Haus und warf den Hunden altbackenes Brot in den Staub. Er stand auf und schlurfte mit einem breiten Grinsen auf mich zu. »Da bist du ja – und was ist das? Wir werden Musik haben. *Estupendo.*«

»Es tut gut, hier zu sein, Pedro«, japste ich und wischte mir den strömenden Schweiß vom Gesicht.

»Fein, dass du gekommen bist. Meine Leute sind schon in die Stadt gezogen, und es wird einsam hier oben, obwohl ich natürlich die Tiere habe – und Gott, der immer da ist. Und dann gibt es ja noch die Flüsse und die Berge, die ich nie verlassen werde – ha, das ist wirklich das Paradies! Komm rein, ich mache uns was zum Essen.«

Wir zogen die Köpfe ein und betraten durch eine Türöffnung den winzigen, dunklen Raum, in dem es kühler war, obwohl auf der Kaminplatte ein Feuer loderte. Draußen siedete die Luft bei vierzig Grad, während wir zwei niedrige Stühle an die Flammen zogen. Ich sah verblüfft zu, mit welchem Geschick Pedro seine tägliche Kost zubereitete, *papas a lo pobre* – »Kartoffeln des armen Mannes«.

Zuerst stellte er eine tiefe Bratpfanne, ekelhaft fettig und geschwärzt, auf einen Dreifuß über die Flammen und goss etwa zwei Kaffeetassen (Espressogröße) Olivenöl hinein. Dann hackte er mit seinem Taschenmesser ein paar Zwiebeln, ohne sich Mühe zu geben, sie gründlich zu schälen. Als sie im Öl brutzelten, zerteilte er eine ganze Knoblauchknolle und warf die Zehen in die Pfanne.

»Schälst du die Zehen nicht?«, fragte ich.

»Um Gottes willen, nein! Wenn man sie schält, verbrennen sie leicht und verlieren an Geschmack. Macht auch mehr Arbeit.«

Da hatte er zweifellos Recht.

Nun nahm er einen Eimer, in dem bereits geschälte Kartoffeln hygienisch im Wasser schwammen. Über die Pfanne gebeugt, am ganzen Körper vor Schweiß triefend, schnitt er sie in großen, groben Schnitzen direkt in das spritzende Öl. Als die Pfanne randvoll war, rührte er darin eine Weile mit einem Stock herum und tat ein paar Zweige ins Feuer, um die Glut zu erhöhen. Aus einem Korb, der an einer Stange hing, nahm er fünf oder sechs kleine grüne und rote Paprikaschoten und warf sie ebenfalls im Ganzen hinein.

»Gut, das kann jetzt noch ein bisschen vor sich hin brutzeln«, sagte Pedro, rührte schnell noch einmal um und ging den Tisch decken. Auf der Terrasse stand eine wacklige hölzerne Seiltrommel. Darauf platzierte er eine alte Fischdose, die er mit einer Hand voll Oliven und einem Dutzend eingelegter Chilischoten füllte. Aus einem Papiersack holte er einen Brotlaib, rund wie ein Flussstein, und schnitt ihn in Viertel, von denen er zwei wieder in den Sack packte. Dann legte er zwei verbogene Gabeln auf den Tisch, stellte Becher dazu und ging zurück, um nach dem Hauptgericht zu sehen. Ich setzte mich, schenkte den Wein aus der Plastikflasche aus und aß eine Olive – eingelegt in Unmengen Knoblauch, viel Salz und etwas weniger Thymian, Lavendel und Gott weiß was noch. Ein kräftiger Schluck von dem trübbraunen Wein spülte sie hinab.

Während ich gedankenverloren an den sabbernden Hunden vorbei den steilen Abhang hinabschaute, präsentierte sich mir das Bild der beiden Flüsse, wie sie sich aus der

Schlucht herauswanden. Die Berge im Süden waren in der dunstigen Hitze kaum sichtbar. Noch ein Schluck Wein und ein abgrundtiefer Seufzer. Das hier würde eine von jenen unvergesslichen Mahlzeiten werden.

Pedro tauchte grinsend mit der brutzelnden Pfanne auf und knallte sie auf eine Kachel, die er eigens hingelegt hatte, damit die Seiltrommel keine Flecken bekam. Dann holte er einen gewaltigen, fettigen Schinken, säbelte zwei dicke Brocken ab und hängte ihn wieder an den Haken in einem Balken zurück. Schließlich setzte er sich auf die Stufe, nahm einen Schluck Wein und seufzte zufrieden.

Ich stach mit meiner Gabel in die Pfanne, kaute meinen Schinken, nahm große Schlucke von dem braunen Wein und plauderte mit meinem liebenswürdigen Gastgeber. Das Essen war köstlich. In diesem Monat kochte ich häufig, und es waren fast immer *papas a lo pobre*, die Pedro zum Frühstück, Mittagessen und Abendbrot bevorzugte, jedes Mal mit den unentbehrlichen zwei Gläsern Wein. Doch nie gelang mir das Gericht so perfekt wie Pedro.

»Du hast das Paradies gekauft«, ächzte er. »Und für nichts. Ich hab es dir fast geschenkt. Hier hast du die beste Luft und das klarste Wasser auf der Welt. Ich bin ein wenig herumgekommen«, dabei deutete er auf einige Stellen in den umliegenden Bergen, die man alle vom Haus aus sehen konnte, »aber nirgends war es so schön wie hier.«

»Wenn du es so sehr liebst, warum hast du es dann verkauft?«

»Wegen meiner Familie. Meinen Leuten gefällt es hier nicht. Wenn sie nicht wären, würde ich nie weggehen. Hier ist alles perfekt. Die Erde ist fruchtbar und gibt dir das beste Gemüse, das du je essen wirst; Früchte hängen an den Bäumen, Süßwasser sprudelt aus der Quelle – und dazu all die herrliche frische Luft.«

Wir kniffen die Augen zusammen und blickten durch die

flirrende Luft auf die Felder, die von der erbarmungslosen Sonne versengt wurden.

»Niemand wird dich hier draußen stören; du musst dir keine Sorgen um die schlechte Milch der Stadt machen.«

»Um was?«, fragte ich.

»Die Stadtleute, sie sind durch und durch verdorben – man kann ihnen nicht trauen, sie haben dich schon übers Ohr gehauen, wenn sie dich nur angucken. Nichts, mein lieber Cristóbal, ist so wichtig wie Ehrlichkeit und guter Umgang mit Menschen… aber was kümmert's sie? Du solltest dich vor ihnen in Acht nehmen. Spiel was auf der Gitarre.«

Das musste man mir nicht zweimal sagen. Ich nahm die Gitarre aus dem Kasten, stimmte sie und versuchte mich an einem Flamenco. Pedro wiegte sich auf seinem Stuhl, hörte mit halb geschlossenen Augen zu und fing dann an, mit den Händen zu klatschen und leise zu singen. Er sang schlecht, zusammenhanglose Reimpaare mit einer rauen, krächzenden Stimme; und mein Gitarrenspiel traf weder Rhythmus noch Töne. Aber uns gefiel es.

Pedro hob die Tafel als Erster auf. Er wuchtete sich aus dem Stuhl, klaubte die Stücke alten Brotes und fetten Schinkens von seinem Teller und warf sie den Tieren zu, die den Tisch umlagerten. Die Mahlzeit war beendet.

»Es ist zu heiß, um mit den Tieren loszuziehen«, murmelte er. »Ich gehe schlafen.«

Ich schlief auch, oder versuchte es zumindest auf einer Matratze auf dem Boden des großen Hauses, doch die Fliegen hielten mich wach. Sie waren überall. Ich schlug nach ihnen, ich fluchte, ich drehte und wendete mich, aber ohne Erfolg. Schließlich musste ich doch eingenickt sein, weil mich die brütende Hitze und der Klang von Pedros Stimme in den Hügeln weckten. Ich wickelte meinen klitschnassen Körper aus dem dünnen Laken, hievte mich hoch und blinzelte in das blendende Licht. Sieben Uhr, der Nachmittag war vorüber, doch die Sonne glühte nach wie vor am hohen Himmel; die Berge und Felsen gaben jetzt zurück, was sie bekommen hatten, und strahlten die Hitze rachsüchtig in die Luft aus. Die Luft, von zwei Seiten gepeinigt, hatte aufgegeben und sich wie ein Tuch über das Tal gebreitet.

Als sich meine Augen an das grelle Licht gewöhnt hatten, lehnte ich mich über die Terrasse und erspähte Pedro, der unten am Fluss reglos auf seinem Pferd saß, umgeben von seinen Gefährten. Er sang:

Irgendwo im Tal sang ein Frosch
Poliert meine feinen Kristallgläser, bis sie glänzen…

Einige Terrassen unterhalb des Hauses verbarg sich eins der Wunder von El Valero: ein Wildbach, der aus einem Felsen stürzte und sich weiter unten in einen kleinen Teich ergoss. Ich setzte mich in den Teich und schüttete eimerweise Wasser über meinen Kopf und Körper. In meiner Nähe hatte ich eine Seifenschale, eine Flasche Shampoo und Handtücher; an einem Draht, der zwischen zwei Akazien gespannt war, hing meine Wäsche. Ohne dass ich mich anzuziehen brauchte, konnte ich nach vier, fünf Schritten Orangen, Mandarinen, Feigen und Weintrauben frisch vom Baum pflücken. Ich wusch sie in dem kühlen Wasserfall und stopfte mich voll.

Von diesem Aussichtspunkt konnte ich im Schatten auf der Westseite des Tals einen Bauernhof sehen – ein niedriges, weißes Gebäude, halb versteckt unter den umgebenden Olivenhainen. Dort lebten Bernardo und Isabel mit ihren Kindern, eine holländische Familie, die Rotterdam den Rücken gekehrt hatte, um hier Oliven anzubauen und Ziegen zu halten. An diesem Abend stellte ich mich den Talbewohnern vor.

Einige leichte Balken überbrückten den Fluss und mündeten in dem steilen Weg, der sich den Hügel zum Hof der Holländer emporschlängelte. Als ich über die steinigen unteren Terrassen stolperte, tauchte eine bizarre Prozession aus dem

Gebüsch der oberen Terrasse auf. Sie bestand aus mehreren Ziegen, einem Maulesel und einem Schaf, alle an den Vorderfüßen angeschirrt und mit langen Stricken an eine Art menschlichen Maibaum gebunden: einen großen, freundlich wirkenden Mann, der sich an diesem Tag wie auch am vorangegangenen nicht rasiert hatte und ein T-Shirt, geblümte Bermudashorts und Wellingtonstiefel trug. Hinter ihm rannten zwei Kinder den grasbewachsenen Hang hinab, ein jedes schwang einen bunten Plastikeimer in der Hand. Die skurrile Szene erinnerte irgendwie an eine Fernsehwerbung für Frühstücksflocken.

Plötzlich entdeckten sie mich. »Brrr!«, brüllte Bernardo, denn er war es. Das Maultier hielt an, zwei Ziegen überholten es linksseitig, eine stolperte zwischen seinen Beinen hindurch, und das Schaf schlitterte eine Böschung zur Rechten hinab.

Ich kletterte hoch, um ihn zu begrüßen.

»Sie müssen der Verrückte sein, der El Valero gekauft hat. Wir haben von Ihnen gehört«, feixte er, während er vergeblich versuchte, seine rechte Hand auszustrecken. »Willkommen im Tal. Warten Sie, bis ich die Tiere los bin und Sie richtig begrüßen kann.«

Geduldig machte er sich daran, das Chaos aus Stricken zu entwirren und seinen Tieren ihre verschiedenen Nachtquartiere zuzuweisen. »Also, werden Sie nun hier leben oder nur über die Sommerferien bleiben?«, fragte er, während er mich auf die Terrasse führte, wo seine Frau Isabel schon einige Tapas auftischte.

»Wir wollen hier leben und den Hof bewirtschaften.«

»Gut. Ich hasse es, wenn noch mehr Land aufgegeben wird. Wein für unseren neuen Nachbarn. Lassen Sie uns, falls man überhaupt einen Vorwand braucht, um Wein zu trinken, auf das neue Leben im Tal anstoßen.«

Dazu trugen Bernardo und Isabel gewiss ihren Teil bei.

Fünf Jahre zuvor waren sie mit ihrem kleinen Sohn Fabian hierher gezogen; die Tochter Maite, ein Kind mit einem wunderhübschen Gesicht und langen, kastanienbraunen Zöpfen, wurde kurz nach ihrer Ankunft geboren, und wenn ich mich nicht täuschte, würde Isabel in einem oder zwei Monaten wieder »Licht schenken«, wie es die Spanier ausdrückten. Sie hatten ihren Bauernhof in einem völlig verwahrlosten Zustand gekauft und schufen nun mit beharrlicher Plackerei und dem träumerischen Enthusiasmus des Städters für das Landleben Schritt für Schritt einen gut funktionierenden Betrieb und einen Vergnügungspark für die Kinder.

Es gab viel zu bequatschen, während wir beträchtliche Mengen Wein in uns hineinschütteten, das gleiche braune Zeug, das Pedro und ich auf der anderen Seite des Flusses getrunken hatten: *costa* nannten sie es andächtig, weil diese Rebsorte auf den Hängen über der Küste gedieh. Ich fühlte mich entspannt und behaglich unter diesen Menschen, die den leeren Platz im Tal mit ihrem dröhnenden Lachen und ansteckend gutmütigem Wesen ausfüllten.

Sie erzählten mir, dass Romero überglücklich sei, den Hof verkauft zu haben; ich sah mich veranlasst, die Sache richtig zu stellen, und schilderte ihnen, wie er unentwegt jammerte, dass er den Ort so sehr liebe und es kaum ertragen könne, sich von ihm zu trennen – besonders nicht für »den kläglichen Batzen Geld«, den ich ihm gegeben hatte.

Bernardo verschluckte sich fast an seinem Wein. »Er und seine Familie versuchen seit Jahren verzweifelt, den Hof loszuwerden«, sagte er, »und können es kaum erwarten, in die Stadt zu ziehen. Fast hätte er ihn schon für eine Million an Domingo verkauft – dann kamen Sie daher und gaben ihm fünf Millionen. Er muss geglaubt haben, dass Sie vom Himmel gefallen sind! Ich meine, wer, zum Teufel, würde einen Hof kaufen, der keine Zufahrt, kein fließendes Wasser, keine Stromversorgung hat – und dazu noch dieses riesige Stück

Land, das es zu bearbeiten gilt? Ich muss sagen, dass ich es sehr mutig von Ihnen finde. Oder sind Sie vielleicht nur völlig verrückt?«

»Ich bin zumindest halb verrückt«, räumte ich ein. »Aber wir werden schon irgendwie zurechtkommen. Es ist eine enorme Herausforderung und in jedem Fall besser, als in einem Versicherungsbüro zu arbeiten.«

»Ja, aber Sie sehen auch nicht aus wie ein Versicherungsangestellter.«

»Nein, aber das hätte beinahe aus mir werden können…« Und ich dachte schaudernd an die sechs Monate zurück, die ich einmal in einem Büro verbracht hatte.

»Nun, wir freuen uns, dass Sie hier sind, obwohl wir Pedro und Maria vermissen werden«, sagte Isabel. »Maria ist oft zu mir gekommen und hat mir ihr Herz ausgeschüttet, während wir zusammen die Wäsche wuschen. Sie ist nett.«

»Und Pedro auch«, fügte ich hinzu. »Mir gefällt es, wie er in dem Tal allein für sich und seine Tiere singt. Er ist ein Naturtalent.«

»Ein Natürbösewicht«, korrigierte mich Isabel lachend. »Ein liebenswerter Schuft sozusagen, aber er hat noch eine dunklere Seite. Ich will mir gar nicht ausmalen, was seine arme Frau alles ertragen musste.«

»Er ist uns immer ein guter Nachbar gewesen«, entgegnete Bernardo. »Er hat mir jederzeit geholfen, wenn ich ein Problem hatte, egal wie lange es dauerte, und war stets gut gelaunt. Sicher, ich war auch für ihn da. Wir haben viel zusammen gearbeitet. Dieses Frühjahr haben wir beide seine *acequia* – die Bewässerungskanäle – gereinigt. Na ja, eigentlich waren es Maria und ich, während er mit seinen Tieren umherwanderte.«

»Es macht mich ganz krank, wie dieser faule Sack auf seinem Pferd hängt und den ganzen Tag ›mit den Tieren herumwandert‹«, sagte Isabel.

»Fauler Sack?« Mir wurde etwas unbehaglich, als mein neuer Mentor in so schlechtem Licht erschien. »Der Mann ist stark wie ein Ochse und schuftet wie kein Zweiter«, sagte ich.

»Dann spielt er Ihnen Theater vor«, erwiderte Isabel. »Er will einen guten Eindruck machen, weil er einen miserablen Ruf im Tal hat, und das zu Recht. Ich habe mit ihm viel Ärger gehabt.«

»Was für Ärger?«

»Er kommt oft hier vorbei, wenn Bernardo nicht da ist. Er behauptet, er sei schrecklich in mich verliebt und werde sich erschießen, wenn ich ihn nicht ranlasse – und der Kerl hat immer seine Schrotflinte dabei. ›Mein Blut wird an deinen Händen kleben!‹, sagt er. Nun kann man sich ja gut vorstellen, dass er mir nicht besonders gefällt, alt und fett und hässlich wie er ist – und das sage ich ihm auch. Also zieht er wütend ab und ballert mit seiner Flinte in die Luft, wenn er außer Sichtweite ist. Ich renne natürlich hinterher, um zu sehen, ob er sich wirklich erschossen hat, und wenn ich um die Ecke biege, steht er mit einem breiten Grinsen da. Dann muss ich zwar lachen, aber so witzig finde ich das auch nicht, weil er verdammt groß ist.«

»Wenigstens ist er langsam«, meinte Bernardo gelassen. »Seine Beine sind nicht mehr die Besten, sodass man ihm leicht entwischen kann. Und schließlich sind wir alle nicht so edel, wie wir gern wären. Noch etwas Wein?«

In den frühen Morgenstunden schlingerte ich mit ziemlicher Schlagseite den Pfad zum Fluss hinab. Die sternenklare Nacht war sehr warm, und als Belohnung dafür, dass ich den abschüssigen Weg nicht hinuntergepurzelt war, legte ich mich rücklings auf einen heißen Stein in der Mitte des Flusses und gönnte mir eine Stunde Ruhe. Die nächste Straßenbeleuchtung war weit entfernt, kein stumpfes Leuchten beeinträchtigte die vollkommene Schwärze des Nachthimmels, in dem mehr Sterne funkelten und blinkten, als ich je erblickt hatte. Ich sah buchstäblich Dutzende von Sternschnuppen.

Es müssen die Perseiden gewesen sein: Mitte August ist gewöhnlich die Zeit für diesen Meteorstrom. Doch damals wusste ich nichts von solchen Dingen, und außerdem beschäftigte mich das, was ich gehört hatte, zu sehr, als dass ich an Astronomie denken konnte. »So ist es in Sommernächten wohl immer«, dachte ich schwärmerisch, während ich tropfnass den gewundenen Weg zum Haus hochstolperte.

Auf dem Hof bildete sich bald ein fester Tagesablauf heraus. Am Morgen inspizierten Pedro und ich die Terrassen und sammelten die Feigen auf, die über Nacht vom Baum gefallen waren. Wir warfen die weichen, violett-roten und matschigen Früchte in einen Eimer und brachten sie den Schweinen, die am Rand des Hauses in einem Pferch lebten. Dort hatten sie einen Schlammpfuhl, ein Staubbad und eine kühle, von einem dichten Dach überschattete Ecke, wohin sie sich japsend vor der Hitze des Tages zurückzogen. Schweine lieben Feigen; sie drängelten sich gierig nach vorn, als wir etwa einen halben Zentner der köstlichen Früchte in ihre Steintröge schütteten. Alle halten Schweine in dieser Gegend, mästen sie das ganze Jahr über und schlachten sie anlässlich der traditionellen *matanzas* in den Wintertagen, wenn es keine Fliegen gibt.

Eines Tages kehrte Pedro von einer Reise in die Welt außerhalb des Tales zurück, das Pferd mit riesigen grünen Kugeln beladen: Wassermelonen. »Damit die Schweine die Feigen nicht überbekommen«, erklärte er, schnitt jede Melone in vier Teile und warf sie dem aufgeregten Borstenvieh zu. »Auf der Ebene verschenken sie sie jetzt, bevor sie den Rest der Ernte unterpflügen.«

Nachdem wir die Feigen aufgelesen hatten, schnitten wir

mit der Sichel den Mais. Die Felder unten am Fluss leuchteten vor grünem Futtermais, dem sattesten Grün zu dieser Jahreszeit. Wir rafften eine Handvoll zusammen und trennten die Stiele mit einem kräftigen Hieb der gekrümmten Sichel knapp über der Erde durch.

»Halte sie so, Mann, sonst wirst du dich noch massakrieren. Du musst mit der Sichel sehr vorsichtig umgehen.«

Die geschnittenen Bündel, die für einen Mann fast zu schwer waren, wuchteten wir auf die Schulter, trotteten tief gebeugt den Berg hoch und warfen sie in den verschiedenen Gebäuden, die als Ställe für die Kühe dienten, in die Futtertröge.

Bevor die ersten Strahlen der Sonne auf die Felder fielen, waren wir mit dieser Arbeit fertig. Dann bereitete ich die *papas a lo pobre* vor oder auch nur ein paar dicke Scheiben Schinken, Brot und Wein. »Kräftiges Essen!«, dröhnte Pedro und brach in sonores, männliches Gelächter aus. »Iss kräftiges Essen!«

Kräftiges Essen bedeutete in dieser Gegend Hühnerköpfe, fetter Schinken, Schweineblutpudding, rohe Paprika und Knoblauch, *chumbos* (Früchte des Feigenkaktus), altbackenes Brot und Wein. Ein Gutteil der Männlichkeit wird handfester Nahrung zugeschrieben – und das umso mehr, wenn man sie früh am Tag zu sich nimmt. So gilt ein Mann, der vor allem zum Frühstück einen verbrannten Hühnerkopf und eine scharfe Peperoni mit einem Brocken altbackenem Landbrot verschlucken und es mit ein paar Gläsern Costa hinunterspülen kann, als ein Mann, der Beachtung verdient.

Das war Pedros bevorzugtes »Morgenmenü«. Eines Tages bot er mir einen Hühnerkopf an, ein grässlich aussehendes verbranntes Teil mit verkohlten Federn, das er vom Feuer genommen hatte und mir damit grinsend vor der Nase herumwedelte.

»Kräftiges Essen für meinen Ehrengast!«

Als ich abwehrte, stopfte er sich selbst den Kopf in den Mund und zermalmte ihn krachend, während ein zufriedenes Leuchten seine breiten Züge überflog. Schließlich jedoch zwang ich mich dazu, diese Frühstücksgepflogenheiten zu übernehmen. Irgendwie schien es mir unpassend, Corn-Flakes mit Milch zu vermanschen, während andere sich von ehrlicher, männlicher Kost ernährten.

Nach dem Frühstück wusch ich auf einem Holzklotz neben dem Ölfass am Granatapfelbaum Teller, Gläser und Besteck ab. Pedro hatte mir gezeigt, wie man es machen sollte. Wir waren nicht allzu pingelig, was diese Tätigkeit anbetraf, nur dass wir immer ein Tuch über das zum Trocknen hingestellte Geschirr legten, um die Fliegen fern zu halten. Dann konnte ich tun, was ich wollte, während Pedro im Fluss auf dem Pferd saß und »mit den Tieren spazieren ging«.

Eines Tages verfolgte ich den Schlauch vom Ölfass bis zu seiner Quelle zurück. Den Berg hinab und den Rio Cádiar aufwärts, sich durch ausgewaschene Klippen schlängelnd und über steile Gefälle schwingend, führte er an der Grenze des Besitztums an einem verfallenen Haus vorbei, das nur noch ein Steinhaufen war, und verschwand dann in einem tiefen, öden Taleinschnitt. Nichts wuchs dort in der ausgedörrten Erde außer einem Geflecht von Dornbüschen und unheimlichen Kriechpflanzen: Kapernsträucher, wie ich später herausfand. Die Felsen waren mit einem weißen Film überzogen, und überall herrschte Todesstille. Hoch oben in einer kahlen Kluft schimmerte das Wasser eines Teichs; aus ihm rann das kostbare Nass durch ein verschlammtes Plastikrohr in ein rostiges Ölfass. Dessen Boden war mit einem Loch versehen, und in diesem steckte, mit Lumpen und Bindfaden befestigt, die Quelle der Wasserversorgung von El Valero.

Ich hatte mich eine Zeit lang gewundert, dass das Wasser nicht bis zum Haus reichte, und das gut ausgestattete Badezimmer war mir ebenfalls ein Rätsel geblieben. Alles war ordnungsgemäß verlegt und angeschlossen – Toilette, Bidet, Dusche und Waschbecken – und durch das Dach verlief ein Kupferrohr zu einem Ölfass, das so verrostet war, dass seine ursprüngliche Form nicht mehr zu erkennen war.

Schließlich sprach ich Pedro daraufhin an.

»Das Wasser ist einmal bis zum Dach in das Fass geflossen, aber es kommt nicht mehr so hoch.«

Das wollte ich nicht näher erläutern.

»Wir machten ein Feuer unter dem Ölfass und hatten so heißes Wasser. Das war herrlich.«

Wenn es für mich nichts zu tun gab, wanderte ich umher, erkundete den Besitz und malte mir aus, hier zu leben – eine Vorstellung, die immer noch weit von der Realität entfernt schien. Manchmal besuchte ich auch Leute oder ging die anderthalb Stunden zu Fuß in die Stadt.

Pedro verstand das nicht.

»Wozu, um Himmels willen, gehst du in die Stadt? Zum Essen und Trinken? Warum? Wir haben alles hier, was wir uns nur wünschen können, und es kostet nichts. Es ist auch besser – hier weißt du, was du isst; doch bei diesen Strolchen in der Stadt bekommst du möglicherweise noch sonst was für einen Mist – und nehmen dann auch noch Geld dafür ...

Die Spaziergänger am Abend vorübergehen sehen? Hör mal, Cristóbal«, jetzt wurde sein Ton gewichtig, »du bist ein verheirateter Mann und hast eine nette und attraktive Frau. Ich bin nur ein einfacher Bauer, aber ich kann aus Erfahrung sagen, dass du deine Frau respektieren musst. Schlechter Umgang mit anderen Frauen ist eine schwere und schreckliche Sünde und bringt allen nur Unglück. Hör auf meine Worte und nimm sie dir zu Herzen.«

Er klopfte mit seinem dicken Stock auf den Boden, um die Bedeutung des soeben Gesagten zu unterstreichen, und schaute mich zutiefst besorgt an.

»Sieh mal, ich habe nur gesagt, dass ich mir die Passanten anschaue. Nicht, dass ich mit ihnen ins Bett gehen will.«

Er verdrehte die Augen himmelwärts, als ob ihn schon die bloße Vorstellung in Angst und Schrecken versetzte.

»Auch du, Pedro, hast eine entzückende Familie und eine sehr nette Frau.«

»Sie ist in Ordnung«, grinste er. »Ein bisschen dröge, wenn du weißt, was ich meine.«

»Pedro!«, protestierte ich und verfiel in den gleichen besorgten Ton, den er bei mir angeschlagen hatte. »Pedro, man bezeichnet die eigene Frau nicht als ›dröge‹.«

»Bah!«, fauchte er.

Brückenbau

»Heute Mittag essen wir in der Stadt im neuen Cortijo«, verkündete Pedro eines Morgens. »Du kannst das andere Pferd nehmen.«

Ich zögerte. Es war eine Weile her, seit ich ein Pferd geritten hatte, und ich war mir nicht sicher, ob ich es noch konnte. Pedro tat solche Bedenken als albern ab. Außerdem, fügte er hinzu, werde er mich führen.

Wir sammelten Futter für die Tiere, die den ganzen Tag in ihrem Stall bleiben würden, und stopften die Tragekörbe an Pedros Pferd voll mit Topfpflanzen, Stöcken und zu rätselhaften Formen gewundenem Draht. Als das Tier schwer beladen war, schwang Pedro seine massige Gestalt von seinem Aufsitzstein auf die Ladung hinauf. Das Pferd hob die Augenbrauen. Ich hatte in dem Packsattel aus Stroh und Segeltuch auf dem kleineren Pferd Platz genommen, während Pedro den Strick hielt, der an dem Kummet befestigt war.

»Wie wäre es denn mit ein Paar Zügeln, an denen ich mich halten könnte?«

»Zum Teufel, nein! Wenn du die Zügel hältst, rennt das

51

Pferd wie ein geölter Blitz davon und du brichst dir buchstäblich den Hals. Man muss wirklich ein Könner sein, um dieses Tier mit Zügel zu reiten. Halt dich am Sattel fest.«

Ergeben zuckte ich mit den Achseln, hatte aber nicht die leiseste Ahnung, was ich mit den Teilen meines Körpers anfangen sollte, die nicht damit beschäftigt waren, mich auf dem Pferd zu halten.

»Wie heißt es?«

»Braun.«

»Braun?«

»Braun. Es ist ein braunes Pferd«, sagte Pedro beiläufig. Einer der Hunde hieß ebenfalls Braun; er war ein brauner Hund.

»Jiiaah, Braun!«, schrie ich fröhlich, als wir losschaukelten, während die Hunde zwischen den Beinen der Gäule herumwuselten. Das Pferd und sein hündischer Namensvetter sahen mich verwundert an.

Wir schlängelten uns durch Orangen- und Mandelbäume und zuckelten den Weg hinunter und in das Flussbett hinaus, wo die Hufe der Pferde zwischen den heißen Steinen klapperten und durch das Wasser plantschten. Die Sonne glühte von einem wolkenlosen Himmel auf uns herab. In euphorischer Stimmung sann ich darüber nach, wie es wäre, frühmorgens im kalten Nieselregen mit Hunderten anderer Berufstätiger im Anzug am Bahnsteig zu stehen und auf die tägliche Fahrt in die Tretmühle zu warten. »Was aus dieser Entscheidung auch folgt«, dachte ich, »es muss immer noch besser sein als das.«

Das Pferd schritt vorsichtig durch den steinigen Fluss. Die stillen Kiefern, die die Abhänge bedeckten, erdrückten die Luft mit ihrem harzigen Duft. Braun und ich waren schweißbedeckt, während eine Wolke glücklicher Fliegen unsere Köpfe umschwirrte und uns begleitete. Die Aussicht vom Fluss war herrlich, und als ich den Dreh heraushatte, auf dem Pferd (das nicht ganz so temperamentvoll wirkte, wie es sein

Besitzer beschrieben hatte) das Gleichgewicht zu wahren, konnte ich um mich schauen und die Landschaft genießen. Wenn man im Flussbett unterwegs ist, kann man das nicht, weil man ständig nach unten blicken muss, um Fehltritte zu vermeiden.

Doch bald ließen wir das Tal hinter uns, durchquerten einen Engpass zwischen zwei ummauerten Orangenplantagen und erreichten die Hauptverkehrsstraße. Wir kamen an zwei Dörfern und zahllosen Feldern mit darauf arbeitenden Bauern vorbei, bevor wir zur Stadt gelangten. Eigentlich sollte sich ja ein Reiter im Sattel auf Grund der vorteilhaften Höhe den Fußgängern überlegen fühlen oder sogar eine gewisse Arroganz verspüren, die er dem Pferd oder zumindest manchen seiner Artgenossen verdankt. Wenn man jedoch als erwachsener Mann auf einem solchen Klepper sitzt und an der Leine geführt wird, ist die Wirkung erheblich geringer. Dann kommt man sich eher wie ein Kriegsgefangener vor, wie ein Häufchen Elend, das der Sieger hinter sich herschleppt.

Dieses Gefühl überkam mich zum ersten Mal, als sich einer der auf den Feldern Arbeitenden aufrichtete, und den Kopf wandte, um unser Defilee zu betrachten, unserer mickrigen Karawane aus einem Mann, zwei Pferden, vier skrofulösen Kötern, tausend Fliegen und einem Gefangenen. Wie konnte ich in dieser peinlichen Lage bloß ein gewisses Maß an Würde bewahren? In den Nischen der Erinnerung regten sich hilfreich Bruchstücke aus früheren Reitstunden, die Art von Dingen, die man nie vergisst: »Knie fest nach innen, Zehen hoch, Fersen runter, Rücken und Kopf in einer Linie zwischen den Ohren des Pferdes gestreckt, munter und konzentriert nach vorn blicken.«

All diese Grundregeln befolgte ich zunächst mit verschränkten Armen, dann mit den Händen auf den Hüften; anschließend stützte ich die eine Hand in die Hüfte und wischte mir mit der anderen den Schweiß von der Stirn, mit einer Geste, die ich mir bei einem wahren Reitersmann gut vorstellen konnte. Ich kratzte mich lässig, was aber auch nicht endlos fortzusetzen war. Eine Weile beschäftigte ich meinen Arm damit, dass ich meine Augen vor der Sonne abschirmte. Danach versuchte ich, ein paar Fliegen von den Flanken des Pferdes zu verscheuchen, was meine Selbstachtung wenig hob, sich aber ansonsten als ein aussichtsloses Unterfangen erwies.

Es war mir einfach unmöglich, auch nur den geringsten Anflug von Würde zu bewahren, während ich auf einem schäbigen Packpferd die Straße entlanggeführt wurde, die meine künftigen Nachbarn, alles geborene Reiter, säumten. Pedro wusste es. Mir wurde bald klar, dass er die ganze Sache eingefädelt hatte, um mich zu demütigen.

Er nutzte es weidlich aus und winkte allen zu, an denen wir vorbeikamen, um ihre Aufmerksamkeit auf Pedro, den Eroberer, zu lenken, der einen hilflosen Ausländer hinter sich herzerrte. Ich konnte mir das Gerede im Tal nur allzu gut vorstellen. »Romero hat sich diesen reichen Fremden geangelt« – alle Ausländer hält man für reich – »und schleppt ihn auf diesem klapprigen alten Packgaul herum wie einen Sack Bohnen. Armer Kerl, scheint von Ungeziefer befallen zu sein, weil er sich immerzu kratzt.«

Ich schrumpfte innerlich und starb tausend Tode. Im Passgang, auf Seitenwegen und bei jedem anhaltend, dem wir begegneten, näherten wir uns allmählich der Stadt. Zu allem Überfluss versuchte Pedro noch, einen Hund loszuwerden. Zu diesem Zweck mühten wir uns zu einem Haus, einem Feld oder einem Garten hoch, wo sich natürlich ein Mann über sein Gemüse beugte. Pedro hielt sein Pferd an, das meine blieb taumelnd stehen. »He, Juan. Willst du einen Hund?«

Der angesprochene *campesino* pflegte sich aufzurichten und Pedro anzusehen. »Romero. Guten Tag.«

Dann wandte sich sein Blick dem Packpferd und seiner hilflosen Last zu, und das wettergegerbte Bauerngesicht legte sich verdutzt in Falten. »Was ist das?«

»Das ist der Fremde, der El Valero gekauft hat.«

»*Buenos dias, mucho gusto*«, quasselte ich, wackelte wie ein Spielzeugaffe und hoffte vergebens, dass man mich als Mensch wahrnahm.

»Nein, ich will keinen Hund und bestimmt nicht einen von denen.«

»Verdammt guter Hund. Seine Mutter hat 'nen Wolf gekillt. Furchtloser Jäger.«

»Ich habe die Jagd aufgegeben, und außerdem gibt es hier keine Wölfe mehr.«

»Die Mutter dieses Hundes hat den Letzten erwischt.«

»Selbst dann will ich ihn nicht«, und er machte sich wieder an die Arbeit. »Geh mit Gott, Romero – und mit deinem Fremden.«

Endlich brachen wir auf, und Romero zog mit seinem Spazierstock einen Zweig mit den Früchten eines Pflaumenbaums herab, damit wir was zu futtern hatten. Dann ging es weiter zum nächsten Nachbarn, wo sich das gleiche Gespräch über den Hund mit fast identischem Wortlaut entspann. Pedro führte mich auf feine Art in die örtliche Gesellschaft ein.

Ich fühlte mich immer unwohler, während wir unseren Trott fortsetzten. Schließlich näherten wir uns dem Hügel, auf dem Órgiva lag, und ich überlegte, wie ich es vermeiden konnte, dass ich der ganzen Stadt auf diese Art präsentiert wurde. Als wir an einem Pfirsichbaum vorbeikamen, langte Romero mit seinem Stock hinauf und pflückte im Vorübergehen ein paar herrlich reife Pfirsiche. Er drehte sich um und warf mir grinsend einen zu. Ich reckte mich nach ihm, beugte mich über den Sattel und rollte nicht sonderlich elegant vom Pferd. Romero blickte höflich in die andere Richtung.

»Ich gehe jetzt ein wenig zu Fuß, Pedro. Mir tut der Hintern weh.«

»Wie du willst.« Und wir setzten unseren Weg fort, ich zu Fuß mit den Kötern am Ende der Karawane. Ich wunderte mich, dass Pedro mich nicht anleinte – damit ich mich in der Stadt nicht verirrte.

Von dem läppischen Betrag für El Valero hatte sich Pedro am Stadtrand ein Haus mit großem Garten und Stall gekauft. Mit seiner grünen Rollladentür aus Blech sah es aus wie eine Betongarage. Aber es hatte fließendes Wasser und Strom, zwei moderne Errungenschaften, von denen Maria früher nie zu träumen gewagt hätte.

Maria hockte in einer Ecke der Garage bei einem Holzfeuer. Auf einem Dreifuß blubberte ein Eintopfgericht über den Flammen, in der Asche rösteten Paprikaschoten. Wir setzten uns an eine Steinmauer in den Schatten eines Weinstocks, aßen Salat und Brot und tranken Wein, während Maria das Essen fertig kochte. Ein kleines Glas Wein, und ich vergaß den beschämenden Ritt in die Stadt und schloss meinen Gastgeber, diesen Spaßvogel, wieder fest ins Herz. Wir sprachen über männliche Themen: Pferde, Messer und Seile, Ernten, Bewässerung, Jagen und Wein. Maria stellte Schüsseln mit Fleisch und Paprika auf den Tisch. Pedro lud mir die besten Stücke auf den Teller.

»Iss Fleisch.«

Dann bediente er sich selbst, während Maria neben ihm kauerte und Bröckchen von seinem Teller fischte. So nahmen sie anscheinend am liebsten ihre Mahlzeiten ein, sie wie einer jener Vögel, die die Zecken vom Rücken der Flusspferde wegpicken.

»Köstlich, Maria, ein wahres Festmahl.«

»Das Essen ist karg, aber wir sind arme Leute. Jetzt sind wir noch ärmer, wo wir unser geliebtes El Valero verkauft haben – und das für die paar Kröten – doch was hätten wir machen sollen?« Sie lächelte.

»Uuoouaargh!«, grunzte Pedro Zustimmung, während er einen riesigen Fleischfetzen zwischen den Backenzähnen zermalmte. »Du hast das Paradies gekauft – all diese Luft, das Wasser, den guten Boden, Früchte und Frieden – und wofür? Iss mehr Fleisch!« Und wieder füllte sich mein Teller mit Fleisch.

Pedro schien es für nötig zu halten, diese Jammerlitanei wenigstens einmal am Tag zu wiederholen. »Und schau, was wir jetzt haben – nichts«, beschwerte er sich. »Eine Bruchbude, ein lächerlich kleines Stück Land, das nicht mal für Kartoffeln ausreicht.«

»Komm schon, Pedro, es ist wirklich sehr schön – sieh dir doch all diese Obstbäume an… und so praktisch nah bei der Stadt, Maria. Dein Leben wird hier viel leichter sein: Du musst das Wasser nicht mehr aus dem Fluss holen, keine Acequias mehr reinigen oder steile Hänge emporklettern…«, schnatterte ich.

»Und es gibt keine Skorpione«, ergänzte Maria.

»Keine was?«

»Skorpione.«

»Gibt es dort welche?«

»Natürlich. Es wimmelt dort davon.«

»*Si Claro!*«, echote Pedro grienend. »In El Valero herrscht kein Mangel an Skorpionen. Manchmal musste ich im Sommer kochendes Wasser an die Wände schütten, um sie loszuwerden. Dort laufen sie nämlich am liebsten herum.« Dabei deutete er mit dem Krabbeln seiner Finger über die Tischplatte anschaulich die Munterkeit dieser Tierchen an.

»Und Schlangen«, fuhr er frohgemut fort. »Nicht so sehr am Haus, aber das Tal ist voll davon. Manche von ihnen sind dick wie mein Schenkel.«

»Giftige Schlangen?«

»Nein, nicht sehr giftig… aber gefährlich. Letztes Jahr hat eine Schlange einem Burschen im Tal das Bein gebrochen.«

»Was? Wie, zum Teufel, kann dir eine Schlange das Bein brechen?«

»Nun, das passiert meist, wenn sie heiß sind. Dann werden sie aggressiv und zischen durch das Unterholz auf dich zu, richten sich auf und versetzen dir mit dem Kopf einen gewaltigen Hieb. Sie können dich glatt umhauen.«

Dunkle Wolken drängten plötzlich über der sonnigen Farm meiner Träume, den leuchtenden Geranien und Orangenblüten. Ein Tal, in dem es von mörderischen Schlangen wimmelte, ein Haus voller Skorpione. Das würde Ana bestimmt gefallen.

Es war klar, dass wir in El Valero ein Auto brauchen würden, wenn wir auch nur einen Fuß im zwanzigsten Jahrhundert behalten wollten. Außerdem musste etwas mit dem losen Gefüge aus Pfählen und Steinen geschehen, das den Fluss überbrückte. Ich liebäugelte mit der Idee, El Valero zu lassen, wie es war, einsam und unberührt von der modernen Welt, und mit einem Maultier oder Pferden auszukommen. Doch die Menschen, die eher praktisch als romantisch veranlagt waren, übten Druck auf mich aus. Ich hatte mich diesem Druck schon gebeugt, bevor ich im August hierher gekommen war, und versprochen, für den Bau einer Straße und einer neuen Brücke zu sorgen.

Eigenartig, aber bisher war ich nie in die Verlegenheit geraten, eine Straße oder eine Brücke bauen zu müssen, daher streifte ich ein paar Stunden umher, um nach geeigneten Stellen Ausschau zu halten – nach meiner Meinung eine kluge Vorgehensweise. Doch es war zwecklos. Ich verstand so wenig von solchen Sachen, dass nichts dabei herauskam, wenn ich mich einfach schlau machen wollte. Ich ging zu Bernardo und besprach die Angelegenheit mit ihm.

»Domingo ist Ihr Mann«, riet er. »Er kennt sich mit allem aus.«

Also statteten wir Domingo einen Besuch ab.

Das erste Gehöft, das der Rio Trevélez passiert, wenn er sich aus seiner düsteren Bergspalte in das breite Tal ergießt, ist der Cortijo La Colmena. Die Melero-Familie bewirtschaftet ihn dort seit der Zeit von Domingos Urgroßvater, ist aber nicht der Eigentümer. Wie so viele Häuser und Ländereien in Andalusien gehört das Anwesen Leuten, die in Madrid oder Barcelona leben und ihren Besitz nie gesehen haben. Jedes Jahr streicht Domingos Grundherr die »stattliche« Summe von 1500 Pesetas ein – ungefähr fünf Pfund beziehungsweise 15 Mark. Der Pächter zahlt seine eigenen Steuern, weitere 4000 Pesetas und übernimmt anfallende Reparaturen und Ausbesserungen.

Diese bescheidene Abgabe verschaffte Domingo ein Haus hoch oben am Ende des Tales, das mit einer atemberaubenden Aussicht auf Flüsse und Berge aufwartet, mit Ställen für seine paar Schafe, Schweine und einen Esel, einem fruchtbaren Gemüsegarten, einem kleinen Weinberg und allen Arten von Obstbäumen, die man sich vorstellen kann. Dazu gehören auch die zum Fluss abfallenden Felder, kleine Mandel- und Olivenhaine und Reihen von Orangen- und Zitronenbäumen. All das bewirtschaftete er scheinbar mühelos, er ritt mit seinem Esel gemächlich im Tal umher und ließ die Füße durchs Gebüsch schleifen, lag im Schatten eines Obstbaums und bewunderte seine Schafe oder döste an einem wirklich heißen Sommertag in einem kühlen Bewässerungskanal, an einer Wurzel festgebunden wie ein Boot im Schilf.

Domingo lebte mit seinen Eltern zusammen, Expira und Domingo – oder dem alten Domingo, wie er genannt wurde. Dieser war ein winziger Mann, gegerbt von Sonne und harter Arbeit, mit einem Gesicht, das ständig in ein warmes Lächeln zerbarst.

Bernardo stellte uns vor. Wir verbeugten uns und schüttelten uns die Hände. »*Mucho gusto en conocerle* – sehr erfreut, Sie kennen zu lernen«, sagte ich.

Dann wandte ich mich Expira zu, einer gut gebauten Frau in den Fünfzigern, die noch vor nicht allzu langer Zeit eine richtige Schönheit gewesen sein musste. Sie hatte herrlich fröhliche Augen und ein Lächeln, das einem durch Mark und Bein ging, wie der Anblick der Felsen an der Meeresküste.

Domingo hockte auf dem Boden und feilte an der Kette einer riesigen Säge. Er begrüßte mich mit einem freundlichen Grinsen.

Wir setzten uns auf niedrige Stühle um eine Seiltrommel herum. Diese Seiltrommeln sind hier überall zu finden; man kann sie gut als Tische benutzen. Die Sevillana, die Elektrizitätsgesellschaft von Andalusien, betreibt im Tal ein Kraftwerk und ein Lagerhaus. Von dort aus werden die umliegenden Bauernhöfe großzügig mit den Überresten der Stromerzeugung versorgt. Im Lauf der Jahre hatte sich Pedro Romero eine beeindruckende Sammlung an Tauen, Trägern, Spannungsvorrichtungen, keramischen Isolatoren, Metallstäben und Kabeln zugelegt. »Solche Dinge sind immer nützlich, und wenn man nicht zugreift, so lange man kann, sind sie nicht da, wenn man sie braucht«, hatte er erklärt.

Expira breitete sorgfältig einen Sack über der Trommel aus, dessen lebhafte Farben seine Herkunft aus einer Zuckerraffinerie an der Küste verrieten, und kredenzte uns Wein, Brot, Oliven und Schinken. Es war diese Stunde am Tag... obwohl ich nicht genau sagen konnte, um welche Stunde es sich handelte, weil es zu jeder Zeit so zu sein schien. Wir saßen in einer Wolke von Fliegen – jedes Paradies hat seine Schlange, und in meinem regierten diese lästigen Biester – und plauderten über den Fluss, das Tal und die Landwirtschaft.

»Sie wollen also auf El Valero leben, ja?«, fragte der alte Domingo.

»Ja, wir ziehen im Winter dort ein.«

»El Valero ist ein guter Hof«, sinnierte er. »Viel Sonne und Luft und klares Wasser…«

»Das hört man.«

»Leider liegt er auf der falschen Seite des Flusses. Dieser Fluss schwillt mit den Winterstürmen an, und Sie können wochenlang völlig abgeschnitten sein. Eine Frau ist dort vor nicht allzu langer Zeit gestorben. Sie hatte eine Blinddarmentzündung und große Schmerzen. Sie versuchten sie mit Mauleseln über den Fluss zu bringen; aber die Strömung war zu stark, riss die Esel mit, und sie starb. Schrecklich.«

»Ja, und dann war da noch Rafaela», ergänzte Expira. »Rafaela Fernández, wissen Sie, die Tochter der Tauben – sie starb im Kindbett auf El Valero. Der Fluss stieg über die Ufer und zerstörte die Brücke. Da müssen Sie unbedingt etwas unternehmen. Es ist zu gefährlich, dort ohne Brücke zu leben.«

Alles, was wir von hier aus sehen konnten, war ein dünnes Rinnsal, das sich zwischen den Steinen im Flussbett hindurchschlängelte.

»Es war ein trockener Sommer«, fuhr der alte Domingo fort. »Katastrophal. Seit März hat es keinen Tropfen mehr geregnet. Es ist einfach nicht mehr so, wie es einmal war. Selbst im Sommer hat es früher geregnet, auch wenn der Regen dann mehr Schaden als Nutzen verursachte. Ich kann mich noch gut an einen Sommer vor ein paar Jahren erinnern, da kam ein Wolkenbruch… Es war ein heller, klarer Tag, der Fluss tröpfelte nur so dahin wie jetzt, und dann plötzlich brauste das Wasser, und in ihm trieben lauter tote Schweine, Ziegen und Maulesel. Das Wasser stieg doch tatsächlich über die Sieben-Augen-Brücke unten bei der Stadt. Ja, damals hat es kräftig geschüttet.«

»Wenn es nicht mehr regnet, brauche ich mir wegen der Brücke doch eigentlich keine Sorgen mehr zu machen«, warf ich hoffnungsvoll ein.

»Nun, man weiß nie, was die Zukunft bringen wird. Schon morgen braut sich vielleicht ein Gewitter zusammen. Man kann dem Fluss nicht trauen. Sie sollten eine Brücke und eine Straße bauen, die von hinten hoch nach draußen führt, für den Fall, dass der Fluss die Brücke mitreißt.« Das kam von Domingo, der seine Kettensäge beiseite gelegt hatte und sich einen Stuhl an die Seiltrommel heranholte.

»Hinten hoch? Sie meinen, eine Straße den Berg hochführen?!«

»Das ist nicht so weit. Drei oder vier Serpentinen, und man ist oben auf der Bergwerksstraße. Eine gute Erdbaumaschine kann es in ein paar Tagen schaffen.«

»Nun«, gab ich mich geschlagen. »Dann werden wir wohl eine Straße und eine Brücke anlegen müssen. Doch eine Brücke ist eine teure und schwierige Sache ...«

»Nein, nein, nein, es kostet Sie lediglich eine Kleinigkeit«, unterbrach er mich. »Nur ein paar Eukalyptusstämme quer rüber und einige Pfeiler aus Zement und Flusssteinen. Man sollte kein Geld ausgeben, um im Fluss zu bauen. Was immer es ist, es wird irgendwann weggeschwemmt.«

»Nun dann, einige Eukalyptusstämme ...«

»Jetzt ist es günstig, Eukalyptusbäume zu fällen«, sagte Domingo, »bei abnehmendem Augustmond. Wenn man sie zu irgendeiner anderen Zeit schlägt, den abnehmenden Januarmond vielleicht ausgenommen, verfaulen sie. Juan Salquero gehört der Eukalyptuswald dort unten am Fluss. Ich regle es mit ihm, und wir gehen morgen an die Arbeit. Für eine wirklich stabile Brücke brauchen wir fünf 15 Meter lange Stämme.«

Am nächsten Morgen fand ich Domingo mit seiner Kettensäge gut zwölf Meter hoch oben im Baum – ohne Handschuhe, ohne Sicherungsseil, nur in seiner üblichen Kluft aus zerfledderten Turnschuhen, dünnen Hosen und Hemd. Er hatte sich in eine Gabel gezwängt und lehnte sich hinaus, den einen Fuß um einen Zweig geklemmt. Die riesige Kettensäge, ein uraltes, grässliches Monstrum, unbelastet von modernen Sicherheitsvorkehrungen, fraß sich mit wütendem Kreischen durch einen dicken Pappelstamm, der dem ganzen Unternehmen im Wege stand.

Domingo war wirklich ein Phänomen. In seiner Gegenwart erledigten sich Dinge, die unmöglich schienen, wie von Zauberhand. Im Nu hatten wir – oder vielmehr er – fünf gewaltige Eukalyptusbäume mit geraden Stämmen gefällt. Wir schnitten die Baumriesen zu, befreiten die Stämme von Zweigen und Rinde und bedeckten sie mit Strauchwerk, damit sie in der Sonne nicht zu rasch austrockneten. Dort würden sie liegen bleiben, bis wir sie im Winter aus dem Wald an den Platz schleppten, den wir für eine Brücke ausgewählt hatten.

Da ich keine Lust hatte, mit der Kettensäge herumzuhantieren, hackte ich die Zweige und schälte die Rinde mit der Axt ab. Wir arbeiteten den ganzen Morgen, bis Domingo eine Pause gebot. »Kommen Sie«, sagte er, »wir wollen auf der Terrasse ein Glas Wein trinken. Es ist jetzt hier zu heiß.«

Also stiegen wir den Hügel zu Domingos Haus hoch, wo sein Vater auf einer Kiste neben einem Krug Wein saß und Körbe aus Espartogras flocht.

»Für meine Nichte«, erklärte er. »Sie hat ein Restaurant in Granada. Gewinnt immerzu Preise im Kochen und will überall im Lokal diese Graskörbe haben, Gott weiß warum! Ihre Kunden sind Doktoren, Professoren und dergleichen. Das Restaurant liegt in der Nähe der Universität. Sie meint, diese Leute fühlen sich heimisch unter all solchen Dingen vom Land. Sie wird es schon wissen, was soll ich dazu sagen?«

Um die Mittagszeit herrschte, wie an jedem Tag, brütende Hitze, doch hier oben auf der Terrasse der Meleros wehte eine sanfte Brise, und das Dach beschattete ein riesiger Eukalyptusbaum. Unten im Tal flimmerte die Luft. Ich konnte sehen, wie Pedro mit seinen Tieren den Weg vom Fluss heraufkam, um Siesta zu halten. Aus dem Olivenhain am Westhang ertönten die Geräusche eines Pfluges und Flüche, mit denen Bernardo seinen Maulesel bedachte.

»Schön, nicht wahr?«, sagte Expira. »Wir sind arm wie Kirchenmäuse, und das Leben ist nichts als Mühsal und Plackerei, aber ich liebe diesen Blick.« Sie lächelte, als sie mit ihrem Geschirrtuch nach einer Wolke Fliegen schlug.

»Ja, schön«, pflichtete ich bei. »Ich kann kaum glauben, dass wir hier wirklich leben werden.«

»Haben Sie Kinder?«, fragte sie.

»Nein, aber wir denken darüber nach.«

»Darüber nachdenken macht wenig Sinn. Sie müssen Kinder haben, sonst werden Sie dort oben schrecklich einsam sein. Das Tal braucht mehr Kinder. Ich brauche mehr Kinder. Meine Enkel sind in Barcelona, ich sehe sie nur einmal im Jahr, und der da« – sie deutete auf ihren Sohn – »scheint nicht an Heirat zu denken. Könnten Sie nicht vielleicht ›dort drüben‹ ein Mädchen finden, das bereit wäre, Domingo zu heiraten?!«

»Mal sehen, was sich machen lässt«, sagte ich lachend.

Ein Teil meines Projekts war erledigt. Die Aussichten für die neue Brücke standen nicht schlecht, wenn sogar die Bäume schon gefällt waren. Als Nächstes brachen Domingo und ich in die Alpujarras auf, um einen Mann mit Maschine aufzutreiben, der die Straße bauen konnte.

Während der Fahrt erklärte mir Domingo alles, was man über diese Maschinen wissen musste. Die Arglosen und Uniformierten konnten leicht in eine Falle tappen. Manche Männer mit Maschinen waren Halunken, andere inkompetent; etliche waren zu vorsichtig, wieder andere leichtsinnig; und auf einige war überhaupt kein Verlass. Und dann kam es natürlich auch auf das Arbeitsgerät selbst an. Domingos Albtraum war die Maschine mit Gummirädern.

»Was immer wir am Ende bekommen – bloß keine Maschine mit Gummirädern. Sie taugen nichts. Estéban hat solch ein Exemplar, und er ist ein guter Fahrer, aber auch ein Gauner; also gehen wir nicht zu ihm.«

»Haben Sie nicht gesagt, dass Estéban ein Freund von Ihnen ist?«

»Ja, schon.«

»Und trotzdem nennen Sie ihn einen Gauner.«

»Auch solche Typen brauchen Freunde, und außerdem mag ich ihn, Gauner hin oder her. Aber seine Maschine ist alt und verrottet, ein weiterer Grund, dass sie nichts taugt. Sie brauchen keine alte Maschine. Man zahlt pro Stunde genauso viel, doch das Ding funktioniert nicht mehr so gut wie ein jüngeres Gerät. Das heißt nicht, dass jetzt unbedingt eine neue Maschine her muss, weil man dann allzu sehr darauf achtet, die Farbe nicht zu zerkratzen, und sie zu vorsichtig einsetzt.«

Mir schwirrte der Schädel vor lauter Problemen. Wir fuhren kreuz und quer durch die Berge und hielten überall an, wo man einen Mann mit Maschine kannte. Wir befragten Dutzende von Maschinenmenschen in Bars oder in Pyjamas an der Tür nach Mitternacht, inspizierten kritisch ihr Gerät und wogen die Vorteile verschiedener Arme, Blätter, Eimer, Ketten, Räder, Schaufeln und Greifer gegeneinander ab.

Schließlich einigten wir uns auf Pepe Pilili und seine Maschine. Zwischen Órgiva und Lanjarón liegt eine *tasca*, eine Schenke, am Wegesrand – zu bescheiden, um als Bar oder *venta* bezeichnet zu werden, und daneben steht eine kleine blumengeschmückte *ermita* oder Kapelle. Lange nach Mitternacht und nach einem Abend vergeblicher Maschinensuche hielten wir dort an.

»Pepe Pilili wohnt hier. Er hat eine Maschine«, verkündete Domingo.

Pepe war in der Bar und knuddelte sein Neugeborenes.

Pepe Pililis Bekanntschaft würde man so leicht nicht vergessen. Er war groß, keck wie ein Spatz und hatte dichtes, blondes Haar.

»Kein Problem, mein Freund. Ich mache Ihnen die Straße. Morgen Abend fange ich damit an.«

Wir begossen unseren Pakt mit Sangria, der berühmt-berüchtigten spanischen Rotweinbowle. Sangria bekommt man in den Alpujarras ziemlich selten, was den Anlass zu einem besonderen Fest machte. Danach kehrten Domingo und ich in euphorischer Stimmung heim. Auf dem Weg vertraute mir Domingo an, dass Pepes Maschine, eine JCB, Gummiräder hatte, erst eine Woche zuvor angeliefert worden war und dass Pepe nicht ein Fünkchen Praxis damit hatte. »Trotzdem wird es gut gehen«, versicherten wir uns gegenseitig. »Man darf in solchen Sachen nicht allzu pingelig sein.«

Eine Woche später tauchte Pepe Pilili mit seinem nagelneuen Gerät auf. Für einen Mann wie mich, der erst kürzlich gelernt hatte, solch eine Maschine zu beurteilen, sah sie trotz unversehrter Lackierung und Gummirädern professionell aus. Sie platschte durch den Fluss, produzierte eine Rampe, um das sandig Ufer hochzufahren, vernichtete einen Haufen Büsche – das letzte Hindernis auf dem Weg zum Hof – und präsentierte sich nun in den letzten Strahlen der Abendsonne in schimmernder Pracht.

Pedro und seine Ziegen schlurften heran, um sie einer kritischen Prüfung zu unterziehen. »Na, was meinst du, Pedro?«, fragte ich. »Stimmt es dich nicht ein wenig traurig, dass die Welt ihre schmutzigen Hände nach El Valero ausstreckt und eine Straße durch diese zeitlosen Terrassen hackt?«

»Heilige Mutter Gottes, nein! Das ist die Zukunft, Mann. Das ist es, was El Valero braucht. Ich hätte es schon vor Jahren gemacht, wenn meine Familie nicht gewesen wäre. Aber diese Maschine…«

»Was ist mit der Maschine?«

»Sie hat Gummiräder.«

Domingo lenkte seinen Esel durch die Sträucher, um die nun folgende Operation zu beaufsichtigen. »Wir fangen hier an dem Hang an, Pepe. Los jetzt – und grabe so nahe am Mandelbaum, wie du kannst. Wir wollen möglichst wenig gutes Land verschwenden.«

Pepe fuhr mit seiner Maschine auf den Abhang zu, den Domingo ihm gewiesen hatte. Ich eilte zum Haus hoch, um Bier zu holen. Als ich wieder runterkam, erblickte ich die JCB in merkwürdiger Stellung am Fuß des Hügels auf der Seite liegend. Pepe stand daneben und kratzte sich den Kopf. Pedro wieherte, und Domingo erklärte Pepe zornig, was er hätte tun sollen.

»Stell sie wieder auf die Beine und fang diesmal von oben an.«

»Und wie bekomme ich sie in Gottes Namen wieder hoch?«

Pepes Großspurigkeit war so gut wie ungebrochen, aber die Möglichkeit eines schrecklichen Unfalls hatte ihm doch Angst gemacht.

»Mit den Händen natürlich. Dafür sind Hände schließlich da.«

»Ich weiß nicht, Domingo – versuch du es doch.«

»Ich? Ich habe noch nie so ein Ding gefahren.«

Mit diesen Worten kletterte er ins Führerhaus und warf den Motor an. Als er die diversen Hebel und Knöpfe betätigte, zappelte die Maschine auf dem Boden herum wie ein Grashüpfer, der ein Bein verloren hat. Dann stützte sie sich langsam auf ihren Arm, schwankte ein bisschen, ruckte geschickt mit dem Greifer und hüpfte – plonk – auf die Gummiräder zurück.

»So«, sagte Domingo und zwängte sich ziemlich selbstzufrieden aus dem Häuschen. »Nichts kaputt, funktioniert noch.«

Pepe kletterte wieder hinein und nahm den Abhang zögerlich von oben in Angriff. Wir übrigen saßen mit unserem Bier im Gras und sahen zu. Als ich von diesem kleinen Erdhügel aufschaute, fiel mein Blick auf den breiten Felsen, den wir durchschneiden mussten, um zur alten Bergwerksstraße hochzugelangen. Um ehrlich zu sein – Pepe und seine Maschine mitsamt den elenden Gummirädern waren für diesen Job nicht geeignet.

Am nächsten Tag machten wir uns auf die Suche nach einem anderen Maschinenmann, den Domingo kannte: Andreas aus Torvizcóu. Nachdem wir dort angekommen waren, wurden wir zu seinem Haus geführt, wo uns seine Frau erzählte, dass er zehn Kilometer außerhalb der Stadt in der Contraviesa einen Weg anlegte. Nachdem wir ungefähr eine Stunde auf den staubigen Pfaden durch die Mandelwäldchen und Weingärten gefahren waren, die die Ausläufer der gewaltigen Bergschroffen der Sierra Nevada bedeckten, wurden wir fündig.

Domingo begrüßte ihn, und es folgte die übliche halbstündige Unterhaltung, von der ich, sosehr ich mich auch bemühte, kein Wort verstehen konnte. Dann kam der Maschinenbesitzer rüber und schüttelte mir die Hand.

»Ich bin der Mann für Ihren Job«, sagte er mit breitem Lächeln. »Wollen Sie sehen, was meine Maschine und ich so alles draufhaben?«

»In Ordnung, legen Sie los.«

Er hatte sich schon in seinen Bulldozer geschwungen, der diesmal kein schwächlicher Staubpicker mit Gummirädern war, sondern ein richtiges Räumgerät mit Raupenketten. Dann folgte eine erstaunlich virtuose Vorführung, bei der die kleine rote Maschine, die in einer im Sonnenlicht gleißenden Staubwolke kaum sichtbar war, auf einem fast senkrecht aufsteigenden Berghang herumhüpfte und -tänzelte. Ab und zu konnte ich sehen, wie Andreas fröhlich grinste, während er geschickt die Hebel betätigte, die die Maschine anmutig eine erschreckend steile Anhöhe rückwärts erklimmen ließen. Nach einer halben Stunde war dieses verblüffende und bizarre Ballett beendet, und Andreas wurde angeheuert, meine Straße zu bauen. Am nächsten Tag wollte er mit mir und Domingo das Gelände inspizieren.

Die Straße sollte ungefähr im November fertig sein, und Pedro Romero wurde zum neutralen Sachverständigen bestimmt, der die täglich gearbeiteten Stunden überprüfen und alle Fragen über Verlauf und Beschaffenheit des Wegs abklären sollte. Andreas bestand auf dieser Regelung, um von vornherein jeden Verdacht auf krumme Sachen auszuschließen – nicht dass krumme Sachen irgendwie zu erwarten waren, aber man wusste ja, wie die Menschen sind.

Einzug mit Pedro

Im Herbst kauften wir einen alten Landrover und einen Anhänger, beluden ihn mit sorgsam ausgewählten Überresten
unseres früheren Lebens und nahmen die Fähre nach Frankreich. Sechs Tage lang rumpelten Ana, Beaune und ich, auf
den Vordersitzen zusammengedrängt, durch Frankreich und
Spanien nach Süden. Der Landrover war langsam, die Ladung schwer, und die Berge zogen sich endlos hin, so dass wir
viel Zeit zum Grübeln hatten. Mürrisch starrten wir durch die
erbärmlichen kleinen Fensterkeile, die von den Scheibenwi-
schern freigelegt wurden, und sagten kaum ein Wort.

Wir hatten uns großartig gefühlt, als wir zu Hause allen
verkündeten: »Stellt euch vor, wir haben diesen Bauernhof in
den Bergen von Granada gekauft – wisst ihr, so etwas ohne
Straße, ohne Strom, Wasser, ohne alles eben. O ja, uns tut ein
wenig Abenteuer gut, wir sind nicht geschaffen für den bedrückenden Alltagstrott, das liegt uns nun mal nicht!«

Und dann stellten wir fest, dass es Wirklichkeit wurde. Wir
hatten alles, was in unserem Leben bequem und vorherseh-
bar war, weggeworfen und waren ins kalte Wasser gesprun-

gen. Jeder, der uns unterwegs überholte, hätte uns vielleicht für Flüchtlinge halten können, die gezwungen waren ihre geliebte Heimat zu verlassen: Wir aber waren, weniger deprimiert als betäubt vor Überraschung, dass wir in einem Film mitspielten, zu dem wir das Drehbuch selbst geschrieben hatten.

Sie schienen kein Ende zu nehmen, die ermüdend langen Abhänge der Bergketten, die infolge von Dürre und Frost jede Farbe verloren hatten, und die Hochebenen, wo der kalte Wind den Staub am Straßenrand aufwirbelte. Dann, am fünften Tag, krochen wir spätnachmittags einen langen Pass hinab, der zu beiden Seiten von schroffen, grün bewachsenen Felsformationen gesäumt war. Allmählich schienen wir in eine andere Welt zu gelangen. Das blasse Braun des Grases hoch oben wich dem satten Grün sanft gewellter, von Herbstblumen gesprenkelter Wiesen. Die Sonne sandte wärmere Strahlen von einem tiefblauen Himmel, und wir legten eine Schicht wollener Kleidung nach der anderen ab. Kleine weiße Bauernhäuser, mit leuchtenden Blumen geschmückt, versteckten sich in schattigen Tälern, und überall leuchtete das staubige Grün der Olivenbäume auf. Wir ließen den Pass von Despeñaperros hinter uns und waren in Andalusien.

Bei unserer Ankunft in El Valero sahen wir, dass die Straßenbauer nahe der alten Wassertonne am Granatapfelbaum einen weitläufigen Platz gerodet hatten; dort machten wir Halt. Beaune sprang aus dem Landrover und fing an, ihr neues Revier zu erforschen. Natürlich hatte sie es damals nicht als ihr Revier betrachtet, sondern bloß als eine weitere Station auf einer scheinbar endlosen Reise. Und das Hotel zum Übernachten wirkte mit Sicherheit recht sonderbar.

»Nun, hier sind wir also. Das ist unser Zuhause. Hier können wir unsere müden Knochen betten.« Wir lachten und gingen Arm in Arm zur Terrasse hoch, wo wir unsere Beine über den kleinen Abhang baumeln ließen, während die Sonne hinter den Bergen versank.

Was wir nun brauchten, war eine Tasse Tee. Wenn man Brite ist oder in diesem Fall auch Chinesin, ist in solchen Momenten eine Tasse Tee unabdingbar, selbst wenn man nur sein neues Haus auf dem europäischen Festland in Besitz nimmt. Also suchten wir nach den Utensilien, um uns einen Tee aufzubrühen. Nichts, was wir zum Haus mitgebracht hatten, war für diesen Zweck geeignet, und ich weigerte mich entschieden, über den Fluss zurückzugehen, wo wir den Anhänger hatten stehen lassen, bevor ich meine erste Tasse genossen hatte.

Schließlich entdeckten wir einen verbeulten Aluminiumtopf – einen jener Art, in denen man ungeschälte Kartoffeln kocht. Er sah aus, als ob ein Maultier draufgetreten wäre. Dann schichteten wir Zweige für ein Feuer auf, füllten den Topf mit Wasser aus dem Tröpfelschlauch am Granatapfelbaum und hängten ihn mit ein paar rostigen Drahtstücken über die Flammen. Als das Wasser zu rauchen begann – seltsamerweise nicht zu dampfen, sondern zu rauchen – nahmen wir es vom Feuer und tauchten eine Art Teebeutel hinein, den wir irgendwo gefunden hatten. Danach deckten wir den Topf mit einem flachen Stein zu, damit der Tee ziehen konnte.

»Tassen, Tassen, Tassen… was sollen wir als Tassen nehmen?« Aber natürlich! Hier und da lag eine leere Thunfischdose herum. Ich sammelte einige auf und schrubbte sie in dem Wasserfass ab.

»Sind die sechs Minuten schon um?« So war es, und wir gossen die widerliche graue Flüssigkeit in die Thunfischdosen.

»Du hast die Tassen nicht gründlich ausgespült«, beschwerte sich Ana.

»Ich hab's gemacht, so gut es ging. Das ist schon in Ordnung.«

Auf dem Tee schwamm ein bisschen Fischöl. Wir lehnten

uns seufzend zurück und genossen die schöne Aussicht auf die Flüsse und Berge unter uns, während wir das ekligste Gebräu schlürften, das wohl jemals über die Lippen eines Menschen gekommen ist.

Nichtsdestoweniger haben wir die Utensilien dieser ersten Teezeremonie als Familienschätze aufbewahrt, und am 26. November feiern wir jedes Jahr den El-Valero-Tag, indem wir uns bemühen, jene erste denkwürdige Tasse Tee an Scheußlichkeit zu überbieten.

Romero kam herauf und schaute uns dabei zu, wie wir den Landrover abluden. »Wozu ist das? Was macht ihr bloß damit?«, fragte er, während er die zahllosen Dinge befingerte, die keinen Platz im Universum des einfachen Bauern hatten.

»Damit schneidet man Eier in Scheiben ... ein Spargeltopf. Das? Oh, das ist ein Teewärmer ... hält die Teekanne warm ... ein Gerät, um Gummiringe an den Hoden von Lämmern anzubringen, eine Pfeffermühle, eine Küchenmaschine, eine Textverarbeitungsmaschine ...« Ich schämte mich zunehmend, als ich mit meinen Erklärungen den Firlefanz unserer Existenz offenbarte, die im Vergleich zu seiner Erdverbundenheit irgendwie degeneriert erschien.

Der Mensch der Alpujarras braucht solche Kinkerlitzchen nicht. Er kommt mit dem aus, was er hat oder was er umsonst bekommen kann. Gibt man ihm eine Limonadenflasche aus Plastik und eine Rolle Bindfaden, wird er daraus einen Gegenstand von ausgesuchter Schönheit machen, der außerdem noch nützlich ist, weil er Getränke kühl- oder warm halten kann. Ein alter Autoreifen wird zu einem Paar wasserfester Sandalen. Ein Stück Knochen sorgt dafür, dass die Tür nicht zufällt. Die Pflanzen, die auf den Hängen wachsen, liefern alles, was man für das Haus braucht.

»Und was, um Himmels willen, ist das?«

»Was?«

»Das!«

»Ein Bett.«

»Aber es ist aus Holz. Ein Bett darf nicht aus Holz sein!«

»Warum denn nicht?«

»Es produziert Wanzen. Holz brütet Bettwanzen aus.«

»Hm, und was sind Bettwanzen?«

»Das sind die *bichos,* die dich nachts stechen und beißen. Es gibt hier sowieso schon genug davon. Willst du sie auch noch mit einem Bett aus Holz einladen?«

Ich wusste, dass wir Pedro gar nichts recht machen konnten. Wir mochten unser Holzbett, also behielten wir es.

»Ich mache mir etwas zu essen«, sagte Pedro. »Ihr seid eingeladen. Es gibt *papas a lo pobre.*«

Ana warf mir einen Blick zu.

»Das ist wirklich sehr nett von ihm, wir sollten seine Einladung unbedingt annehmen. Danke, Pedro. Wir sind in zehn Minuten unten.«

Ich schlug ein paar große Nägel in die Lehne und die Beine des selbst gebauten Bettes, um es stabiler zu machen. Der Boden des Zimmers senkte sich zum darunter liegenden Ziegenstall stark ab, also schob ich ein paar Bücher und Magazine unter die Füße, damit es gerade stand. Ana wischte jedes Staubkorn aus dem Schlafzimmer und stieß das Fenster weit auf, damit die frische Abendbrise und der allgegenwärtige Ziegenduft hereinströmen konnten.

Pedro kochte noch immer im unteren Teil des Gehöfts. Es war dunkel und sternenklar, als wir den Pfad hinabgingen, und die Luft duftete nach Jasmin und Holzrauch. In der Mitte des Zimmers baumelte eine Glühlampe von der Decke, doch Pedro war viel zu geizig, um sie als Lichtquelle zu nutzen. Das Holzfeuer, das unter dem schwarzen Topf mit Kartoffeln loderte, erhellte die Szenerie, unterstützt von einer fantasievoll wieder verwendeten Tunfischdose mit altem Öl und einem

Lumpen als Docht. Die Schatten und das bisschen Licht tanzten auf Pedros großer Gestalt, während er sich über das Feuer beugte und mit seinem Stock in dem verführerisch duftenden Gericht herumrührte.

»Christóbal, du deckst den Tisch und gießt Ana Wein ein.« Ich deckte die Trommel und kredenzte Ana etwas *Costa*. Sie nahm das Glas, ließ sich an dem provisorischen Tisch nieder und blickte zum Fluss hinunter. Der Wein war weniger gut, als sie sich vielleicht gewünscht hätte (Ana hatte ihren Lieblingshund schließlich nach einem besonders köstlichen Wein aus den Hospices de Beaune benannt), aber sie trank ihn ohne Murren. Ich hatte gehofft, dass sie sich zum Koch setzen und über Rezepte oder Ähnliches plaudern würde – aber nein, Ana schien von Pedro nicht so eingenommen zu sein wie ich.

Diese erste Mahlzeit war kein Erfolg. Ich tat mein Bestes, die Räder der Geselligkeit zu ölen, doch die Kluft war zu groß. Pedro hatte aus irgendeiner Laune heraus beschlossen, kein Wort von dem, was Ana sagte, zu verstehen, obwohl sie mindestens so fließend Spanisch sprach wie ich. Ana zog sich im Gegenzug aus der Unterhaltung zurück, so dass das Gastmahl bald nur noch aus Grunzern und Seufzern bestand, die von langen stummen Pausen unterbrochen wurden.

»Wird er das an jedem Abend für uns kochen?«, flüsterte Ana, sobald wir allein waren. »Und wie lange, glaubst du, hat er wohl vor zu bleiben? Auf seine Art ist er schon in Ordnung, doch seine Gegenwart ist doch irgendwie bedrückend, findest du nicht?«

»Na ja, ich kann nicht abstreiten, dass es schön wäre, allein zu sein«, räumte ich ein. »Aber wir müssen auch bedenken, dass wir den armen Mann von Haus und Hof vertreiben …«

»Das tun wir nicht. Wir haben das Anwesen von ihm gekauft, und er hat ein anständiges Zuhause, wo eine Frau und Familie auf ihn warten.«

»Ja, ich weiß, aber es gefällt ihm hier so sehr. Er sagt, es sei sein spirituelles Zuhause.«

Ich hielt es für vorteilhafter, nicht zu erwähnen, dass ich Pedro im Sommer in einem Anfall von Sentimentalität angeboten hatte, den Hof gemeinsam mit ihm zu bewirtschaften, und dass er bei uns ein Zuhause hätte, so lange er nur wollte. Ich war in den Feinheiten des Immobilienhandels nicht sehr bewandert und ging immer noch von der Annahme aus, dass der Käufer den armen, unterdrückten Verkäufer – eine Rolle, die Pedro und seine Familie glänzend beherrschten – grausam übervorteilte.

»Nun, ich hoffe, er richtet sich hier nicht häuslich ein, ob spirituell oder sonst wie. Es ist eine Sache, einen Bauernhof zu kaufen, aber etwas ganz anderes, den Bauern mitzukaufen.«

Ihre Worte ließen mich innerlich erröten. Ana hat eine scharfe Zunge, auch wenn sie damit oft ins Schwarze trifft.

»Nein, nein, mach dir keine Sorgen, er wird früh genug gehen. Jedenfalls denke ich, dass uns das seltene Privileg zuteil geworden ist, hier zu leben und vom Wissen und Können dieses edlen… äh, edlen…«

»Bauern zu profitieren?«

»Du weißt, dass ich dieses Wort nicht mag, Ana. Ich glaube auch, dass man wirklich darauf verzichten könnte.«

»Na gut, edlen was?«

»Sohn der… nein, Meisters der Scholle.«

»Aufgeblasener Dämlack! Er ist ein Bauer, Chris. Wieso soll man das nicht sagen?«

»In Ordnung, edler Bauer.« Ich presste das Wort mühsam heraus. »Aber um auf das zurückzukommen, was ich sagte – es gibt nicht viele Leute, die das Glück haben, eine fremde Kultur kennen zu lernen, indem sie unter einem Dach mit einem einheimischen…«

»Bauern leben.«

»Ja, einem Einheimischen.«

Diese Diskussion führten wir wispernd in der Dunkelheit am Granatapfelbaum mit seinem Ölfass voll schmutzigen Wassers, mit dem wir uns die Zähne putzten. Wir beschlossen, den Abwasch auf den nächsten Morgen zu verschieben, und legten uns schlafen. Romero schlief im übernächsten Raum. Alle Zimmer gingen türenlos ineinander über. Es war eine wunderschöne Nacht, mit leichtem Wind und klarem Himmel. Wir ließen das Fenster offen, wie wir es gewohnt waren, und schliefen trotz der ungewohnten Geräusche tief und fest.

Ich bin frühmorgens noch nie sehr gut aus den Federn gekommen. Die Wärme und Kuschligkeit eines guten Betts, geteilt mit einer angenehmen Gefährtin, haben über die möglichen Reize eines neuen Tages stets den Sieg davongetragen. Und dieser Morgen, der erste in unserem neuen spanischen Heim, bildete da keine Ausnahme. Außerdem drängte sich in die Seligkeit des warmen, sorglosen Schlummers die Unsicherheit, was ich mit dem bedeutenden Tag anfangen sollte, der vor mir lag. Was sollte man am ersten Tag eines neuen Lebens tun? Es konnte so leicht schief gehen. Vielleicht war es am besten, dem Problem auszuweichen und im Bett zu bleiben.

Doch dann regte sich der fast instinkthafte Impuls, meine noch schlafende Frau mit einer Tasse Tee zu wecken, und ich hatte schon die Beine aus dem Bett geschwungen, als ich mich an die Brühe des Abends zuvor erinnerte. Ich beschloss, mit dem Frühstück noch eine Weile zu warten.

Durch einen Rahmen dunklen Efeus konnte ich sehen, wie die niedrig stehende Sonne die Geranien und Rosen beschien, die den Weg säumten, auf dem die staubige Erde und der Kuhdung festgetreten waren. Aus den umliegenden Ställen hörte ich die Tiere grunzen und schlürfen. Das alles aktivierte meine Lebensgeister, also schlurfte ich zum Ölfass runter und benetzte mein Gesicht mit Wasser. Als ich den Pfad wieder hochging, kam mir Pedro entgegen, der sein Bettzeug auf Kopf und Schultern mit sich schleppte, von dem ein Teil durch den Staub schleifte.

»Du ziehst doch nicht etwa aus?«, fragte ich ungläubig.

»Nein, nein, aber ihr habt letzte Nacht in eurem Zimmer das Fenster aufgelassen. Die Nachtluft wird euch noch buchstäblich umbringen.«

»Unsinn, Mann«, widersprach ich. »Wir haben unser ganzes Leben bei offenem Fenster geschlafen und leben immer noch, obwohl es oft kälter war, als du es dir hier überhaupt vorstellen kannst.«

»Das mag dort drüben ja vielleicht angehen, aber hier sind die Nachtwinde tödlich. Ich hatte einen Onkel, der einmal jemanden besucht und in einem Zimmer übernachtet hatte, dessen Fenster nicht richtig schloss – keine große Sache, nur ein Spalt. Jedenfalls wachte er am nächsten Morgen sterbenselend auf, war am Abend tot und ist nun bei unserem Herrn.«

Und er verdrehte die Augen himmelwärts, so wie es die Menschen hier tun, wenn sie über das Jenseits sprechen.

»Mensch, Pedro, das war mehr als nur ein Spalt. Das Fenster stand die ganze Nacht weit offen, und uns geht es gut – na ja, denke ich zumindest. Ich schau nur mal nach, ob bei Ana alles in Ordnung ist.«

»Ihr habt noch mal Glück gehabt, aber ich ziehe ins andere Haus. Noch eine Nacht wie diese, und es erwischt mich vielleicht. Ich muss mich vorsehen, ich bin zwar alt und schwach, aber ich möchte noch nicht in den Himmel.«

Ich setzte mich aufs Bett und sah nach, ob Ana nicht etwa den todbringenden Winden erlegen war. Ihr schien es gut zu gehen.

»Wo ist mein Tee?«, fragte sie.

»Möchtest du wirklich eine Tasse Tee?«

Sie überlegte eine Weile. »Nein, eigentlich nicht.«

»Ich glaube, dass Pedro *papas a lo pobre* macht, und du könntest ein, zwei Gläser Costa dazu trinken.«

»Lieber würde ich sterben.«

»Du warst ja auch schon nahe dran, und ich auch, und für Pedro sind wir ohnehin nur knapp mit dem Leben davongekommen. Er sagt, dass die Nachtwinde absolut tödlich seien und man niemals bei offenem Fenster schlafen solle.«

»Der Mann schnattert mehr Unsinn als eine ganze Horde Gänse. Wirklich. Ich habe noch nie so was Albernes gehört.«

Angesichts Anas Wortwahl verzog ich schmerzlich das Gesicht.

»Schon gut, schon gut, man kann ja nie wissen.«

Ana stand auf. Beaune hüpfte vom Bett, und wir drei gingen hinaus und sahen zu, wie die Morgensonne mit den Schatten auf den gegenüberliegenden Hügeln spielte. Von unten stieg uns der Duft von Bratkartoffeln, Zwiebeln und Knoblauch in die Nase – kräftiges Essen!

Allmählich kam mir die Idee, dass es angebracht wäre, wenn wir am ersten Morgen unseres neuen Lebens auf den Berg hinterm Haus steigen und uns gemeinsam unser neues Reich anschauen würden.

»Ich sehe nicht ein, warum wir den ganzen Weg hochstiefeln müssen, um den Hof hier unten zu betrachten«, maulte Ana.

»Nun, zum einen hat der Mensch das heilsame und natürliche Bedürfnis, jede Erhebung zu erklimmen, die er sieht. Ohne dieses Bedürfnis wären wir doch weniger menschlich – oder?«

»So ein Bedürfnis, wie du es nennst, verspüre ich überhaupt nicht.«

»Möchtest du nicht wissen, was auf der anderen Seite des Berges liegt?«

»Wenn meine Neugier tatsächlich einmal so stark sein

sollte, würde ich es wahrscheinlich für vernünftiger halten, drumherum zu fahren und mir das, was es dort zu sehen gibt, aus horizontaler Perspektive anzuschauen«, erwiderte Ana. »So wie es sich gehört.«

Bernardo konnte viel zu diesem Thema erzählen. Auch er hatte jenem bewundernswerten Drang nachgegeben, jeden Gipfel zu erklimmen, doch seit er in den Bergen lebte, konnte ihn auch der bescheidenste Hügel nicht mehr locken. In den fünf Jahren, gestand er mir, habe er nicht einmal den höchsten Punkt seines eigenen Grund und Bodens gesehen, weil es unten mehr als genug für ihn zu tun gebe.

Doch noch lagen solche Gefühle für mich in weiter Ferne, und ich konnte Ana schließlich für die Kletterpartie gewinnen, indem ich darauf hinwies, wie gesund eine solche Expedition für den Hund wäre.

Beaune hechelte fröhlich durchs Gebüsch, und wir kraxelten langsam hinter ihr her auf ein Blockhaus aus Beton zu, das auf dem Gipfel hockte. Erstaunlicherweise hatte dieses Blockhaus einmal zu einer Seilschwebebahn gehört, die vor fünfzig Jahren Mineralien über das Tal transportierte: von den Minas del Conjuro zehn Kilometer östlich zum Hafen von Motril, dreißig Kilometer südwestlich.

Einmal auf dem Gipfel angekommen, schien Ana die Aussicht zu gefallen. Oben auf den Bergen hörte man die Flüsse nicht mehr, dort herrschte eine eigenartige Stille, unterbrochen nur vom Gesang der Haubenlerchen und den Seufzern des Windes im Besenginster. Beaunes Fell und unsere Hosen verströmten den Duft der Rosmarinbüsche, durch die wir uns hochgekämpft hatten; hinzu kam noch der Duft des Lavendels und verschiedener Arten von Thymian und ein Hauch der seltsamen Art übel riechender Gartenraute.

Weit unten vereinte sich die sanfte Strömung des Río Cádiar mit dem dunkleren, lebhaften Gewässer des Río Trevélez, und gemeinsam rauschten und tosten sie zur Schlucht bei El Granadino hinunter. Im östlichsten der drei Dreiecke, die durch die Vereinigung der Flüsse gebildet werden, lag El Valero. Wir setzten uns auf einen Hügel und erkundeten mit den Augen die Grenzen unseres Landes, das an der Südseite fast bis zum Flussufer steil abfiel und sich im Norden zu flachen Feldern ausweitete.

Nachdem ich wieder auf dem Hof war und den halben Morgen noch vor mir hatte, holperte ich mit meinem Landrover durch den Fluss, um eine weitere Ladung unserer lächerlichen und beschämenden weltlichen Güter vom Anhänger zu holen. Es war jetzt doppelt peinlich, weil sich dort die Bewohner der wenigen umliegenden Häuser eingefunden hatten und jeden Gegenstand mit ihren gemurmelten Kommentaren bedachten.

»Das muss der Tisch zum Schweineschlachten sein.«

»Nein! Benutzen die da drüben wirklich solche Sachen?«

Es handelte sich um unseren Esstisch, ein schönes Stück Tischlerarbeit, das ich einmal in einem Antiquitätenladen entdeckt und Ana zum Geburtstag geschenkt hatte. Interessanterweise äußerte niemand eine Vermutung über mein elektrisches Gerät zum Schafscheren, das mit verblüfftem Schweigen zur Kenntnis genommen wurde.

Bedrückt durch diesen Empfang für unsere Habseligkeiten, kurbelte ich wieder den Fluss hoch, um sie vor Pedro auszuladen, der jeden einzelnen Gegenstand nochmals mit kritischen Bemerkungen würdigte. Ich dankte den himmlischen Mächten, dass wir Anas Sammlung an Porzellankröten und -schildkröten in England zurückgelassen hatten, weil unser Anhänger zu schwer geworden war.

Gegen Mittag hatte ich unsere restlichen Siebensachen aus dem Anhänger geholt und im Haus verstaut. Dieses war von Ana inzwischen mit Besen und Schaufel und einigen Marmeladengläsern voll Blumen in einen etwas heimeligeren Zustand versetzt worden. Sie saß bereits mit Pedro beim Mittagessen, als ich mit der letzten Fuhre den Weg hochrumpelte.

»Pedro und ich haben aufgeschrieben, was wir brauchen«, verkündete Ana. »Fließendes Wasser, das ist die Hauptsache«, sagte Pedro bestimmt. »Ordentliche, zivilisierte Leute wie ihr sollten nicht ohne fließendes Wasser leben.«

Ich sperrte den Mund auf. Seit wann war er zu einem Verfechter moderner Lebensformen geworden? Doch Ana achtete nicht auf mich. »Ihr müsst doch hier mal fließendes Wasser gehabt haben. Was ist mit dem Fass auf dem Dach des Badezimmers?«, fragte sie Pedro.

»Nun, das haben wir mit Wasser von unten gefüllt. Die alte Quelle, die wir benutzten, reichte nie so weit hoch. Was ihr tun müsst, ist, einen Schlauch zu kaufen und ihn zu einer der Quellen auf der anderen Seite des Tals zu führen, im *barranco*. Ich hatte das schon seit Jahren vor, aber meine Familie – ihr wisst ja, wie das ist. Sie hängen an jeder Peseta, meine Leute.«

»Das ist ein verdammt langer Weg, um einen Schlauch zu legen«, wandte ich ein. »Und außerdem haben wir gar kein Recht auf Wasser.«

»Mein Gott, das macht doch nichts!«, entgegnete Pedro. »Das Wasser geht sonst verloren; jeder kann es haben, auch du. Was die Entfernung anbetrifft – nun, es sind weniger als tausend Meter, und es liegt vermutlich so hoch, dass der Wasserdruck im Bad stark genug ist. Es ist gutes Süßwasser, also trinkbar. Dann hast du in deinem eigenen Haus Quellwasser zum Trinken, und es bleibt noch etwas für die Bewässerung übrig. Du kannst dir ein echtes Paradies schaffen. Zuerst ist ein neues Ölfass für das Badezimmerdach erforderlich. Dann braucht Ana einen Kochherd – sie wird ja wohl kaum über diesem widerlichen Holzfeuer kochen wollen wie ich. Und ihr werdet einen Kühlschrank benötigen, um Bier kalt zu stellen.«

»Ich denke, er hat die richtige Reihenfolge getroffen«, sagte Ana lächelnd.

»Wasser, Herd und Kühlschrank – okay, stärken wir uns jetzt ein bisschen und machen uns dann auf die Socken. Nach dem Mittagessen fahren wir in die Stadt.«

Folglich fuhren wir in die Stadt, um ein Ölfass und einen Herd zu besorgen. Für den Kühlschrank konnte ich mich nicht so recht erwärmen, da das Wetter Ende November ohnehin ziemlich kühl war und ich kaltes Bier noch nie besonders gemocht hatte. Zudem gefiel mir auch die romantische Vorstellung, unsere Mahlzeiten in einer dunklen Ecke über einem Feuer aus Ästen zuzubereiten. Ana war jedoch unerbittlich, also suchten wir uns einen Gasherd aus. Natürlich gab es in der Stadt keine Ölfässer, und wir mussten ein großes, neues Fass aus Kunststoff kaufen. Eine Rolle Schlauch sowie etwas Wurst und Wein – Letzteres trotz der zu erwartenden ernsthaften Einwände Pedros – vervollständigten die Einkäufe des Tages.

»Warum ihr gutes Geld aus dem Fenster werft, um Lebensmittel zu kaufen, will mir einfach nicht in den Kopf«, sagte Pedro dann auch mit schmerzlichem Gesichtsausdruck, als wir mit unseren Einkäufen zurückkamen. »Der Hof quillt über vor guten Sachen, und wir haben jede Menge Wein. Unter dem Gestrüpp an den Akazienbäumen liegt eine ganze Kartoffelmiete. Und dann haben wir noch Säcke voll Zwiebeln, viel Knoblauch, Paprikaschoten und Tomaten, die noch am Strauch hängen, und außerdem Auberginen, Oliven, Orangen und Schinken... und *vaya,* was haben wir da – *papas a lo pobre...* Natürlich kann man ab und zu eine Dose Tunfisch oder Sardinen für die Kartoffeln kaufen, um ein bisschen abwechslungsreicher zu kochen, aber all diese überflüssigen Lebensmittel – das verletzt mich doch sehr.«

Dass Pedro fließendes Wasser in einem Haus für dermaßen wichtig hielt, um dafür auch Geld und Arbeitsleistung einzusetzen, mochte nicht zu seinem Wesen passen, war aber eine

Überlegung wert. Da Ana sicherlich der gleichen Meinung war, dachte ich mir am folgenden Tag ein System aus. Ich schleppte den Tank auf den Bergsattel über dem Haus und steckte den Schlauch in ein mehr oder weniger rundes Loch, das ich in den Boden gehämmert und gefeilt hatte. Dann rollte ich den Schlauch den Berg hinunter und verband ihn mit ein wenig Draht und einem alten Stück Gummischlauch mit dem Kupferrohr, das aus dem Badezimmerdach ragte. Zum Schluss stopfte ich mit etwas Schnur, einem Lumpen und einem Plastikbeutel das Loch im Boden des Tanks aus.

Danach suchten wir jeden Eimer, jede Wanne und Trommel zusammen, die wir finden konnten, und fuhren mit dem Landrover zum Fluss hinunter. Wir füllten alle Behältnisse und krochen im Schneckentempo am felsigen Flussufer entlang zum Haus zurück. Bergauf machte der Wagen bei den unteren Feldern einen gewaltigen Satz, und wir verloren die Hälfte des Wassers. Wir brauchten zwanzig Minuten, bis wir wieder am Tank waren. Uns waren noch fünfzig Liter geblieben. Das wirkte am Boden eines Fünfhundert-Liter-Tanks zwar gerade mal wie der Tropfen auf dem heißen Stein, aber wir konnten es damit versuchen. Ich rannte ins Bad und rief nach Ana, damit sie zusah, wie ich den Hahn aufdrehte… Nichts kam heraus, nicht einmal ein leises Gluckern.

»Ich verstehe das nicht. Es ist so einfach, es muss doch funktionieren. Wahrscheinlich habe ich irgendetwas übersehen.«

»*Abejorros*«, meinte Pedro, der in der Türöffnung stand. »Die Rohre sind wahrscheinlich voller *Abejorros*-Nester.«

Abejorros sind so etwas wie riesige blauschwarze Bienen. Sie taumeln schwerfällig auf hoffnungslos unzureichenden, aber sehr schönen blauen Flügeln durch die Lüfte. Man ist sich nicht einig, ob sie stechen oder nicht. Sie erwecken allerdings den Eindruck, dass ihre Stiche sehr unangenehm sein könnten. Da mir bisher noch nie eine diesbezügliche Erfahrung zuteil geworden ist, halte ich ihnen das bis zum Beweis des Gegenteils zu Gute. Diese Insekten bauen ihre Nester in jedem interessanten Loch, das sich ihnen bietet, hauptsächlich in hohlen Pflanzenschäften oder -stielen, aber auch in Rohren und Schläuchen, die über längere Zeit nicht benutzt wurden. Nachdem wir den Schlauch entfernt hatten und mit einem Stück Draht im Kupferrohr herumstocherten, fanden wir heraus, dass es voller toter Abejorros und ihrer Nester war.

Ich kratzte den Unrat heraus und schloss den Schlauch wieder ans Rohr an. Dann ging ich ins Bad zurück, diesmal ein wenig beunruhigt, weil ich bemerkt hatte, dass es in der Nähe der Insekten rappeltrocken gewesen war, und drehte erneut den Hahn auf. Wieder diese peinliche Stille. Ich verstehe wirklich nichts vom Klempnerhandwerk, und die Welt der Muffen, der Sammelbecken und des Gegendrucks wird mir wohl immer ein Rätsel bleiben. Doch aus dem Physikunterricht ist mir zumindest eine elementare Tatsache in Erinnerung geblieben: Wasser läuft offenbar immer bergab. Dieses Gesetz schien hier nicht zu gelten. Verzweifelt blickte ich Pedro an, der am Türpfosten lehnte und mit dem Messer in den Zähnen bohrte.

»Luft im Schlauch.«

»Natürlich ist Luft im Schlauch, aber was kann ich dagegen tun?«

»Saug den Wasserhahn an.«

»Das geht nicht. Ich kriege meinen Kopf nicht in den verdammten Ausguss hinein!«

»Mach den Duschkopf ab und saug.«

Also saugte ich an der Dusche, bis mein Kopf dunkelrot anlief. Ein grässliches Schlürfen, Röcheln und Fauchen – dann plätscherten einige Tropfen braunen Wassers heraus.

»Es rührt sich was!«, brüllte ich. Das braune Tröpfeln ließ nach. Ein weißer Schwall Luft entwich zischend, der Schlauch schlängelte sich, hustete, und dann schoss – Gott sei Dank – ein Strahl klaren Wassers aus der Dusche.

Das war wahrhaftig ein Grund zum Jubeln. Endlich hatte sich der Fortschritt im Badezimmer von El Valero eingefunden.

»Das ist aber eigentlich kein fließendes Wasser«, wandte Ana ein. »Nicht, wenn man den ganzen Weg zum Fluss hinunterlaufen muss, um es zu holen.«

»Schau mal, man dreht den Hahn auf – Wasser kommt raus. Das versteht man gemeinhin unter fließendem Wasser.« Doch Ana war froh, das konnte ich sehen.

»Das ist die Zukunft«, raunte Pedro bedeutungsvoll. »Das müssen wir feiern, aber zuerst wollen wir essen und trinken.«

»Warte, ich muss zuerst meine Hände unter fließendem Wasser waschen.«

Liebevoll drehte ich den Hahn auf und rieb und knetete meine Hände unter dem herrlichen klaren Wasserstrahl. Selten hatte mir dieses schlichte Ritual so viel Freude bereitet. Als ich aus dem schwach beleuchteten Bad in das grelle Tageslicht trat, überkam mich auf dem Weg zum Mittagessen eine Vision von El Valero mit hochschießenden Fontänen und gluckernden Bächen, Waschbecken mit silbernen Hähnen, aus denen Süßwasser rauschte, und sanft sprudelnden Bidets.

Dennoch grübelte ich etwas über die abschätzige Bemerkung nach, mit der Ana mein neues Wassersystem beurteilt hatte. Sie hatte Recht; man konnte es wirklich nicht fließendes Wasser nennen, wenn man zum Fluss runterfahren musste, um es zu holen. Pedros Erwähnung einer Quelle, deren Wasser sonst niemand nutzte, schien die Antwort zu enthalten. Ich beschloss, Domingo um Rat zu fragen.

Wie immer war Domingo hilfsbereit, außerdem kannte er die am günstigsten gelegene Quelle und die beste Methode, die Sache anzupacken. Binnen Tagen hatten wir ein Bassin aus Beton gebaut, das das Wasser aus einer Quelle auffing, für die wir uns auf der anderen Seite des Tals entschieden hatten. Von dort führten wir mehrere Rollen Polyethylenschlauch, die ich in Granada gekauft hatte, durch das Brombeer- und Rohrdickicht hinunter, über den Fluss und den Hügel zu unserem Haus hoch. Dort befestigten wir mittels eines Steins und eines Stücks Bindfadens den Schlauch an dem Kunststoffwassertank.

Am nächsten Tag konnte der Tank gefüllt werden, und nach ein paar Stunden Werkelei mit der Luft und den Abejorros strömte das Wasser ununterbrochen aus den Hähnen. Es mag inkonsequent erscheinen, aber in diesem Augenblick verflüchtigte sich meine Schwärmerei von dem Ölfass am Granatapfelbaum und seinem Rinnsal aus schmutzigem Wasser.

Es dauerte nicht lange, und wir dachten über noch größeren Luxus nach – eine heiße Dusche in unserem eigenen Bad. Bisher waren wir den ganzen Weg durch das Tal gegangen, um die von Bernardo zu benutzen. »Kommen Sie und duschen Sie, wann immer Sie wollen«, hatte er angeboten. »Im Moment hängt dort allerdings eine tote Ziege. Seien Sie also bitte vorsichtig mit der Seife.«

Es gab dort wirklich eine Ziege, die vom Duschrohr herabhing, enthäutet und ausgenommen. Die Dusche war der einzige Ort, an dem das Fleisch vor den Fliegen sicher war; und so hing sie dort, bis sie für den Kochtopf fällig war. Unbeschwert schaukelte sie herum und stupste einen an, wenn man es am wenigsten erwartete. Nun bin ich zwar nicht übermäßig zimperlich und es war auch sehr nett von Bernardo, sein Bad mit uns zu teilen, doch die Ziege beschleunigte unseren Wunsch nach einem eigenen Warmwasserbereiter. Die Lösung war einfach. Wir fuhren nach Órgiva und kauften uns einen.

Jetzt gab es kein Halten mehr. Wir hatten fließendes Wasser, einen Boiler, einen Herd und eine Straße. Wir waren schon wieder in Gefahr, Sklaven all der Dinge zu werden, die wir hatten aufgeben wollen, als wir an diesen rückständigen Ort zogen.

Verlorene Illusionen

Ana und ich wanderten auf dem Hof herum, aßen Orangen und besprachen, was wir mit den diversen Terrassen und Feldern anfangen, was wir verändern und was wir so lassen wollten, was zu bepflanzen war und was umzugraben. Unsere Beziehung zeigte schon Anzeichen des urzeitlichen Konflikts zwischen pastoralen Romantikern und Landwirten. Ana sah ordentliche Reihen mit Gemüsen und Früchten vor sich, von gepflegten Wegen gekreuzt: einen blühenden Garten in der Wildnis, mit Narzissen und Veilchen, die die grasbewachsenen Böschungen der *Acequia* säumten. Ich träumte von einer Schafherde, die über unser gemeinsames Idyll zockelte, während ich, der Schäfer, in einer Staubwolke hinter ihnen herschritt. Ich unterhielt mich mit Domingo darüber, was er von der Idee mit den Schafen hielt. Das Gespräch ließ ihn nachdenklich zurück.

Doch während dieser Wintermonate gab es für uns wenig zu tun, außer Pedro zuzusehen, wie er den Hof weiterbewirtschaftete. Das bedeutete allerdings nur, dass er seine Schweine fütterte und mit den Kühen und Ziegen im Fluss umherwanderte. Dennoch gelang es ihm, einen solchen Anschein von Fleiß und Bedeutsamkeit zu erwecken, dass ich mich zurückgesetzt fühlte und mir überflüssig vorkam. Ich mochte Pedro. Ich mochte es, wenn er seine komischen Geschichten, unverständlichen Witze und sein landwirtschaftliches Wissen von sich gab; aber allmählich begann ich mich Anas Überzeugung anzuschließen, dass es besser wäre, hier allein zu sein.

Ana hatte ihrerseits die Angewohnheit angenommen, sich so in ihre Arbeit zu versenken, als wäre sie gar nicht ansprechbar, wenn Pedro zufällig vorbeikam. Das hätte man ihrem zurückhaltenden Wesen zuschreiben können, wäre sie nicht so offen und liebevoll mit der Melero-Familie umgegangen; sie begleitete Expira täglich, wenn diese Wasser von der Quelle holte, oder hörte ernsthaft interessiert zu, wenn ihr der alte Domingo Ratschläge für den Garten gab. Auch zwischen ihr und Domingo entwickelte sich eine spontane Sympathie. Er schien in ihrer Gegenwart seine extreme Schüchternheit abzulegen, und sie plauderten lebhaft über Pflanzen, Tiere und andere Themen des Landlebens.

Pedro bemerkte den Unterschied, und das verbesserte die Stimmung in unserem engen häuslichen Kreis nicht unbedingt. Vor allem das Abendessen verlief in angespannter Atmosphäre. Nicht, dass es zu offenen Konflikten gekommen wäre – ein jeder war peinlich höflich, reichte die Weinflasche herum und bot dem anderen an, zuerst von den fettigen Kartoffeln zu nehmen –, aber es überforderte meine sozialen Fähigkeiten, zu verhindern, dass sich ein bedrückendes Schweigen ausbreitete. Beaune profitierte von diesen Mahlzeiten. Unsere einzige Auflockerung dieser Verkrampftheit bestand darin, ihr dann und wann einen Bissen zuzuwerfen.

Schließlich lieferten Pedros Weigerung, irgendwas anderes als *papas a lo pobre* auszuprobieren, und unser Bedürfnis nach abwechslungsreicher Kost den Vorwand, sich zu trennen. Von nun an kochten wir in zwei Lagern. Pedro bereitete seine Kartoffeln über dem Holzfeuer zu, während wir auf dem neuen Gasherd internationalere Gerichte kreierten. Nach dem Essen ging ich immer noch hinunter, um mit ihm ein oder zwei Glas Costa zu trinken, aber die ungezwungene Kameradschaft dieses Sommers ließ sich nicht wieder herstellen. Mitten in einer Diskussion über den Hof stand Pedro auf und schlurfte in seine Vorratskammer, wo er jetzt schlief, inmitten seiner Schinken, Würste und getrockneten Paprikaschoten.

Er vermied zwar jedes Gespräch über seinen Auszug, lud aber, sobald er den Eindruck hatte, wir könnten in die Stadt fahren, ein paar persönliche Dinge auf den Landrover. Seltsame Holzstücke, verbogene rostige Stangen, verhedderte Drahtstücke und zahllose Gegenstände aus Espartogras, Seile, Sackleinen, Leder und Schnüre wurden sorgfältig eingewickelt und hinten in den Wagen gepackt, damit wir sie am Ziel mit Maria ausladen konnten. Und mit jeder Fahrt verschwand Pedros Gegenwart ein wenig mehr.

Eines Tages belud er sein Pferd mit Topfpflanzen – der Hof war mit prächtigen Geranien, Kakteen und Sukkulenten geschmückt, die üppig aus rostigen Farbeimern, Ölfässern und Schlackensteinen sprossen – und stopfte die Tragkörbe so voll, dass ich schon befürchtete, das arme Tier würde zusammenbrechen. Dann schwang er, einen Terrakottatopf mit seinem Lieblingskaktus umklammernd, seine wuchtige Gestalt oben auf die Ladung, hieb mit seinem Stock auf die mageren Flanken des Tieres ein und zockelte durch das Tal in Richtung Stadt.

Fast eine Woche sahen wir Pedro nicht wieder, und als die Tage vergingen, wurde mir bewusst, wie ängstlich mir zu Mute war. Zum ersten Mal seit unserer Ankunft hatten wir das Gefühl, dass der Hof wirklich uns gehörte, und das machte uns fast benommen.

Ana ergriff als Erste die Initiative. Sie schlug vor, etwas Gemüse auszusäen. Wir entrollten einen Schlauch vom Tank zur Terrasse unterhalb des Weges und beschlossen, dort unseren Gemüsegarten anzulegen. Pedros System war eigenartig; er hatte, so weit ich feststellen konnte, verschiedene Gemüse auf diversen Feldern und Terrassen über das gesamte Anwesen verteilt. Während seiner Jahre auf El Valero hatte er festgelegt, welcher Platz am besten zu einem bestimmten Gemüse passte. So gab es auf der Terrasse am Río Cádiar ein Beet mit Zwiebeln; Paprikaschoten, scharfe, milde; glockenförmige und kleine ledrige wuchsen auf dem Feld darüber; Kartoffeln gediehen unten auf den Feldern, die an den anderen Fluss grenzten, und der Knoblauch hatte sein idyllisches Plätzchen am Wasserfall.

Man musste einfach an den Garten Eden denken, wenn man unter Obstbäumen dahin ging, bis zu den Knien im Gras und in dem Blumen versunken, und auf Kartoffeln oder vielleicht Auberginen stieß; Letztere wuchsen auf einem sonnigen Fleckchen Erde neben dem Aprikosenbaum. Der Nachteil des Systems war, dass man den Gemüseanbau nicht planvoll betreiben konnte und ständig damit beschäftigt war, die Tiere von den Pflanzen fern zu halten. Pedro hatte das Für und Wider gegeneinander abgewogen und sich für das Paradies entschieden. Wir beschlossen, alles zusammen auf einer Terrasse anzupflanzen und abzuwarten, wie es sich anließ.

Die Erde war steinig und trocken, und es bereitete große Mühe, sie durchzuhacken. Doch getragen von einem wild entschlossenen Enthusiasmus gelang es uns, allmählich ein Stückchen widerspenstiges Land in guten Ackerboden zu verwandeln, indem wir unsere Bohnen aussäen konnten. Dieser erste Versuch, den Hof nach unseren eigenen Vorstellungen zu bewirtschaften, verschaffte uns tiefe Befriedigung.

Als ich mich ächzend und stöhnend aufrichtete, um meinen Rücken zu strecken, sah ich Pedro, der mit offenem

Mund auf dem Weg über uns stand, direkt in die Augen. Ana kniete neben mir und beugte den Kopf noch tiefer über ihre Arbeit.

»Du liebes bisschen! Ihr könnt hier kein Gemüse anbauen.«

»Warum nicht?«

»Der Boden ist dafür nicht geeignet – zu viel *launa* auf dieser Terrasse … und nicht genug Sonne. Seht nur, alles ist von Orangen- und Olivenbäumen überschattet.«

»Ja, aber es ist halb sechs Uhr abends …«

»Und was sät ihr da?«

»Bohnen.«

»Was für Bohnen?«

»Saubohnen.«

»Das wird nichts.«

»Und warum um Himmels willen nicht?«

»Falsche Mondphase.«

Ana zuckte nicht mal mit den Augenlidern, als sie mit der Kelle die nächste Bohne eingrub.

»Und merkt euch – so macht man keine Reihen. Hier, ich zeige euch, wie es geht.« Und er kam mit seiner Hacke runter und grunzte bei jedem Hieb, während die Reihe wie von Zauberhand entstand.

»In dieser Woche müsst ihr eure Paprika aussäen«, sagte er und stapfte zum Haus hoch.

Für jede ländliche Arbeit ist in den Alpujarras ein bestimmter Tag vorgesehen, wobei ein eigenartiger Spielraum mit Rücksicht auf den ab- oder zunehmenden Mond und einen Freitag eingeräumt wird. So beginnt das Jahr immer mit der Aussaat des Knoblauchs am 1. Januar; dann beschneidet man am 24. oder 25. die Weinstöcke, abhängig davon, wo man lebt. Die meisten Arbeiten sind den Tagen der Heiligen zugeordnet, ebenso zahlreiche meteorologische und kosmische Phänomene, wie dass am Tag des Heiligen Johannes die Wolken von Pferdebremsen verschwinden, die das Dorf Fregenite heimsuchen.

Das System is vollkommen logisch. Es ist viel einfacher, sich den Tag eines Heiligen zu merken, den jeder von Geburt an eingeimpft bekommen hat, als ein bloßes Datum. So kommen auch ungebildete Bauern leichter mit der Fülle von Informationen zu Recht, die sie im Kopf behalten müssen. Mit Hilfe der Heiligen wissen sie auswendig, was wann zu tun ist.

Aus dem einen oder anderen Grund – mangelnde Organisation, Vergesslichkeit, Faulheit – verpasse ich manchmal den richtigen Tag. Im letzten Jahr beschnitt ich die Reben am 29. Januar und freute mich, dass ich das hierfür vorgesehene Datum nur um ein paar Tage überschritten hatte. Josefina kam aus dem Dorf vorbei, hielt inne und sah mir kritisch eine Minute lang zu.

»Sie sollten die Reben am 25. beschneiden.«

»Ich weiß, aber ich habe mich ja nur um vier Tage verspätet. Das ist doch ganz gut, oder?«

»Wir stutzen unsere immer am 25. bei Regen oder Sonnenschein; so vermeiden wir Schädlinge und Krankheiten.«

»Dann müssen Sie sie also nicht mit Chemikalien besprühen?«

»Sind Sie verrückt? Wir nebeln sie mit jedem Fungizid und Pestizid ein, das wir kriegen können.«

Woraus man schließen kann, wie wichtig es ist, den richtigen Tag zu treffen.

Eines Morgens, nachdem er lange Zeit in den verschiedenen Hütten, Ställen und Lagerschuppen, mit denen El Valero gesegnet ist, herumgekramt hatte, erschien Pedro auf unserer Terrasse, wo wir ein Müsli zum Frühstück aßen – etwas, das er nicht ausstehen konnte. Er war gekommen, um sich zu verabschieden. Verlegen von einem Fuß auf den anderen tretend und dabei zu Boden blickend, hielt er uns einige Holzstücke hin, die ähnlich wie ein Breitbeil geformt waren und an jedem Ende Nuten aufwiesen.

»Die sind für dich. Als Abschiedsgeschenk!«

»Vielen Dank, Pedro… was ist das?«

»Das sind *camalas,* wie man sieht. Ich habe sie selbst gemacht.«

»Und zu was sind die nütze?«

»Daran hängst du deine Schweine auf.«

»Aha – danke.«

»Das hier auch«, murmelte er. »Das ist für dich. Ich habe es in einen Plastikbeutel gewickelt, weil das hygienischer ist.«

Vorsichtig griffe ich nach dem Geschenk, das er in der ausgestreckten Hand hielt. Es handelte sich ganz offensichtlich um einen Ziegelstein. »Und was ist das?«, fragte ich in einem Ton, der der Feierlichkeit des Augenblicks angemessen schien.

»Ein Ziegelstein«, raunte er, als ob er mir gerade die Schlüssel zu den Gemächern seiner Frauen überreicht hatte. »Du legst ihn hin, und der Wind kann das Fenster nicht mehr zuschlagen.«

»Vielen, vielen Dank, Pedro, für diese Präsente. Ich werde immer an dich denken, wenn ich diesen Stein und diese – Ähm – *camelas* benutze.«

»*Camalas…*«

Dann drehte er sich um und stampfte von dannen.

»Warte, Pedro«, rief ich und blickte ihm verwirrt nach, während ich nach Abschiedsworten suchte. »Du kannst nicht so einfach gehen.«

Pedro hielt inne und sah mich erwartungsvoll an – ebenso wie Ana. Hastig schwatzte ich drauflos. »Du weißt, dass du bei uns immer willkommen bist. Betrachte es als dein Zuhause, wenn du nicht zu Hause bist.«

Pedro grunzte.

»El Valero ist nicht mehr dasselbe ohne dich. Nicht wahr, Ana?«

»Sicher nicht«, antwortete sie etwas zweideutig.

»Bah! Es war höchste Zeit für mich zu gehen«, knurrte er. »Was wollt ihr mit einem alten Mann wie mir auf dem Hof? Ich steh doch euren neuen Plänen nur im Weg.«

Er band sein Pferd los, ich folgte ihm den Pfad hinunter und zerbrach mir den Kopf, wie ich diesem Abschied etwas Wärme verleihen konnte.

»Hier, halt das, während ich aufsteige.« Er reichte mir den Strick um den Kopf des Pferdes.

»Du wirst uns doch aber sicher besuchen kommen?«, fragte ich.

»Vielleicht, vielleicht auch nicht. Ich schicke Pepe, um die Schweine zu holen. Gib ihnen bitte jeweils einen Eimer Feigen. Und vergiss das Wasser nicht.« Dann zockelte er auf seinem Gaul den Hügel hinab. Ich glaube, er sagte noch »Gott schütze dich«, war mir aber nicht ganz sicher.

Und das war es dann – kein letzter Ratschlag, keine Einladung, ihn in der Stadt zu besuchen, nicht einmal ein Winken zum Abschied. Ich stand da, von der Plötzlichkeit seines Abgangs ganz benommen, und beobachtete, wie seine massige Gestalt zum Fluss hinabschaukelte. Alle möglichen Ansätze zu gefühlvollen Reden schwirrten nutzlos in meinem Kopf herum.

Ana unterbrach meine Gedankenflut und legte mir tröstend den Arm um die Schulter. »Es wurde Zeit, dass er sich verabschiedete«, sagte sie ruhig, »und es ist viel besser, dass er sich den Moment ausgesucht hat, statt zu warten, bis wir ihn bitten zu gehen.«

»Ich weiß, Ana«, erwiderte ich, »aber ich war nicht darauf gefasst, dass er so gehen würde. Er tut so, als wären wir Fremde geworden.«

»Er ist verletzt, das ist alles. Du konntest doch nicht von

Pedro erwarten, dass er seinen Hof ohne weiteres aufgibt, oder? Er hat es wenigstens versucht.«

Dass Ana sein Verhalten erklärlich fand, während ich völlig konfus war, konnte mich kaum trösten.

»Ich werde ihm bei meiner nächsten Fahrt nach Órgiva eine wirklich gute Flasche Costa mitbringen, das wird ihm gefallen«, versprach ich, hievte meine neue Hacke auf die Schulter und zog los, um ein paar Dornensträuchern den Garaus zu machen. Wie bei allem, was ich kaufte, hatte Pedro mir gesagt, dass meine Hacke *no sirve* war – nichts taugte. Sie hatte einen falsch geformten Kopf.

Wie das Leben so spielt, brachte ich Pedro weder jene Flasche guten Costa vorbei, noch habe ich ihn in der Stadt besucht. Nur ein paar Tage, nachdem er das Tal verlassen hatte, hörte ich mehr als genug, um meine naiven Illusionen über unsere Freundschaft zu verlieren. Pepe versetzte mir den ersten Schlag. Er kam mit seinem Traktor, um die Schweine abzuholen. Als ich ihm geholfen hatte, sie an den Anhänger zu binden, lud ich ihn auf ein Glas Bier ein und erkundigte mich danach, wie Pedro sich in seinem neuen Haus eingelebt hatte.

»Schauen Sie«, sagte er. »Ich kenne Romero ein bisschen besser als Sie, und ich versichere Ihnen, dass Sie mehr Zeit als nötig mit diesem Mann verschwendet haben. Er hat sie nur ausgenutzt, und ich weiß das, weil er damit in der Stadt geprahlt hat.«

Das konnte ich nicht einfach so stehen lassen, ich musste ihn nach weiteren Einzelheiten befragen.

»Nun, er hat herumerzählt, dass dieser dumme Ausländer ihm aus der Hand fressen würde, und dass er, Pedro, sich seit Monaten auf dem Hof genommen habe, was er wollte, weil Sie zu weich gewesen seien, um ihn davon abzuhalten.« Ich starrte Pepe verblüfft an. Er fuhr fort, doch seine nächsten Worte richteten sich vor allem an den Rest in seinem Bierglas.

»Und er hat auch Sachen über Ana gesagt – verrückte Sachen. Er hat sich eingebildet, dass sie sich in ihn verguckt habe und Sie auf ihn eifersüchtig seien … nein, im Ernst«, fügte er hinzu, als ich in mein Bier spuckte. »Natürlich glaubt ihm niemand ein Wort, aber ich würde ihm hier oben nicht mehr über den Weg trauen. Es ist Ana gegenüber nicht fair. Sie sollten ihn auffordern, sich von Ihrem *Corijo* fern zu halten.«

Mit der schrecklichen Klarheit, die entsteht, wenn deine Selbsttäuschungen wie ein Kartenspiel zusammenbrechen, wusste ich, dass er mit Pedro Recht hatte. Jetzt, da Pedro den Hof endgültig aufgegeben hatte, war er sehr wohl fähig, mit äußerster Verachtung über uns herzuziehen. Ich wusste es, weil ich ihn über viele andere genauso hatte reden hören. Seltsam, dass es mir früher nie so gemein vorgekommen war.

Pepe sah mich besorgt an. »Reden Sie mit Domingo«, drängte er. »Er wird Ihnen den gleichen Rat geben.« Das war gar nicht nötig. Auf einmal betrachtete ich Pedro mit Anas Augen, und all ihre Befürchtungen hatten sich erfüllt. »Mach dir mal keine Sorgen, Pepe«, murmelte ich. »Ich hab das alles schon vorher gehört. Du bist nicht die erste Person, die versucht hat, mich vor Pedro zu warnen.«

Das war richtig. Neben Ana hatten fast alle, die ich kannte – Isabel, Domingo, Encarna, Georgina –, angedeutet, dass ich zu nachsichtig oder vertrauensselig mit Romero umging, wenn auch keiner von ihnen seine Anspielungen durch Einzelheiten erhärtet hatte. Man verbreitet nicht gern ungute Gefühle über einen Nachbarn, egal, wie wenig man ihn mag. Nachdem er jedoch den Hof verlassen hatte, erzählten uns unsere Nachbarn mehr oder weniger frei heraus, was sie von ihm wussten. Während ich einer traurigen Geschichte nach der anderen lauschte, wurde mir langsam bewusst, dass ich mit meiner Einschätzung von ihm ganz allein dagestanden hatte.

Ana war die Einzige, die ein wenig Mitgefühl zeigte. »Ich denke, du hast seine bessere Seite zum Vorschein gebracht, Chris«, sagte sie. »Er schien es wirklich zu genießen, dich zu beeindrucken, und das ist ihm bestens gelungen. Kein Wunder, dass du darauf hereingefallen bist.«

»Aber Ana, wie konnte ich mich in einem Menschen dermaßen täuschen?«, stöhnte ich.

»Weil du dir im Allgemeinen nicht sehr viel Mühe gibst, den Charakter eines Menschen zu beurteilen«, antwortete sie nach kurzem Überlegen. »Es ist eine Stärke, weißt du, jedoch ebenso eine Schwäche.«

Das war ein schwacher Trost.

Domingo
und die Suche nach den Balken

Kurz nachdem die Schweine Pedro in die Stadt gefolgt waren, stattete Domingo uns in unserem neuen Haus den ersten Besuch ab. Wir hatten immer angenommen, dass ihn seine Schüchternheit oder eine uns unbekannte Anstandsregel daran gehindert hatte, unsere Schwelle zu überschreiten. Es war uns nicht in den Sinn gekommen, dass die Meleros Pedro aus dem Weg gehen wollten und gewartet hatten, bis er fort war, bevor sie ihrer Neugier nachgaben und schauten, was sich bei uns so tat.

Stolz zeigte ich Domingo unsere Errungenschaften: Das fließende Wasser und den Boiler im Bad. Er nickte und deutete damit an, dass er keine unüberwindlichen Einwände gegen den Apparat hatte. Aber das Holzbett – das war ein Fehler. In so einem Bett würden wir bei lebendigem Leibe aufgefressen.

Dann zückte Domingo sein Messer und stieß es in einen Deckenbalken. »Er ist morsch«, erklärte er und veranschaulichte seine Feststellung durch die nachfolgende Staubwolke

und die schimmeligen Späne. »Die Launa ist nicht durchge-
harkt worden, und das Wasser ist eingesickert. Das könnte in
jedem Augenblick über eurem Kopf zusammenbrechen.«

»O Gott, glauben Sie, dass sie alle so sind?«, fragte ich mich
und fürchtete um unseren nachbarschaftlichen Smalltalk.

»Nein. Es scheinen nur ein paar Balken durchgefault zu
sein, aber man sollte vielleicht gleich alles ersetzen. Kastanien
eignen sich am Besten für Dachbalken. Ich weiß, wo wir welche finden können.«

Und damit war die Sache abgemacht. Unser erster Winter
wird mir als eine lange Suche nach Dachbalken in Erinnerung bleiben. Domingo übernahm natürlich die Rolle des
Führers, der mir meine neue Welt vorstellte, während wir die
Dörfer und Berge nach diesem seltenen, dafür umso begeh-
renswerteren Baumaterial abklapperten.

Die Baukunst in den Alpujarras ist eine schlichte Angelegenheit; dabei werden die Materialien, die entweder nebenan
wachsen oder verstreut herumliegen, mehr oder weniger
geordnet neu miteinander kombiniert. Die Proportionen ergeben sich durch eine einfache Gleichung; die Breite ist die
maximale Tragkraft eines Kastanien-, Pappel- oder Eukalyp-
tusbalkens, der mit einer dicken Schicht nasser Launa bedeckt wird (einer öligen, grauen, fast wasserdichten Lehmart,
die in Adern die Alpujarras durchzieht). Das bedeutet ungefähr dreieinhalb Meter. Die Höhe bestimmt sich danach, wie
hoch ein Mann aus den Alpujarras die Steine heben kann,
und übersteigt, da die meisten von ihnen relativ klein sind,
selten das Maß von einen Meter achtzig vom Boden zum
Dachstuhl. Die Länge wird durch die Größe des Grundstücks
beschränkt, und die Fenster sind so berechnet, dass sie gerade
genug Helligkeit hereinlassen, um sich mittags zurechtzufinden, wohingegen sie die Lichtstrahlen ausschließen, die
sich auf die Gesundheit der Bewohner nachteilig auswirken

könnten. Das Ganze muss sich in eine Menge anderer ähnlicher Gebäude einfügen, die sich wie die Sechsecke eines Bienenstocks zusammendrängen. Am Ende entsteht ein Gebilde, das sich zwischen einem Würfel und einem steinernen Eisenbahnwagon einordnen lässt.

Als meine Mutter das erste Foto von meinem neu erworbenen Haus sah, war sie entsetzt. »Ich hatte gehofft, dass du irgendwann in einem Queen-Anne-Haus leben würdest«, lamentierte sie. »Ich habe den Queen-Anne-Stil immer gemocht. Und jetzt wohnst du in… wohnst du in etwas, das man nur als Stall bezeichnen kann.«

Um ehrlich zu sein, Eleganz und Kultiviertheit sind nicht gerade Begriffe, die einem in den Sinn kommen, wenn man die Architektur der Alpujarras beschreibt. Der Zauber des Baustils verbirgt sich in seiner Einfachheit. Die Variationen desselben Grundmusters und die schlichte Ausschmückung, die die Bewohner ihren Häuser zukommen lassen, erschaffen häufig Gebilde von großer Schönheit. Als ich diese Architektur zum ersten Mal sah, war ich nicht sonderlich beeindruckt, doch allmählich eroberte sie mein Herz, und heute… nun ja, da würde ich mich sicher unwohl fühlen, wenn ich hinter Bleiglasfenstern unter einem Giebeldach leben müsste.

Die einfache Würfelbauweise stammt aus Bergdörfern Marokkos – es waren die Berber, die sie in diese Gegend brachten – und ähnelt der einheimischen Architektur des gesamten Nahen Ostens. Ihr großer Vorteil beruht darauf, dass sie billig ist. Die Türen und Fenster sind die einzigen Teile eines Hauses, die größere Kosten verursachen; der Rest muss nur gefällt, abgehackt oder gesammelt und vom Fluss hochgeschleppt werden.

Die Wände sind aus Stein gemauert, als Mörtel dient Lehm, und sie sollten mindestens sechzig Zentimeter dick sein, am besten einen Meter. Das schützt im Sommer vor der Hitze und im Winter vor der Kälte. Türstürze und Balken sind aus Holz, Eukalyptus- oder Pappelholz unten in den Flusstälern oder Edelkastanienholz, dem besten von allem, wenn man in über tausend Meter Höhe lebt, wo Kastanienwälder die Bergdörfer umgeben. In der Nieder-Alpujarra werden auf den Balken Rohrmatten befestigt. Das Rohr wird mit Stricken zusammengebunden, die aus Espartogras geflochten sind, das überall wild wächst. Die Schilfrohre gedeihen in Hülle und Fülle an den Flüssen, ebenso wie die Bäume für die Balken. Auf die Rohrmatten kommt eine dicke Pflanzenschicht – Oleander, Ginster, Besenginster, Thymian – und zu guter Letzt wird alles mit Launa bestrichen. Man sollte die Lehmmasse immer während des abnehmenden Mondes auftragen, damit sie sich ordentlich festsetzt und das Dach möglichst wasserdicht macht – aber natürlich niemals an einem Freitag.

Vor hundert Jahren hätte man die Steinwände nackt gelassen, doch heute werden die meisten Häuser innen und außen weiß gekalkt. Zum einen senkt diese Maßnahme in einem heißen Sommer die Innentemperatur um mehrere Grade; zum andern hat der Kalk eine stark desinfizierende Wirkung, besonders der *cal viva,* der in Form weißer Felssteine erhältlich ist, die man in Wasser gibt, das alsbald zu zischen und zu brodeln anfängt.

Es war ein bitterkalter Tag, als wir aufbrachen, um Balken zu suchen. Erst fuhren wir gen Westen in Richtung Lanjarón, dann einen steilen, gewundenen Weg am Fluss hoch. Ich manövrierte den alten Landrover sacht um jede Kurve, höher und höher, bis die Straße endete. Domingo, der als einziges Zugeständnis an das Wetter eine dünne Jacke über dem Hemd trug, sprang hinaus, um einen alten Schäfer zu begrüßen, der aus dem Wald getreten war, weil er uns vorbeifahren sehen wollte. Anscheinend war uns das Glück hold; der alte Mann hatte just in diesem Augenblick darüber nachgedacht, eine Ladung Kastanienholz für die Herstellung von Balken zu verkaufen. Er deutete mit seinem knorrigen Zeigefinger auf ein Stück Wald auf einem Bergkamm am Horizont.

Im scheckigen Schatten riesiger Bäume fuhren wir weiter und höher. Unter den abgefallenen Blättern blitzte der Schnee hervor, und am Flussufer hatte sich Eis gebildet. Der Kastanienwald unseres Freundes lag an einer herrlichen Stelle, nicht weit unter den hohen Schneegipfeln, mit einem Blick auf das Meer im Süden; aber das Holz taugte nichts mehr. Ein Feuer hatte kürzlich diesen Teil des Berges verwüstet, die Bäume geschwärzt und halb abgestorben zurückgelassen, und ihr Umfang war meistens gewaltig. Wir brauchten hundert Stämme. Domingo schätzte, dass wir in dem ganzen Wald nicht einmal ein dutzend finden würden. Kastanien müssen vom Unterholz befreit und gepflegt werden, um gutes Baumaterial abzugeben. Dieses Holz war völlig vernachlässigt. Und außerdem mussten wir das Fällen und den Transport bedenken. Es war ein langer und beschwerlicher Weg für einen Maulesel, um jeden Balken zu einem Platz zu schleppen, den ein Lastwagen noch erreichen konnte. Wir dankten dem Besitzer dafür, dass er sich für uns Zeit genommen hatte, und kehrten ins Tal zurück.

»Wenn Sie Balken brauchen«, sagte ein Mann in einer Bar, »ist Martín aus Trevélez genau der Richtige für Sie. Er hat hunderte davon.«

Also fuhren wir nach Trevélez, wo wir Martín antrafen, dessen Balken schon zugeschnitten und am Fluss aufgestapelt waren. Der Preis, den er verlangte, hörte sich vernünftig an; er sagte, dass wir ihn um zwei Uhr in der Bar am Platz treffen könnten, wenn wir verhandeln wollten, und ließ uns allein, um das Holz zu begutachten. Wir verzichteten auf das Treffen. Alle Balken waren morsch: Von Würmern zerfressen, von Giftpilzen befallen oder eben verbogen, knotig oder dick. »Es wird schwierig sein, den Haufen als Feuerholz zu verkaufen«, bemerkte Domingo.

Dennoch war es eine vergnügliche Reise gewesen, und wir nahmen in Trevélez etwas Schinken und Wein zu uns, bevor wir wieder über den hohen Berg nach Haus zurückfuhren. Dabei überraschte mich Domingo wieder einmal. »Mein Onkel Eduardo besitzt Kastanienwälder über Capileira«, sagte er. »Er brennt darauf, dir ein paar Balken zu verkaufen.«

»Und warum rückst du damit erst jetzt heraus?«

»Oh, es ist immer interessant zu wissen, was es noch für Balken in der Gegend gibt, und ich mache gern einen Abstecher nach Trevélez. Außerdem wird Eduardo erst jetzt zu Hause sein, und wir können ihn auf dem Rückweg aufsuchen.«

Und so bogen wir ab und fuhren nach Capileira hinauf, das höchste der drei Dörfer in der Poqueira-Schlucht. Es ist ein hübscher Ort mit kleinen, weißen Würfelhäusern, die sich um die Kirche drängen wie Küken unter die Flügel der Henne. Aber es ist die Lage, die einem den Atem nimmt. Hoch über den terrassierten Abhängen der Schlucht blickt man nordwärts bis zum Horizont über das große, weiße Kar von Veleta, eine weiche Wolkenstola, die sich an die Gipfel kuschelt. Gen Süden öffnet sich ein breiter Bergpass auf das Mittelmeer hinaus, und an einem klaren Wintertag kann man hinter der Meerenge von Gibraltar mitunter noch die Gipfel des Rifatlas an der marokkanischen Küste sehen.

Vor einigen Jahren wurde das Dorf von Künstlern und Bohemiens entdeckt, die selbst aus Japan und Mexiko hierher kommen, auch wenn einheimische Bauern immer noch die Mehrheit der Bewohner darstellen. Dieser Umstand sorgt dafür, dass die Wege von einer duftenden Lage Maultier- und Schafskot bestreut sind und dass man unter den prächtig renovierten Wohnstätten immer noch die primitiveren Behausungen der Einheimischen findet, die Feder- und Borstenvieh halten.

Aus einem neu getischlerten Fenster schwebten die Klänge

von Debussy, als wir den Dorfplatz überquerten und in eine schmale Gasse mit Kopfsteinpflaster einbogen. Domingo klopfte an der schwer beschlagenen Holztür eines schäbigen, einstmals hübschen Hauses. Ein dunkles Kleiderbündel, in dem eine Frau steckte, öffnete und brach angesichts des unerwarteten Besuchers in Entzückungsrufe aus.

»Komm herein, Neffe, komm herein!«, schrie sie, packte Domingo mit beiden Händen an den Schultern und zog ihn ins Haus. »Es ist recht selten, dass wir dich hier oben zu sehen bekommen. Lass dich anschauen. Ah, so hübsch, aber was nützt dir ein Gesicht wie dieses, wenn du dich weigerst, dir eine Frau zu suchen?« Sie unterstrich diesen Punkt, indem sie ihn heftig in die Wange kniff.

Domingo, der offenbar diese Art von Begrüßung gewöhnt war, senkte den Kopf und gab ihr einen Kuss. Hinter ihr beugten sich drei oder vier Männer in einem schwach erhellten Zimmer über einen dampfenden Topf und spießten mit ihren Messern Ziegenfleischstücke auf.

»Ich habe euch diesen Fremden mitgebracht, meinen neuen Nachbarn Cristóbal«, verkündete Domingo.

Die Messer verharrten für einen Augenblick in der Luft, als die Männer sich umdrehten und mich anstarrten.

»Eine Ehre, sehr erfreut, ganz entzückt«, knurrte der Älteste von ihnen, den ich für Eduardo hielt. So weit ich in der Düsternis sehen konnte, gab es eine starke Familienähnlichkeit zwischen diesem Mann und wenigstens zwei der anderen Männer, die um den Tisch saßen. Sie waren dürr wie Pfeifenreiniger, klein, kräftig und sichtlich an harte Arbeit und Wind und Wetter gewöhnt. Ein jeder von ihnen hatte eine so auffallende Nase, dass die übrigen Gesichtszüge dahinter verschwanden.

»Kommen Sie und essen Sie Ziegenfleisch«, bellte Eduardo, während er polternd den Stuhl zurückschob, um für uns Platz am Tisch zu machen. Domingo zog ein Taschenmesser heraus, eine lange, rasiermesserscharfe Klinge, und begann wie die anderen, das Fleisch aufzuspießen und zu schneiden. Verwirrt holte ich mein eigenes Messer aus der Tasche – ein Gartenmesser, rund und stumpf an der Spitze – und versuchte vergeblich, ein paar knochige Stücke aufzuspießen. Ich verschwieg ihnen, dass meine Mutter mir schon als Kind streng verboten hatte, mit dem Messer zu essen, und dass ich diese Kunst nicht beherrschte.

Die Gesellschaft hörte auf zu essen und sah mir interessiert zu. »Das macht man so, Cristóbal«, riet mir Domingo, doch Eduardo hatte die Geduld mit seinem ungeschickten Gast verloren. »Gib dem Mann eine Gabel und bring ihm etwas Wein, Frau«, befahl er, »er kann nicht essen, weil er auf dem Trockenen sitzt.«

Vor mir tauchte ein Glas Costa auf. Eduardo blickte mich unentwegt an, als ich einen kräftigen Schluck nahm. »Mein Neffe hat mir erzählt, dass Sie eine Maschine für die Schafschur haben«, meinte er. »Die Leute sagen hier, dass man mit solchen Sachen die Herde verbrennt.«

Es entwickelte sich eine lebhafte Diskussion. Ich prahlte ein wenig damit, wie ich mit dem neuartigen Gerät Hunderte von Schafen am Tag geschoren hatte. Domingo sagte, er werde es im Frühjahr einmal damit versuchen. Die anderen schienen weniger überzeugt. Dann wartete Domingo, als würde das die Streitfrage entscheiden, mit der Information auf, dass ich Gitarre spielte.

Daraufhin hieb Eduardo begeistert auf den Tisch. »Ha! Das lässt sich schon eher hören. Manuel, wir haben einen Musiker im Haus. Hol die Gitarren.«

Manuel tat, wie ihm geheißen, reichte eine seinem Vater und setzte sich mit der anderen neben ihn. Sie stimmten die Instrumente ein bisschen, spielten ein paar Akkorde und glitten in ein alpujarrisches Volkslied hinein.

Ich würde jetzt gern schildern, dass nicht einmal Orpheus

eine Saite so göttlich zupfen konnte wie diese abgearbeiteten Finger des alten Eduardo und dass ich von der Instrumentalkunst der derben Spieler und der schlichten Schönheit des Liedes hingerissen war. Doch die Wahrheit stand auf einem anderen Blatt. Die Musik war ein Trauerspiel und wurde darüber hinaus von polternden Flüchen Eduardos begleitet, wenn Manuel unverdrossen seinen Einsatz verpasste. Vater und Sohn warfen sich während der ganzen Vorstellung finstere Blicke zu, voller Zorn über die Unfähigkeit des anderen.

Schließlich war die grässliche Sache zu Ende. »Schön«, seufzte ich. »Wie wär's denn mit noch einem Stück?«

Eduardo und Manuel sahen mich prüfend aus zusammengekniffenen Augen an.

»Na gut, geben wir ihm noch eins…«

Es geschah mir recht. Ich spießte ein Stück Ziege auf, tat so, als ob mich die Musik bezauberte und klopfte im vergeblichen Versuch, einen Rhythmus herauszuhören, mit dem Fußballen auf den Boden. Dabei versuchte ich verbissen einen widerlichen Ziegenknorpel in meinem Mund zu zermalmen. Das schauerliche Lied verklang, und die Spieler blickten wieder forschend zu mir herüber. Doch diesmal wurde meine Integrität als Musikkritiker nicht auf die Probe gestellt, weil mich der Ziegenknorpel rettete, der es sich zum Glück in meiner Speiseröhre gemütlich gemacht hatte. Eine Hälfte des gummiartigen Brockens steckte halb unten, während die andere Hälfte, die mit der ersten durch eine starke Sehne verbunden war, in meinem Mund verblieb. Ich würgte und spuckte, während mich alle bestürzt anstarrten.

»Trinken Sie Wein. Schlag ihm auf den Rücken. Nein, gib ihm Wasser. Gib ihm Brot…«

Etwas davon muss gewirkt haben, weil es mir schließlich gelang, beide Teile zu vereinigen und nach Luft zu schnappen, wenn auch nicht genug, um ihre letzte Darbietung zu würdigen.

»Jetzt sind Sie an der Reihe«, sagte Eduardo mit einem drohenden Unterton in der Stimme, und reichte mir die Gitarre.

»Oh, ich bin wirklich nicht gut genug... Und gerade nach dem letzten Stück... Ich spiele eigentlich nur für mich selbst.«

»Spiel, Mann, spiel!«

Ich spielte.

»Er kann spielen«, nickten sie sich zu.

Ich spielte einen sehr einfachen Flamenco sehr schlecht.

»Er spielt spanische Musik.«

Während ich mich zum Ende des Stücks durchkämpfte und bei jedem falschen Ton und Griff zusammenzuckte, fiel mir auf, dass ohnehin niemand zuhörte. Domingo erzählte ihnen von meinem Vorhaben, auf El Valero Schafe zu halten.

»Schafe? Da unten? Die verbrennen ja. Man kann in den Tälern keine Schafe halten. Ziegen ja, aber Schafe – Schafe sind für die heißen Flusstäler ungeeignet. Wenn Sie Schafe wollen, sollten Sie sie uns in Pflege geben. Sie werden sich hier in den kühlen Bergen wohl fühlen. Wir können Ihnen einen guten Preis machen, denn wir haben hier oben endlos viel Weideland.«

Domingo warf mir einen viel sagenden Blick zu. »Schafen geht es in den Tälern gut«, sagte er.

Was weißt du schon von Schafen, Cousin? Deine Schafe könnten ja in einem Blumentopf grasen!«

»Es gibt viele größere Herden in der Gegend um Órgiva«, erwiderte Domingo. »Sie kommen nie hoch in die Berge und sind dennoch gesund.«

»Diese Hitze und der Staub – das ist eine Schande für ein Schaf. Ihm fehlt doch die Luft zum Atmen.«

So redeten die Schäfer in den Bergen ständig, doch es gab, wie Domingo gesagt hatte, wirklich große Herden in den Tälern. Sie blieben auch im Sommer unten und gediehen dabei prächtig.

Wir wechselten das Thema und sprachen über die Balken aus Kastanienholz.

»Natürlich, wir haben einen ganzen Wald davon, direkt über dem alten verlassenen Dorf. Sie müssen sie zuschneiden; aber es sind gute Stämme und von dort zum Dorf führt ein Maultierpfad. Ich verlange nur vierhundert Pesetas pro Meter.«

Das schien ein fairer Handel zu sein, und so zogen wir am nächsten Tag los, um uns die Stämme auszusuchen. Sie waren genau das, was wir brauchten; und da der Dezember zu Ende ging, fuhren Domingo und ich jetzt häufig in den Wald und krochen mit der Kettensäge in der frischen, klaren Bergluft herum. Wir machten daraus immer einen Tagesausflug und bewunderten die Aussicht, während wir über einem Holzfeuer Würste und Speck, *tocino,* brieten.

Die Zeit der Matanzas

Der Winter ist in den Alpujarras die Zeit für die *matanzas* oder das Schweineschlachten. Zu jeder anderen Zeit würden sich die Fliegen und Wespen in Massen auf die Beute stürzen und das gesellige Schlachtfest verderben. Aus demselben Grund beginnt das grausige Tagwerk in aller Hergottsfrühe.

In unserem ersten Winter gab es im Tal vier Matanzas, angefangen mit der von Manolo unten bei El Granadino nahe dem Eingang der Schlucht. Seine Schweine sollten zwischen Weihnachten und Neujahr ins Jenseits befördert werden. Ich erinnere mich noch gut an Manolo, weil er im Gegensatz zu den anderen Bauern, denen ich als Beuteausländer auf Pedros altem Klepper präsentiert wurde, darauf bestanden hatte, dass ich ihm namentlich vorgestellt wurde. Er hatte sogar etwas seiner kostbaren Zeit geopfert, um mit mir ein paar Worte in sorgfältig artikuliertem Spanisch zu wechseln. Solche Freundlichkeit hinterließ bei mir einen tiefen Eindruck. Also war ich, als Domingo mir Bescheid gab, dass Manolo uns zu seiner Matanza eingeladen hatte, mehr als erfreut.

Ana zeigte sich weniger begeistert. Sie musste schon einen

guten Grund haben, um sich an einem bitterkalten Wintertag vor Morgengrauen aus dem Bett zu wälzen, und der war bestimmt nicht gegeben, wenn es darum ging, dem Todeskampf eines Schweines beizuwohnen. Doch die Verpflichtung einem Nachbarn gegenüber ist ein Argument, das bei Ana meistens zieht (ob die nachbarlichen Schweine auch einen Anspruch haben, sei vorerst dahingestellt), und am besagten Tag krochen wir früh aus den Federn und wanderten flussabwärts.

Um sieben Uhr morgens ist es im Winter am Fluss kalt. Weil sie anscheinend nirgendwo sonst Raum zum Ausweichen findet, sammelt sich all die eisige Luft von den Bergen in der Talsohle und lässt Beine und Arme eines jeden Reisenden, der zufällig vorbeikommt, taub und frostig werden. Doch für einen kurzen Augenblick ist es auch sehr schön. Die ersten Strahlen der Morgensonne lassen die hohen Felsen der Contraviesa rosa und golden aufleuchten und fluten über die Wölbungen und Verwerfungen der unteren Hügel. Irgendwie befreit das den Geist davon, sich mit aufkommenden Erfrierungsgefühlen zu beschäftigen.

Die Sonne stand immer noch weit unter den Klippen der Schlucht, als wir El Granadino erreichten; doch die Feuer brannten schon, und der blaue Holzrauch kringelte sich in die kalte Luft. In die Morgenstille drang das Gemurmel der Männer über Gemüseanbau und Jagdabenteuer und das Gezeter der Frauen mit den Hühnern und Kindern.

Wir stiegen zum Innenhof hoch, wo jeder uns förmlich die Hand schüttelte, bevor Manolo uns mit ebenso förmlichen Worten in einen dunklen Raum auf zwei geradlehnige Stühle zuführte. In der Ecke qualmte ein Holzfeuer still vor sich hin. Die Männer stärkten sich mit Anisschnaps, Brandy und süßen Kuchen – schwer verdaulichem Zeug für diese frühe Stunde –, doch offenbar musste man eine ganze Menge Alkohol im Blut haben, um ein Schwein zu töten.

Ana wurde als ausländischer Gast vom mühsamen Geschäft der Frauen befreit – Abwaschen, Auftischen und Vorbereiten der Leckerbissen – und in die erlauchte Gesellschaft der Männer aufgenommen, die sich über Schweine und andere Tiere, die ihnen zum Opfer gefallen waren, unterhielten. Sie trug nicht viel zum Gespräch bei, da sie noch nie ein Schwein umgebracht hatte und ihre Ansichten über die Jagd lieber für sich behalten wollte. Also unterdrückte sie ein Gähnen, während ich mich mit meinem zweiten Anisschnaps befasste und mit jenem Schwindel erregenden Gefühl kämpfte, das einen überkommt, wenn man gern etwas sagen würde, aber nicht weiß, was.

Bald wurden die Männer vom Kuchen und Likör müde.

»*A la faena!* An die Arbeit!«

Wir zogen in männlicher Haltung hinaus, um vier gewaltigen Schweinen den Garaus zu machen.

Nun ist es keine leichte Aufgabe, ein Schwein davon zu überzeugen, aus dem Stall zu kommen und sich massakrieren zu lassen. Der Besitzer geht also rein und bemüht sich, dem Borstenvieh nahe zu bringen, dass er ihm eine Schlinge ums Bein legen möchte. Dann versucht er sein Opfer aus der behaglichen Dunkelheit seiner Grube ins grelle Sonnenlicht hinauszuzerren, auf einen Hof, wo Männer johlen, in großen Töpfen Wasser brodelt, Flammen züngeln und blitzende Messer klirrend an Wetzsteinen geschärft werden. Natürlich kann ihm das nicht gelingen, da das Schwein sich nicht nur verständlicherweise sträubt hinauszukommen, sondern auch noch gut hundert Kilo wiegt, die meisten davon kräftige Muskeln. Es gräbt seine drei freien Beine in den Morast und rührt sich nicht von der Stelle.

Alle wissen, dass das passieren wird, weil es immer passiert. Doch jeder weiß besser als der andere, wie es zu vermeiden gewesen wäre. Schließlich wird das arme Geschöpf von vier Männern am Strick und zwei hinten am Schwanz brutal ins Freie befördert.

Der Schlachttisch ist vorbereitet. Der Schweineschlächter steht mit seinem schrecklichen Haken daneben. Ein Ruck nach oben, und der Haken bohrt sich tief in den Unterkiefer des Schweines. Das quiekende, wehrlose Tier, muss dem erbarmungslosen Haken folgen. Der Killer zieht das Schwein längsseits an den Tisch, und alle Männer versammeln sich drumherum. Sie packen das Tier, das quiekt und um sich tritt, an Vorder- und Hinterbeinen und am Schwanz und hieven es auf die rohen Bretter. Dort wird es in dieser Lage mit Stricken festgebunden und versinkt in einer Art verzweifelter Resignation.

»Bringt die Eimer; wascht den Hals; her mit dem Schlauch!«

Eine trügerische Stille entsteht, während das Schwein schwer atmet und der Killer mit dem Messer unter seiner Kehle herumstochert, um die günstigste Stelle für das Zustechen zu finden. Blisch! Das Messer gleitet rein – eine Drehung –, das Blut strömt in den Eimer, und eine kräftige Frau rührt es um, damit es nicht gerinnt. Das Schwein hebt und senkt die Brust, schlägt aus und röchelt; die Männer, die sich auf das Tier stürzen, damit es auf dem Tisch bleibt, sehen sich wissend an, als es schlaff wird und das Leben aus seinem Körper weicht. Dann gibt ihm einer von ihnen einen Klaps, um anzudeuten, dass das Schlimmste nun vorüber ist.

»Das war's dann also.«

Alle lassen vom Schwein ab und entspannen sich.

Es ist ein ekelhaftes Geschäft – allein der Gedanke an jenen Haken lässt mich schaudern –, aber man kann nicht leugnen, dass von dem Gemetzel eine Faszination ausgeht: die Mischung aus Abscheu und Erregung, die man auch bei Stierkämpfen empfindet. Und es kommt der Augenblick, in dem sich das Entsetzen verflüchtigt. Urplötzlich wird das lebendige Geschöpf, das seinen letzten Atemzug herausquiekt, ein lebloser Hautsack, den man bedenkenlos puffen und knuffen kann.

Zu diesem Zeitpunkt entsteht eine seltsam leutselige Stimmung. Über die angespannten Gesichter huscht ein breites Grinsen, und ein derber Humor macht sich breit. Selbst die Schüchternsten und Schweigsamsten in der Gruppe erzählen Witze oder legen sich mit einem seltsamen Kichern in den Hautsack, versengen ihn mit glühenden Zweigen des ölhaltigen Bolinabuschs, der wie eine Lötlampe brennt, und kratzen die verbrannten Haare ab. Nach zwanzig Minuten erträglich harter Arbeit, mit blitzenden Messern und flammender Bolina, wird die Camala herbeigebracht und das tote Schwein so hoch gezogen, dass die Hunde nicht herankommen und der Schlachter es zerteilen und ausnehmen kann.

Dann treten die Frauen auf den Plan, die mit ihren Schüsseln alle herausglitschenden Organe und Eingeweide auffangen und eilends hinwegtragen, damit der langwierige Prozess der Verarbeitung zu Würsten und Speck beginnen kann – *longaniza, salchichón, chorizo, chicharrones, tocino, morcilla* und so weiter.

In diesem Stadium haben die Männer eine Stärkung nötig, also wird ein Haufen *chicharrones* herausgebracht und mit Anisschnaps und Costa hinuntergespült. *Chicharrones* sind die fetten Auswüchse überall am Dickdarm. In Olivenöl knusprig gebraten sind sie eine wahre Köstlichkeit, und noch besser schmecken sie, wenn sie in Teig gebacken aufgetischt werden – als *torta de chicharrones*, ein dickes, süßes Brötchen mit Darmfettgrieben. Ich blickte mich suchend nach Ana um, damit sie diesen Gaumenschmaus mit mir teilte, aber sie hatte mir ziemlich entschieden, wie mir schien, den Rücken zugewandt und beugte sich über eine Schüssel mit Innereien, die Expira zubereitete.

Und so ging es weiter mit dem nächsten Schwein, ähnlich wie beim ersten, nur ein wenig effizienter, weil sich das Team etwas eingearbeitet hatte – ein Vorteil, dem der Zustand wachsender Trunkenheit entgegenwirkte. Die Sonne schickte ihre Strahlen über den Hügel und tauchte das grässliche Gemetzel in ein warmes Licht. Nachdem das zweite Schwein erledigt war, wurde das dritte und dann das vierte aus dem Stall gezogen, vom Haken durchbohrt, erstochen, ausgeblutet, versengt, abgekratzt, zerteilt und aufgehängt. Der Wein im Ziegenhautbeutel machte die Runde und spülte die fetten Speisen herunter. Die Geschichten vom Schweineschlachten und anderen männlichen Heldentaten wurden immer unwahrscheinlicher und phantastischer.

Ana tippte mich auf die Schulter und bedachte mich mit einem missbilligenden Blick, als wollte sie fragen, wann diese Tortur endlich vorüber sei. Ich schlug die schweren Lider auf und versuchte mir eine abenteuerliche Geschichte aus dem Sinn zu schlagen, die sich dort eingenistet hatte, wo sonst vernünftige Gedanken weilten. Ana schien mir aus unendlicher Entfernung Zeichen zu geben, die ich kaum deuten konnte. Mein Magen fühlte sich an, als ob ich einen großen, klebrigen Stein verschluckt hätte, und mein Schädel dröhnte und kündigte gewaltige Kopfschmerzen an.

Kurz vor Anbruch der Dämmerung war es allen erlaubt, nach Haus zu gehen, um die Schweine zu füttern, die Maulesel und die Hühner einzuschließen, sich umzuziehen und zum eigentlichen Festmahl zurückzukehren. Ein oder zwei Schweine decken normalerweise den Schweinefleischbedarf einer Familie für das kommende Jahr ab, doch mir schien es, als ob die Gäste und Helfer an diesem ersten Tag alle vier verschlingen würden. Dennoch muss wohl noch etwas übrig geblieben sein.

Ana und ich taumelten im schwindenden Licht flussaufwärts nach Haus.

»Du willst doch nicht im Ernst zurückgehen, oder?«

»Nun, ich meine, wir sollten vielleicht…«

»Was, den ganzen Weg im Dunkeln den Fluss entlang, nur um noch mehr von diesen blöden Geschichten zu hören und sich mit dem fetten Fraß voll zu stopfen? Du hast doch einen Sprung in der Schüssel!«

Ana ist immer sehr direkt. Manchmal hat sie auch noch Recht.

»Ich muss zugeben, dass ich im Augenblick lieber sterben würde, als nur einen Brocken Schweinefleisch zu essen. Und ich kann auch keinen Wein mehr vertragen…«

»Ganz bestimmt nicht.«

»Vielleicht geht es uns in ein paar Stunden besser, warten wir's ab.«

In ein paar Stunden schliefen wir beide tief und fest und träumten von Schnitzeln in Nusssoße und Spinatquiche, gedämpften Gurken und Rettichen mit ungeschältem Reis…

Schafe zählen

Im Frühling überrascht dich die Orangenblüte. Zuerst zieht sich über das dunkle Grün der Blätter nur ein blasser Dunstschleier. Das ist das Grün der Blütenknospen. Dann verwandeln sich die Knospen über Nacht in wunderschöne weiße, fünfblättrige Sterne, die von hellgelben Stempeln und Staubblättern ausstrahlen. Der Duft ist fein und berauschend; und wenn jeder Baum zu einem Blumenmeer geworden ist, schwebt in der Luft ein fast greifbarer Nebel aus Orangenblüten.

Das Blühen dauert wochenlang, erfüllt April, Mai und Juni mit seinem Duft und lockt die Bienen an, die während der ganzen Zeit beharrlich in den Bäumen summen. Wenn die Blüte verwelkt, erscheint in ihrer Mitte eine winzige grüne Orange, eine perfekte Miniaturausgabe der voll ausgebildeten Frucht. Würde jedes Apfelsinchen heranwachsen, wäre der Baum im Durchschnitt mit zwanzig bis dreißig Tonnen Früchten belastet, aber Winde, Vögel und die wundersame Kraft des Baumes selbst sorgen für die Auslese. Der Boden unter dem Baum wird zu einem Mosaik aus Blüten und

Apfelsinchen. Unsere Nachbarn breiteten Tücher unter den Bäumen aus, um die Blüten für die Herstellung des Orange-Blossom-Tee zu sammeln, *flor de azahara,* der beim Einschlafen helfen soll.

Die Bäume standen in ihrer ersten Blüte, als Domingo mit seinem Esel Bottom den Hügel hinauftrottete. (Bottom ist natürlich nicht der Name, den Domingo seinem Tier gegeben hat. Er nennt es *burro* – Esel. Aber wir tauften ihn eines Morgens Bottom, und die literarischen und skatologischen Assoziationen haben uns den Namen lieb und wert gemacht.)

Unser Nachbar hatte Neuigkeiten für uns.

»Mein Onkel Arsenio möchte, dass du seine Schafe mit der Maschine scherst, die in deinem Stall steht. Ich habe ihm dazu geraten und gesagt, dass das die Zukunft sei und er ebenso gut schon heute damit anfangen könne.«

Das überraschte mich. »Aber ich dachte, deine Familie sei dagegen«, erinnerte ich ihn.

»Das war Eduardo, der hat doch keine Ahnung. Nein, Arsenio ist bereit, es auszuprobieren. Seine Herde wartet morgen in einer Woche auf uns. Er lebt drüben in Los Caracoles.« Domingo deutete über die Bäume auf die hohen Berge.

Es war vielleicht nicht der aufregendste Wortwechsel, aber für mich bedeutete er sehr viel. Zum ersten Mal hatte man mir angeboten, eine Rolle im Leben der alpujarrischen Bevölkerung zu spielen. Ich würde kein Zaungast mehr sein, der alles nur beobachtete, sondern die Bühne betreten dürfen, auf der man mir zusah. Danach hatte ich mich auf meinen Reisen immer gesehnt. Wenn die Sache wirklich einschlug, würde man mir vielleicht sogar einen *apodo* geben, einen Spitznamen wie die Einheimischen: Christóbal El Pelador – der Scherer – hörte sich gut an. Das Geld wäre auch nicht zu verachten, wenn ich mehrere Herden bekäme, und dann war da noch das erregende Gefühl, hier etwas Neues einzuführen. Nur wenige Schäfer in den Bergtälern kannten Maschinen für die Schafschur, und ich war derjenige, der sie mit dem Fortschritt bekannt machte.

Froh gestimmt überprüfte ich in den folgenden Tagen mein altes Gerät und geriet ins Träumen, wenn ich das Bimmeln der Glöckchen einer vorüberziehenden Herde vernahm.

Als der große Tag gekommen war, beluden Domingo und ich im dunstigen Licht eines frühen Maienmorgens den Landrover und brachen in die Hoch-Alpujarra auf, wobei wir vorher in Órgiva noch schnell einen Kaffee tranken.

In Soportújar bogen wir von der Teermakadamstraße ab und fuhren den *camino forestal* entlang eine steile Serpentine hoch, die von staubigen Zypressen und Akazien gesäumt war und in die Berge führte. Nach ein, zwei Dutzend Haarnadelkurven kamen wir an einem Holzschild mit den aufgemalten Worten O-Sel-Ling und an einem holprigen, aber ausgetretenen Pfad vorbei, der sich von unserem Weg nach oben schlängelte. Das war die Abzweigung zum tibetischen Buddhistenkloster Al Atalaya.

Man traut seinen Augen kaum, wenn man in einer kleinen spanischen Landstadt, die stolz auf die Bohnen und Kartoffeln in ihren städtischen Blumenbeeten ist, auf kahl geschorene Mönche trifft, die in burgunderfarbenen Roben und staubigen Stiefeln umherwandern. Aber dieser Anblick ist keine Halluzination.

Im Jahre 1985 bekam ein spanisches Buddhistenpaar, das in den Alpujarras lebte, in einem Krankenhaus in Granada einen Sohn. Der Junge, der Osel Hita Torres genannt wurde – »Osel« bedeutet auf Tibetisch »klares Licht« –, wurde für die Reinkarnation des Lamas Thubten Yeshe gehalten, eines der führenden Vertreter des tibetischen Buddhismus im Westen, der elf Monate zuvor in Kalifornien gestorben war. Osel selbst weilt nicht mehr in seiner Heimat, da man ihn schnellstens nach Dharamsala gebracht hat, wo der Dalai Lama im Exil lebt. Dennoch hat das Kloster, das in seinem Namen gegründet wurde, als buddhistischer Rückzugs- und Meditationsort großen Erfolg und zieht zahlreiche westliche Jünger in seinen Bann – und gelegentlich auch ein hohes Mitglied der tibetischen Theokratie im Wartestand.

Ich spähte umher, weil ich hoffte, einen dieser heiligen Männer zu Gesicht zu bekommen, doch niemand ließ sich blicken. Domingo, für den der lamaistische Buddhismus von geringem Interesse war, bekam die Abzweigung zum Kloster kaum mit – aber auch er hielt den Atem an, als wir den Berg passiert hatten. Unter uns erstreckte sich, vom Morgenlicht überflutet, die Poqueira-Schlucht mit ihren drei malerischen Dörfern, aus denen der blaue Rauch der Holzfeuer in die stille Luft emporstieg.

Wir fuhren immer weiter nach oben, an Bergwiesen vorbei, die mit Mohnblumen, Margeriten, Winden und purpurroten Wicken übersät waren, derweil die Täler und Dörfer im blauen Dunst versanken. Weit unter uns konnte ich El Valero mit seinen grünen Feldern am Fluss sehen, vielleicht sieben bis acht Kilometer in der Luftlinie, doch eine gute Stunde Fahrt. Schließlich ließ mich Domingo neben einer Schafhürde auf einem steilen Hügel anhalten. Ich stellte den Motor aus und lauschte der Lautlandschaft der Berge: entfernten Ziegenglocken und bellenden Hunden, krähenden Hähnen in den Dörfern unten und Haubenlerchen, die hoch über dem Feld zwitscherten, auf dem wir standen.

Domingo war ungewöhnlich still.

»Ich denke nach«, erklärte er.

»Worüber?«

»Über meinen Onkel Arsenio.«

»Oh!«

»Er ist ein krummer Hund. Wir müssen die Augen offen halten. Sonst findet er sicher einen Weg, dich zu betrügen.«

»Aber er ist doch mit dir verwandt.«

»Trotzdem ist er ein krummer Hund. Ein krummerer lässt sich kaum finden.«

»Vielen Dank, Domingo, es scheint, als ob ich mit meinem ersten Job gleich das große Los gezogen hätte!«

»Mach dir keine Sorgen, ich lasse ihn nicht aus den Augen.«

Arsenio war mit Domingo nicht wirklich blutsverwandt. Er hatte das Glück gehabt, eine von Expiras sieben Schwestern zur Frau zu bekommen, die es aus unerfindlichen Gründen für erstrebenswert hielten, Schäfer zu heiraten und dadurch in den hohen Bergen Einfluss zu gewinnen. Also ist Domingo durch ein Geflecht einflussreicher Tanten mit jedem verwandt, der in der alpujarrischen Schäferwelt etwas darstellt. Einen besseren Start hätte ich kaum haben können.

Während Domingo sich über die schwarzen Schafe in seiner Verwandtschaft ausließ, geriet uns allmählich Arsenios Schafherde ins Blickfeld, die zum Scheren heraufgetrieben wurde. Zuerst hob sie sich als heller, verschwommener Eindruck von den dunklen Bäumen ab, dann konnte man deutlich eine ansehnliche Herde erkennen, die von kläffenden Hunden und brüllenden Männern umgeben war. In diesem Moment verspürte ich überhaupt keine Lust, den Tag damit zu verbringen, Schafe zu scheren. Am liebsten wäre ich durch die Wiesen gewandert und zu den großen Schneefeldern hochgefahren, die die Gipfel der Sierra Nevada säumten.

Außerdem machte mich, um ehrlich zu sein, auch der bevorstehende Tag ein wenig nervös. »Sie fesseln sie doch nicht etwa?«, hatte mich ein Schäfer damals im Frühling gefragt.

»Um Himmels willen, nein! Man kann ein Schaf nicht scheren, wenn es gefesselt ist.«

»Aber dann bocken sie und zappeln herum und hauen ab.«

»Nun, ich habe in meinem Leben wohl schon hundertfünfzigtausend Schafe geschoren und musste keines von ihnen fesseln.«

»Das mag schon sein, aber das war im Ausland. Hier sind die Schafe anders, hier sind sie wild.«

Domingo hatte in Umlauf gebracht, dass dieser großspurige Fremde nicht nur hundertfünfzig Schafe am Tag scheren konnte … sondern das auch noch, ohne sie zu fesseln! Solch ein Hochmut musste ja vor dem Fall kommen.

»Das ist also dein Ausländer, Domingo. Spricht er Spanisch?«

Arsenio war der Inbegriff eines Schäfers aus den Alpujarras – klein, kräftig und lederbraun gebrannt. Seine groben Züge zerteilten sich, als er mir grinsend mehrmals kräftig den Arm drückte.

»Schön haben Sie es hier, Arsenio.«

Ein Ausdruck tiefer Verwunderung flog über sein Gesicht.

»Was sagt dein Fremder da, Domingo?«

»Er sagt, dass es ihm hier gefällt.«

»He, he, fabelhaft, wunderbar. Na dann, lasst uns etwas essen.«

»Hm… eigentlich haben wir gerade erst gefrühstückt. Könnten wir…«

»Was sagt er, Domingo?«

Es war zwecklos zu versuchen, sich mit Arsenio direkt zu verständigen. Er war der festen Überzeugung – und damit stand er nicht allein –, dass man nur jemand, der aus den Alpujarras stammt, wirklich verstehen könne. Immer wenn ich etwas sagte, unterbrach er das Gespräch, blickte zu Domingo, als ob ich etwas Ekliges ausgesprochen hätte, und wartete darauf, dass er meine Worte wiederholte.

Die Nachricht von meiner Schermaschine war bis in die einflussreichen Kreise der Schäfergemeinde vorgedrungen, so dass sich eine Menge Leute eingefunden hatte, die sich das angekündigte Schauspiel nicht entgehen lassen wollten. Wer hatte schon jemals davon gehört, dass man ein Schaf scheren konnte, ohne es zu fesseln? Domingo hatte sich wirklich einen Verrückten für diesen Job gesucht, so viel stand fest.

Es waren etwa ein Dutzend Schäfer erschienen, mit Stöcken, Hüten und ledernen Umhängetaschen; alle hatten sie schmuddlige Glimmstängel aus selbst angebautem *churrasco* zwischen den Lippen und trugen ein hämisches Grinsen zur Schau.

Für die Zuschauer machte ich ein ziemliches Getue um das Aufstellen meiner Maschine, brachte das Brett, auf dem man scherte, sorgfältig in die richtige Lage, inspizierte die Kabel für den Generator und den schweren elektrischen Motor und kramte umständlich in einer Schachtel voller Maschinenteile herum. Manchmal fällt es einem nicht leicht, dem Drang zu widerstehen, sich wie eine Primadonna aufzuführen.

»So, da hätten wir sie nun – die Schermaschine. Was meint ihr, wie sie wohl funktioniert?«

»Mit elektrischem Strom – und das ist der Nachteil. Das verstört das Schaf. Ein Typ drüben bei Dúrcal hat seine Schafe elektrisch scheren lassen, und sie sind alle gestorben, vollkommen verbrannt. Ihr werdet ja sehen.«

»Fernando aus Torvizcón hat in einem Jahr eine mechanische Maschine benutzt, die so viel Wolle von den Schafen nahm, dass sie alle einen Sonnenbrand bekamen. Es ist nicht natürlich.«

»Nein, natürlich ist es nicht, und du riskierst viel, Arsenio. Mal sehen, wie viele Schafe du morgen noch hast«, fügte ein anderer Schäfer mit unverhohlener Freude hinzu.

»Es spart eine Menge Arbeit…«, aus den Augenwinkeln versuchte ich zu erkennen, wer dieser fortschrittliche Mann war, »…und in ein paar Jahren wird es in den Alpujarras keinen Schäfer mehr geben, der noch mit der Hand schert. Merkt euch meine Worte.«

Der Abtrünnige war José, Domingos Cousin, der häufig bei den Meleros zu Besuch weilte. Das machte mir ein wenig Mut. »Ich glaube nicht, dass wir einen Stromschlag oder einen Sonnenstich zu befürchten haben«, versicherte ich den Versammelten.

Zwölf feuchte Zigarettenstummel drehten sich Domingo zu und zitterten beim Sprechen: »Was sagt er, Domingo?«

Ich zog meine Hosen hoch, überprüfte die Maschine und packte das erste Schaf, das ich mit einem geübten Handgriff auf den Hintern drückte.

»Wartet nur, gleich tritt es dem Burschen in die Eier, womit ihm nur recht geschieht!«

Doch das Glück war mir hold, das Schaf lies sich fügsam herumdrehen und saß lammfromm zwischen meinen Knien. Ich zog an der Schnur. Die Scherblätter fingen an zu surren, und ich tauchte sie in die Wolle. Sie ließ sich abschälen wie von einer reifen Frucht, das Schaf war willig und zur Zusammenarbeit bereit. Nach fünfundvierzig Sekunden – es war nicht viel Wolle an ihm dran – half ich ihm durch geschickte Druckausübung mit dem rechten Knie auf die Beine. Dann führte ich eine professionell wirkende Drehung an der Spannungsvorrichtung der Scherblätter aus…

»Es kann weitergehen. Wo ist das nächste Schaf?«

Das erste Schaf zu scheren tut weh. Deine gesamten Glieder sind steif, und du kannst die entfernten Teile wie Gesäß und Schwanz nur mit äußerster Mühe erreichen. Aber danach geht es schon besser. Das zweite Schaf ist ein Vergnügen – du steckst voller Kraft und Energie, und alle notwendigen Muskeln in deinem Körper sind aufgelockert, nachdem du das erste Tier in seinen verschiedenen Stellungen bearbeitet hast.

Doch das Problem liegt darin, dass dir nach den ersten drei oder vielleicht fünf Tieren die Monotonie der Arbeit auf die Nerven geht. Das Verfahren ist genau festgelegt. Das Schaf wird immer den gleichen Stellungen unterworfen, und der Scherer fährt ihm in mehr oder weniger gewohnten Zügen, oder »Stößen«, wie es in dem Gewerbe heißt, über den Körper. Es sind etwa fünfzig Stöße erforderlich, um ein Schaf mit dichter Wolle zu scheren. Für diese Bergschafe mit ihrer spärlichen Behaarung genügten zwanzig. Ich hätte den Job auch im Schlaf machen können.

Beim fünfzigsten Schaf wird die Eintönigkeit durch Schmerzen abgelöst, denn dann fangen die Muskeln unten im Kreuz an zu brennen und ein bisschen zu knirschen. Spitzenscherer, die vierhundert Schafe am Tag schaffen, sieben Tage in der Woche, leiden unter Wollbrand. Die Wollfasern reiben auf dem Handrücken des Scherers die Haut an den Knöcheln ab, sodass er immerfort blutet. In Spanien sind die Hauptfeinde Hitze und Staub. In der Sonne kann man nicht arbeiten, weil sie binnen weniger Minuten alle Energie aus einem heraussaugt. Doch selbst im Schatten ist man nach kurzer Zeit schweißgebadet und schließlich vom Dungstaub und den Wollbüscheln geteert und gefedert.

Das nächste Schaf wurde gebracht, und ich machte mich ans Werk. Domingo hockte sich neben mich und sah aufmerksam zu; die Menge murmelte und brummelte. Dieses Schaf hatte einen Schwanz. Die meisten Schafe sind kupiert, aus Gründen, die ich hier nicht erörtern will. Schwänze sind etwas Fürchterliches. Man muss sich gute zehn Sekunden qualvoll hinunterbeugen, um einen Schwanz zu scheren. Schwierig ist es, die Wolle von der Spitze zu entfernen, weil man das Tier an diesem Teil festhält und höllisch auf seine Finger aufpassen muss.

»Lass die Wolle an der Spitze dran«, sagte Domingo. »Es ist hier so üblich, einen dicken Bausch an der Spitze zu lassen. Hilft gegen die Fliegen.«

Das war richtig. Und es erleichterte mir die Arbeit. Dennoch konnte ich mir angesichts all dieser geschorenen Schafe mit ihren nach Pudelart geschorenen Schwänzen ein dummes Grinsen nicht verkneifen. Arsenio und Pepe, die sich immer wieder auf die Herde stürzten und sich ein neues Schaf herausgriffen, machten ein missmutiges Gesicht.

»Was ist los? Habt ihr keine Lust zum Schafscheren?«

»Was sagt er, Domingo?«

»Keine Ahnung.«

Die Sonne stieg höher; der Schweiß rann mir von der Stirn und tropfte auf das Schaf; der Haufen schmutziger Wolle neben mir wurde immer größer, und die Zahl der geschorenen Schwänze mit Pudelquasten überstieg bald die der wolligen. Bis zur Mittagspause hatte ich ungefähr hundert Tiere kahl geschoren.

Pepes Frau Angustias, die ungefähr dreimal so groß wie er war, hatte sich samt Taschen und Körben voll Proviant den ganzen Weg von ihrem Hof hochgeschleppt. Ana war ebenfalls erschienen und betrachtete, vom langen Aufstieg immer noch hochrot im Gesicht, die Szenerie. Wir wuschen uns in einem nahe gelegenen Fluss die Hände und setzten uns zum Picknick in den Schatten eines riesigen Kirschbaums.

Die Schafschur ist ein schmutziges altes Gewerbe, das dich allerdings an schöne Orte führt. Wir blickten zu den schroffen, schneebedeckten Gipfeln des Veletakars hoch, die in den kornblumenblauen Himmel ragten. Angustias ließ einige Flaschen »einfachen Landwein«, wie man ihn beschönigend nennt, und Bier herumgehen, die zum Kühlen im Fluss gelegen hatten, und tischte uns Oliven, Omeletts, Würste, *jamón* und Brot auf.

»Sie sind derjenige, der arbeitet, Christóbal, und müssen daher noch mehr essen«, drängte sie, »bevor die faule Bande alles verputzt hat.«

»Nein danke, das ist furchtbar nett von Ihnen – es ist alles ganz köstlich; aber ich kann mich nicht gut hinunterbeugen und arbeiten, wenn ich zu viel gegessen habe.«

Angustias hatte sich ihre Gedanken über Ausländer gemacht.

»Vielleicht können Sie mir etwas erklären,« begann sie. »Auf meinem Hof schauen eine Menge Fremde vorbei. Sie steigen im Dorf aus dem Bus und verlaufen sich dann, wenn sie nach ihrem Kloster suchen. Sie sehen verhungert aus, und wenn ich ihnen etwas *tocino* wie den hier anbiete« – sie deutete auf einige Brocken Schweinespeck, die sie so anmutig herumreichte wie einen Teller Petits Fours –, »oder vielleicht ein schönes Stück *chorizo,* schieben sie es einfach zur Seite und knabbern an dem Brot. Warum tun sie das, wo sie doch so hungrig aussehen?«

»Wenn sie zu dem Kloster wollen, sind sie wahrscheinlich Buddhisten und haben für tocino nicht so viel übrig wie Sie und ich.«

»Buddhisten, sagen Sie… nun ja, womöglich Buddhisten, aber womit füllen sie sich um Gottes willen den Magen? Sie sehen alle so dünn und blass aus, als würden sie von Steinen leben. Ein Windstoß könnte sie wegpusten.«

»Soweit ich weiß, essen sie gekochtes Gemüse und ungeschälten Reis, und als besonderen Genuss vielleicht noch ein paar Nüsse.«

»Oje! Die armen Kerle, was für ein schreckliches Leben! Obwohl es für mich sicher besser wäre, wenn ich auch ein bisschen weniger essen würde. Ich wäre gern so rank und schlank wie Sie, Ana, aber was soll ich machen? Ich esse nun mal das weiße Fett vom Schinken so gern. Glauben Sie, dass das dick macht?«

»Ein bisschen vielleicht schon«, sagte Ana und musterte mit weiblichem Mitgefühl Angustias' massige Gestalt. »Ja, das Fett vom Schinken ist nicht gerade ein Schlankmacher.«

Ich stand auf, reckte mich und sah lustlos über das Tor auf die ungefähr fünfzig Schafe, die ich noch scheren musste. Es war Zeit, wieder an die Arbeit zu gehen; also schlurfte ich in meinen Arbeitsmokassins vorsichtig den Hügel hinab, um den Generator einzuschalten. Als ich dort ankam, hatte Domingo ein Schaf auf dem Brett, hielt es einigermaßen richtig und schor es recht geschickt.

»Du hast das schon mal gemacht, Domingo.«

»Nein, aber es kann ja nicht so schwierig sein, und ich habe dich den ganzen Morgen über beobachtet.« Binnen Minuten war das Schaf fertig und kratzte sich, nachdem es glücklich zum Rest der Herde zurückgekehrt war. Domingo packte sich das nächste und schor es leichthändig und ziemlich ordentlich.

»Ehrlich, Mann, ich glaube dir nicht, dass du das noch nie gemacht hast. Man braucht Jahre, um so gut zu werden.«

»Nun ja, ich habe ein paar von Hand geschoren, mit Fesseln und so, aber das hier ist eine viel bessere Methode.«

An diesem Nachmittag schor er etwa ein Dutzend Schafe, ohne zu schwitzen und ohne Rückenschmerzen. Für einen Anfänger ist das höchst bemerkenswert.

»Ich besorge dir eine gebrauchte Maschine aus England, dann können wir gemeinsam ein Geschäft aufmachen und die Schafe in den Alpujarras scheren.«

»Wenn du meinst.« Domingo ist alles andere als phlegmatisch.

Am frühen Abend waren wir fertig, und die Herde drängte sich eifrig aus dem Stall, um ein paar Stunden auf den Wiesen zu grasen, wo die Schatten der Bäume schon länger wurden.

»Hundertsiebenundvierzig Schafe. Wie viel?«, fragte Arsenio.

»Hundert Pesetas pro Schaf…«

»Scheint mir viel Geld zu sein.«

»Das macht dann vierzehntausendsiebenhundert Peseten.«

Wenn es um Geld ging, schien Arsenio alles zu verstehen. Er zählte fünfzehn Tausender ab und reichte sie mir.

»Tut mir Leid, aber ich habe kein Wechselgeld.«

»Macht nichts, schließlich sind wir alle Arbeiter, ha, ha. Wir können es unter den Tisch fallen lassen oder aufs nächste Jahr anrechnen: Was meinen Sie?«

»Ja, gut. Vielen Dank.«

»Was sagt er, Domingo?«

Wir hielten den Wagen an einer Ecke des Hügels an, von wo wir auf das Tal, in dem wir lebten, hinabschauen konnten. Wir setzten uns ins hohe Gras und sahen zu, wie die Berge ihre Farbe wechselten. »Mein Onkel hat dich reingelegt«, sagte Domingo und kaute an einem langen Grashalm.

»Wieso? Mir schien alles in Ordnung zu sein.«

»Es waren hunderteinundfünfzig Schafe.«

»Woher weißt du das?«

»Ich habe sie heute Morgen gezählt.«

»Vielleicht hast du dich ja geirrt?«

»Unmöglich«, erwiderte er mit der ihm eigenen Bescheidenheit. »In der Mittagspause ist Pepe in den Stall geschlichen und hat vier geschorene Schafe in einem kleinen Raum versteckt. Er hätte noch mehr beiseite geschafft, wenn er nicht bemerkt hätte, wie ich über das Tor blickte.«

»Ich kann mir nicht vorstellen, dass sie sich solche Mühe machen, um vierhundert Pesetas zu sparen, und außerdem hat er mir dreihundert Pesetas mehr als die vereinbarte Summe gegeben.«

»So ist mein Onkel eben. Er würde alles tun, um jemanden auszutricksen, egal, um wen es sich handelt. Darum habe ich dir gesagt, dass du die Quasten an der Schwanzspitze dranlassen sollst. Das hat ihn richtig wütend gemacht. Ein Schäfer kann es nicht ausstehen, wenn etwas Wolle an seinen Schafen zurückbleibt. Und er und Pepe sind da besonders empfindlich.«

»Als wir weggingen, habe ich gesehen, wie Pepe mit einer

Schere an den Wollbüscheln herumschnippelte«, berichtete Ana.

»O ja, sie müssen sie alle entfernen. Sie könnten es nicht ertragen, wenn ein anderer Schäfer die Herde in diesem Zustand sähe. Ha, das hat ihnen vielleicht einen Schock versetzt, ehrlich!«

»Also hat uns Arsenio um vierhundert Peseten beschummelt, aber mir dreihundert geschenkt, weil ich kein Wechselgeld hatte – das macht hundert Peseten Profit... und wir haben ein gutes Mittagessen gehabt...«

»Es war *regulár* – in Ordnung.«

»*Regulár* oder nicht, ich fand das Essen gut, und die meisten von seinen Schafen tragen jetzt lächerliche Pompons an ihren Schwänzen... wer also ist der Gewinner des heutigen Tages?«

»Wahrscheinlich wir«, sagte Domingo grinsend, und wir sprangen auf und gingen zum Wagen zurück. »Doch nimm dich in Acht, denn niemand ist Arsenio bisher beigekommen, und er ist wirklich ein Gauner.«

Aus Gesprächsfetzen, die ich von Domingo und seinen Cousins während der nächsten Wochen aufschnappte, schloss ich, dass ich die Prüfung als Schafscherer bestanden hatte. Man redete nicht viel darüber, aber allein die Tatsache, dass keins von den Schafen hinterher gestorben war, nahm den Maschinengegnern den Wind aus den Segeln, und andere Schäfer meldeten bei mir ihr Interesse an. Diese verfrühte, wenn auch nicht überwältigende Anerkennung machte mich wehrlos, als der Angriff aus einer unerwarteten Richtung erfolgte.

Andrew, der zu einer kleinen New-Age-Reisegruppe gehörte und seinen uralten Bedford-Laster in unserem Flussbett geparkt hatte, während er auf den Bauernhöfen in der Umgebung um Arbeit nachfragte, sah die ganze Sache in völlig anderem Licht.

»Du hast wohl völlig den Verstand verloren, wenn du es für richtig hältst, hierher zu kommen und all die alten Traditionen mit dieser blöden Maschine zu zerstören.«

Sein Gefühlsausbruch erfüllte mich mit Verwirrung. Andrew war nicht der Typ, der durch solch eine emotionale Reaktion sein Karma aufs Spiel setzte. In der Regel beschränkte er sich sogar darauf, in seinem breiten Manchester-Englisch nur das Allernotwendigste zu reden: einen Job anzunehmen, dir zu sagen, wer in der Bar eine Runde ausgeben musste, und Essen mit Fleisch abzulehnen. Außerdem hatte er ein Faible für Maschinen. Einen ganzen Tag lang hatte ich neben ihm gehockt und ihm die gewünschten ölverschmierten Metallteile gereicht, während er unter unserem Landrover herumbastelte.

»Aber das ist der Fortschritt«, protestierte ich. »Begreifst du nicht, dass er allen nur Vorteile bringt?«

»Dir vielleicht. Und was ist mit den Schäfern, die sich zur Arbeit zusammenfinden, in froher Runde lachen und scherzen, über ihre Schafe plaudern und so weiter? Was wird mit ihren Traditionen? Futsch, aus und vorbei, so ist das nämlich.«

»Offensichtlich hast du dir noch nie ein Schaf aus der Nähe betrachtet, wenn du diesen Unsinn glaubst. Lass dir von einem Schäfer erzählen, wie er es findet, einen Tag lang zu scheren, und hör genau zu. Die Schafschur ist eine Tortur, und selbst wenn man die Schmerzen literweise mit schlechtem Wein betäubt, ist es immer noch kein Vergnügen, sich den ganzen Tag über knochige, schmutzige Schafe zu beugen und mit diesen lächerlichen Scheren herumzuschnippeln, mit denen man zwanzig oder vielleicht dreißig Schafe schafft. Nein, das hier ist für die Schäfer eine große Hilfe und außerdem viel angenehmer für das arme Vieh.«

Obwohl ich es Andrew gegenüber niemals zugegeben hätte, plagten mich doch gewisse Skrupel, was das kleine Stückchen Fortschritt betraf, das ich in Gang gebracht hatte. Seit Jahrhunderten hatten sich zehn oder zwanzig Bergschäfer zusammengefunden, um gemeinsam zu scheren, und bei dieser Gelegenheit kam, wie Andrew es geschildert hatte, so etwas wie fröhliche Geselligkeit auf mit viel Wein und einer Ziege oder einem Lamm, das am Ende des Tages geschlachtet wurde. Aber es gab auch Geschwüre vom Wollfett und große Blasen, geschwollene Handgelenke und Rückenschmerzen, die Fliegen, den Staub und den Dung. Die Schäfer hassten es und konnten, wie Domingo einräumte, ihre Tradition nicht schnell genug loswerden.

Zum Beweis dafür rannten sie mir, nachdem ich ihnen die Wirksamkeit meiner Maschine bewiesen hatte, die Tür ein – und meine Tür liegt, wie man inzwischen vielleicht weiß, nicht eben am Rückweg von der Stammkneipe. Es ist eine Tür, die man zielgerichtet einrennen muss.

Doch das beeindruckte die Öko-Fundamentalisten von Órgiva wenig, und sie stritten sich monatelang mit mir herum, weil ich das empfindliche Gleichgewicht zwischen Mensch und Natur zerstörte.

Den Lauf des Wassers begleiten

An den Umrissen der Berge zeichnet ein leuchtend grünes
Pflanzenband die *Acequias* der Alpujarras nach, ein uraltes
System aus Bewässerungskanälen, die das Regenwasser und
die Schneeschmelze von den hohen Gipfeln zu den Höfen im
Tal leiten. Man weiß immer noch nicht genau, ob die Kanäle
vor zweitausend Jahren von den Römern oder etwa achthun-
dert Jahre später von den Mauren erbaut wurden. Doch wer
auch immer auf diese Idee gekommen sein mag – sie ist zusammen mit der Terrassierung der Hügel das wichtigste Element, das der Mensch der Schönheit der Landschaft hinzu-
gefügt hat.

Das Prinzip dieses Bewässerungssystems ist ganz einfach:
Regen und Schnee, die in das riesige Auffanggebiet der Berge
fallen, sickern in die Grundwasser leitende Gesteinsschicht,
von wo sie das ganze Jahr über freigegeben werden und die
Flüsse und Quellen auf den niederen Hängen speisen. Die
Acequias zweigen dieses Wasser ab und tragen es in einem
sanften Gefälle zu den Bauernhöfen und Dörfern nach unten.

Viel geht dabei verloren, aber das ist eingeplant. Wenn das Wasser durch die Kanäle rinnt, sickert es in die Erde und die Spalten und die Maulwurfsgänge und bewässert die Pflanzen und die Bäume, die wild an ihren Ufern wachsen. Das Wurzelwerk dieser Pflanzen bildet ein Geflecht, das die Kanäle an ihren Rändern festigt und diese davor bewahrt, nach unten abzubröckeln. Versuche, der Natur nachzuhelfen, indem man Teile der Acequias betoniert, richten eher Schaden an, als dass sie eine Verbesserung bewirken. Die Pflanzen am Rand des Kanals vertrocknen, das Wurzelwerk fault und verliert seine Stützkraft; und das Gewicht des Betons und des Wassers lässt das Ganze absacken und zerstört die so wichtigen Ebenen.

In den Alpujarras gibt es buchstäblich hunderte Kilometer von Acequias, und auf den Pfaden an ihren Ufern, die mit Gras und alpinen Blumen gesäumt sind – Enzian, Glockenblumen, Fingerhut, Steinbrech –, kann man wunderbar spazieren gehen und die herrliche Aussicht auf die Berggipfel genießen, die sich um Veleta und Mulhacén gruppieren. Hoch oben in den Bergen, weit über den Dörfern, haben sich die Kanäle zu klaren, eiskalten Bächen ausgeweitet, deren Wasser trinkbar ist, weil sie hier keiner Gefahr der Verunreinigung ausgesetzt sind. Weiter unten, wo die Acequias in den Tälern und Schluchten in die Flüsse münden, wurden die Kanäle streckenweise in die nackten Wände schroffer, Hunderte von Metern hoher Felsen gehauen. Diese Meisterleistungen haben vor langer Zeit mit Hammer und Meißel ausgerüstete Männer vollbracht, die man von den oberen Klippen an Seilen herabließ.

An einigen Stellen verlaufen die Acequias über Aquädukte, die auf Steinmauern an so steilen Abhängen errichtet wurden, dass man sich kaum vorstellen kann, sie hinabzugehen, ganz zu schweigen davon, dort eine Mauer zu bauen. Das Wasser strömt durch Tunnel voll von Fledermäusen und riesigen Nachtfaltern in das grelle Sonnenlicht hinaus oder weiter durch schattige Wälder, wo es in ein undurchdringliches Dickicht mit messerscharfen Blättern und dornigen Büschen eintaucht.

Zahllose Bauern sind von diesen Acequias abhängig; daher hat sich ein gesellschaftliches System entwickelt, das die gerechte Verteilung garantiert. Jede Acequia hat ihren Präsidenten, der einmal im Jahr gewählt wird, ihren Schatzmeister und ihren *acequero*. Der Präsident sorgt dafür, dass die Entscheidungen demokratisch gefällt werden, vermittelt bei Streitigkeiten und arbeitet mit dem Wasseramt zusammen. Der Schatzmeister zieht die Wassergebühren ein, auf die sich die Bauern, die das System benutzen, jedes Jahr einigen, um die nötigen Reparaturen und Verbesserungen zu finanzieren. Der Acequero sucht täglich die Acequias nach undichten und gefährlichen Stellen ab und achtet darauf, dass jeder Bauer sein Wasser rechtzeitig abstellt, wenn der Nächste an der Reihe ist.

Wenn du auf deinem Besitz Wasserrechte an einer bestimmten Acequia hast, wird dir eine bestimmte Zeit und eine bestimmte Wassermenge zugeteilt. Wenn du Pech hast (oder bei dem Präsidenten der Acequia in Ungnade gefallen bist), darfst du vielleicht Donnerstag früh um zehn nach drei siebzehn Minuten lang ein Drittel des Bewässerungskanals benutzen. Folglich stapfst du mit der Taschenlampe im Mund und der Hacke über der Schulter zu deinem Orangenhain und den Gemüsen hinaus. Um zehn nach drei – nicht neun Minuten und auch nicht elf Minuten danach – ziehst du die Absperrung zurück und lässt das Wasser auf dein Land rauschen. Der *partidor,* eine einfache Konstruktion aus Ziegelsteinen und Mörtel, sorgt dafür, dass du nur ein Drittel des zur Verfügung stehenden Wassers erhältst.

Wenn du keinen Tank besitzt, in den du deinen Anteil umfüllen kannst, musst du wie irre im Dunkeln herumrennen und mit deiner Hacke die kleinen Dämme und Deiche und Gräben bearbeiten, damit jeder Baum gründlich bewässert und jede Gemüsefurche randvoll wird. Das mag in einer Vollmondnacht ja noch herrlich sein, wenn die Rinnsale plätschern und die dunkle Wasseroberfläche sich silbrig kräuselt. Aber ein Tank ist praktischer, und jeder, der etwas Geld übrig hat, besorgt sich einen und füllt ihn siebzehn Minuten lang, damit er am nächsten Tag in Ruhe bewässern kann.

El Valero, das allein auf der anderen Seite des Flusses liegt, nimmt eine Sonderstellung ein, weil es über eine eigene Acequia verfügt – oder, anders gesagt, über die Möglichkeit, vierundzwanzig Stunden täglich und sieben Tage in der Woche zu bewässern. Wir müssen auch keine Abgaben für die Acequia entrichten, dies unter der Bedingung, dass wir die Kanäle selbst reinigen, wenn wir das Wasser wollen. Diese Regelung kam mir anfangs sehr großzügig vor, aber inzwischen sind mir da Zweifel gekommen. Pedro Romero war, wie sich im Nachhinein herausgestellt hatte, kein allzu eifriger Hüter der Acequia auf El Valero gewesen, obwohl Maria mit gelegentlicher Hilfe von Bernando ihr Möglichstes getan hatte, um ihre Felder mit ein wenig mehr Wasser durch die verschlammten, überwucherten Kanäle zu versorgen.

Zum Zeitpunkt unserer Inbesitznahme des Hofes war die Acequia in einem erbärmlichen Zustand. Ich hatte schon kaum Hoffnung mehr, sie jemals wieder zu aktivieren, denn die Nachbarn schüttelten die Köpfe und warnten mich vor den Schwierigkeiten. Ein Teil des Problems ist rein jahreszeitlich bedingt. Der Kanal beginnt anderthalb Kilometer vom Hof flussaufwärts in einem Becken im Fluss, das von einem behelfsmäßigen Damm aus Steinen und Zweigen, Wellblech- und Plastikverkleidung gebildet wird. Er wird jedes Jahr von den winterlichen Regenfällen weggeschwemmt und muss im Frühjahr, wenn auch die Reinigung der Acequias fällig ist, neu aufgebaut werden.

Der Damm leitet das Wasser in die enge Öffnung der Acequia, die sich von dort aus durch ein Bett roter Erde und einen mit hohen Pappeln gesäumten Weg rasch abwärts ergießt. Während der Fluss immer kleiner wird, bewältigt sie einen mit Gestrüpp bewachsenen Hügel, bahnt sich ihren Weg durch Dornbüsche, einen flachen, grauen Schilfgrassumpf und ein Stück Ödland, auf dem außer Kapernsträuchern nichts wächst. Schließlich verschwindet das Wasser in einem Tunnel unter der alten Tenne des Hofes und taucht fast kristallklar zwischen den Wurzeln eines alten Feigenbaums wieder auf, da es seinen roten Schlick inzwischen an den Seiten abgelagert hat.

Von da aus stürzt es kaskadenförmig über ein abschüssiges Gelände, das wir die »Wiese der Sieben Skorpione« nennen (kurz nach unserem Einzug haben wir versucht, das Grasland von Steinen zu befreien, und unter jedem der ersten sieben Steine, die wir hochhoben, fanden wir einen Skorpion). Dann rinnt es am Rand von Orangenterrassen entlang und wieder in den Fluss zurück.

Ende April machten mir die deutlich abnehmenden Regenfälle und die hektischen Aktivitäten an den anderen Acequias bewusst, dass ich mich irgendwie um die Wasserversorgung für die Felder kümmern musste. Wie immer überquerte ich den Fluss, um mir anzuhören, was Domingo dazu meinte.

Er saß mit seinem Cousin Antonio auf seiner *tinao,* der Terrasse, und beide schnitzten in Serienproduktion kleine Modellpflüge. Es war eine recht eigenartige Idee, auf die Domingo gekommen war, um ein bisschen Geld hinzuzuverdienen – ein Freund, der in den Bergen eine Kneipe besaß, hatte versprochen, sie dort auszustellen und zu verkaufen. Auf dem Boden lag inmitten von Katzen und Kartoffeln ein Gewirr aus Kupferdraht, Schrauben und Muttern; dazwischen stand ein Topf mit Lackfarbe. Antonios Arbeitsplatz vervollständigte eine ziemlich leere Flasche Costa, mit der er sich offensichtlich schon eingehend beschäftigt hatte.

»Das ist sein Laster«, erklärte Domingo und blies die Späne von einem winzigen Holzkeil, den er gerade geschnitzt hatte. »Ohne Wein ist er nicht gut … und mit ihm ist er auch nicht sehr gut. Sieh dir das doch an, Mann! Wie, zum Teufel, willst du mit so 'nem Ding pflügen? Er ist ja schief und krumm, er wird seitlich ausscheren!« Und er packte das Modell, an dem Antonio arbeitete, und wedelte mit ihm verächtlich in der Luft herum.

Antonio grinste gutmütig und schüttelte mir die Hand. »*Encantado*«, sagte er zur Begrüßung, nahm Domingo den winzigen Pflug ab und legte ihn vorsichtig auf den Haufen fertiger Modelle. »Damit kann doch sowieso niemand pflügen, Cousin – so verdammt klein, wie er ist«, sagte er zu Domingo und stürzte sein Glas Costa hinunter.

Ich erklärte Domingo den Grund meines Besuchs, und er bot mir sofort an, zusammen mit Antonio – »falls er nüchtern ist« – meine Acequia zu reinigen; er schlug vor, nächste Woche damit anzufangen.

Ich hegte gewisse Befürchtungen, Antonio zu beschäftigen, aber mir blieb kaum eine Wahl, und außerdem stellten sich meine Ängste als unbegründet heraus. Antonio war ein Mann, der auch halb betrunken wie ein Löffelbagger arbeitete und dabei noch fröhlich drauflosphilosophierte. Das einzige Problem bestand darin, ihn länger als ein paar Tage einigermaßen nüchtern zu halten, weil er ohne Domingos ständige Aufsicht Sauftouren unternahm und dann total von der Rolle war.

Als die beiden, wie verabredet, am Montagmorgen auftauchten, gab mir Domingo den dringenden Rat, seinen Cousin nicht im Voraus zu bezahlen. »Drück ihm nichts in die Hand«, mahnte er. »Sobald du ihm Geld gibst, haut er auf Nimmerwiedersehen ab.«

»Aber ich muss den Burschen bezahlen«, protestierte ich. »Ich kann ihn nicht umsonst arbeiten lassen.«

»Nun ja, entlohne ihn nach getaner Arbeit. Und gib ihm auch nicht alles auf einmal.«

Der Rat war gut gemeint und auch nicht ganz selbstlos. Domingo erzählte mir, dass er Antonio des Öfteren in einem der Bergdörfer im Rinnstein gefunden hatte, oft schlimm verletzt vom Sturz auf das Kopfsteinpflaster. Dann schleppte er den vom Wein und Urin Besudelten in seinen Wagen, fuhr ihn nach La Colmena und brachte ihn dort wieder auf die Beine. Zum Dank dafür half ihm Antonio bei der Arbeit auf dem Hof. Doch dann, eines schönen Tages, machte er sich frühmorgens wieder auf den vierstündigen Weg zu seinem Heimatdorf Bubión, wobei er unterwegs in Las Cañadillas einkehrte und mit einem anderen Cousin, der ein paar Ziegen hielt und Antonios Sucht unterstützte, ein oder zwei Liter Wein zu sich nahm.

Domingo und Antonio erschienen zur Arbeit an der Acequia mit Spitzhacken, Schaufeln, Breithacken und Sicheln, begleitet von zwei *peones* – Tagelöhnern –, Manolo, einem jungen Maultiertreiber aus dem Dorf mit einem blauschwarzen Haarwust und gewinnendem Lächeln, und Paquito, dessen verträumte Miene mich daran zweifeln ließ, ob er mit beiden Beinen hier bei uns auf der Erde stand. Aber sie versicherten mir, dass er mit einer Sichel in der Hand wahre Wunder vollbringen könne.

Wir kletterten den Hügel hinter dem Haus hoch und sprangen in den *barranco,* die Schlucht, die zum Tunnel führte. Paquito und Antonio machten sich mit ihren Sicheln schwungvoll an die Arbeit und schnitten das überhängende Pflanzengeflecht weg. Ich schlug mich zu einem besonders unangenehm aussehenden Gestrüpp durch, ein paar Meter die Acequia aufwärts, hackte mit der Sichel drauflos, während ich mit der behandschuhten Hand in Dornen und Stacheln griff, und verhedderte mich in einem feindseligen Pflanzengewirr. Zuerst packten mich die Brombeersträucher, dann die Kreuzrebe, und während ich noch mit den Armen herumfuchtelte, um mich aus diesen schrecklichen Ranken zu befreien, fuhr der Zweig eines Granatapfelbaums herab, der mich ins Auge piekste, und Pampasgras massakrierte mir hinterhältig den Nacken. In dem ganzen verdrehten Gewirr gab es auch nicht eine freundliche Pflanze. Ich schaffte es einfach nicht, also ließ ich das Roden sein und begab mich mit einer Schaufel hinter unseren Trupp.

Manolo und Paquito schienen keine Probleme mit dem Pflanzendschungel zu haben, verschwanden langsam in der Ferne und ließen die Ufer sauber beschnitten hinter sich zurück. Domingo und Antonio folgten ihnen, während ich als Nachzügler schwitzend und schuftend den Schutt herausschaufelte. Mit Ausnahme des Schauflers, der bald zurückblieb, bewegte sich das Team in gemächlichem Spaziertempo stetig vorwärts.

Es war demütigend, ihnen zuzusehen. Alle fünf Minuten reckte und streckte ich mich, um meine Rückenschmerzen zu besänftigen und mir den Schweiß abzuwischen, der mir in den Augen brannte; die anderen gingen gebückt immer weiter. Am Ende des Tages schlenderten wir langsam an der glatten, ausgehobenen Erde entlang zum Hof zurück. »Haben wir das hier wirklich alles heute geschafft?«, fragte ich mich ungläubig, als sich hinter jeder Biegung eine lange Strecke sauber freigelegten Kanals auftat, wie ein gut gepflegter Spazierweg durch den Wald.

Am zweiten Tag ging es nicht so schnell voran, da wir erst darüber nachdenken mussten, wie wir einen fürchterlichen Abschnitt bewältigen sollten, der unter El Avispero entlangführte, einer gefährlichen Wegstrecke mit Menschen verachtenden Dornsträuchern und felsigen, mit Steinschlag bedeckten Abhängen. Doch irgendwie schafften wir es und bewegten uns schließlich durch die weichere Erde und lieblichere Vegetation des Barranco del Pino. Gegen Mittag des dritten Tages hatten wir den pappelgesäumten Weg unterhalb des Damms erreicht.

Nun mussten wir nur noch die Schleuse öffnen, damit das Wasser in den frisch gesäuberten Kanal strömen und bis zu unserem Hof fließen konnte. Domingo schätzte, dass es fünf Stunden dauern würde, bis es dort ankam, was uns genügend Zeit ließ, um unser Mittagessen einzunehmen und die gesamten Kanäle auf dem Hof zu reinigen. Mir fiel die Aufgabe zu, den Lauf des Wassers zu begleiten und dafür zu sorgen, dass die von Büschen abgeschnittenen und abgefallenen Zweige und Blätter die Röhren nicht verstopften.

Während andere Aufgaben bei ständiger Wiederholung zur mühsamen Plackerei werden, werde ich es nie leid, das Wasser zu begleiten. Hurtig eilte ich seinem Lauf voraus und setzte mich ins Gras, wo ich an einem Halm saugte und die friedliche Stimmung genoss, während ich ein Auge auf das trockene Bett der Acequia warf und die Ohren spitzte, weil ich auf das sanfte Gluckern wartete, das am Anfangs gar nicht als Wasserrauschen zu vernehmen war. Es begann als Wispern trockener Blätter, Blüten und Zweige. Rosa, weiß und golden kroch es still dahin, füllte die Mulden ein wenig rascher und die höheren Partien langsamer. Es war aufregend, an jenem ersten Tag zu beobachten, wie sich das Wasser sammelte, anschwoll und die trockene Erde tränkte. Es stieg die Böschung hoch, strömte in die Ameisenhügel und die Maulwurfsgänge und wurde allmählich zu einem richtigen Fluss. Wenn ich das sah, dann platschte ich zum oberen Ende und hetzte um die nächste Kurve, um das Wunder noch einmal von vorn zu erleben.

Das Bewässern des Landes ist in den Alpujarras ein Maßstab der Männlichkeit. Ein Mann, der mit dem Bewässerungssystem nicht umgehen kann, ist nutzlos – *no sirve*. Domingo sagte mir eines Tages in einem Anfall von Gereiztheit: »Cristóbal, du hast keine Ahnung von Bewässerung. Du verstehst das Wasser nicht.« Das war das Gemeinste, das er mir an den Kopf hätte werfen können, eine harte Anschuldigung, die meinen Wert als Mensch herabsetzte. Wahrscheinlich hatte er einen Kater, aber es traf mich trotzdem tief ins Herz. Gekränkt setzte ich mich unter einen Baum und grübelte über die Bewässerung nach. Vielleicht hatte er damals Recht gehabt. Als er mich so anfuhr, hatte ich den Hof gerade mal etwa drei Jahre lang bewirtschaftet – zu wenig Zeit, um mit dem Wasser vertraut zu werden.

Was ich wusste, war, dass Wasser dazu neigte, bergab zu fließen, und dass es, sich selbst überlassen, immer einen Weg dorthin fand, wo es unerwünscht war, Terrassen aushöhlte, Mauern zerstörte und Baumwurzeln freilegte. Wenn man eine Terrasse zu stark bewässerte, brach sie donnernd zusammen und verursachte auf der unteren Terrasse ein Chaos aus Erde, Steinen und Bäumen – eine Schande, die nur schwer zu verbergen und nur mit viel Mühe wieder in Ordnung zu bringen war.

Doch wenn alles nach Plan verläuft, gibt es nichts Schöneres. Als Junge baute ich in den Flüssen im Wald am liebsten Dämme und Kanäle aus Matsch, und es macht mich glücklich, dass ich mich als Erwachsener immer noch auf diese Weise beschäftigen darf. Im Sommer bewässere ich in Gummisandalen, sodass meine Füße und Knöchel vom Wasser gekühlt werden, während der Rest meines Körpers in der Hitze schwitzt. Mit meiner Hacke öffne ich die Schleuse im Hauptkanal, indem ich den kleinen Damm aus Erde und Steinen vom Ufer in die Mitte der Acequia bewege. Das braune, wirbelnde Wasser fließt über den Rand des Staubeckens in die

Kanäle auf dem Feld und sacht über das Gras. Wie eine große Amöbe teilt sich das Wasser am oberen Ende, umspült zunächst die höheren Stellen, bedeckt sie dann und verdunkelt die bleiche, staubige Erde, bevor es wieder in den Strom zurückkehrt. Wenn das Wasser die Bäume erreicht und zu den Wurzeln vordringt, hat man den Eindruck, dass sie seufzen und Duftwolken verströmen.

Dann wandere ich mit meiner Hacke umher und korrigiere die Geschwindigkeit, werfe einen Stein in die zu schnell fließende Flut oder hacke wild drauflos, um die träge Strömung zu beschleunigen. Schließlich ist alles gut verteilt, das Wasser fließt genau richtig, um sich auszubreiten und in ein paar Stunden auf dem Feld zu sein. Dann fegt Beaune heran und lässt sich in den Fluss plumpsen, um sich abzukühlen. Das Wasser, vom Hund gestaut, strömt über die Ufer und vermasselt das ganze System, sodass ich von vorn beginnen muss. Wenn der Abend anbricht, flattern die Schwalben von den Häusern und Felsen herunter, gleiten über das Wasser und schnappen sich die zahllosen Insekten, die sich an den Spitzen der Grashalme festklammern wie Matrosen an den Masten sinkender Schiffe.

Ich liebe es, das Land zu bewässern, und hoffe, dass sogar mein Nachbar bereit ist zuzugeben, dass ich es kann, wenn ich zwanzig oder dreißig Jahre praktische Erfahrung gesammelt habe.

Katzen und Tauben

»Zuallererst«, verkündete Ana und sah entschlossen von einem Buch mit einer Katze auf dem Umschlag auf, »müssen wir uns um die Katzen kümmern. Wir können nicht von solchen Geschöpfen umgeben leben. Das macht uns unglücklich. Sie müssen rehabilitiert werden.«

Neben zwei verrosteten Pflanzendosen, den Camalas und dem Ziegelstein hatte uns Pedro zwei Katzen hinterlassen. Mit Katzen zieht man nicht um; sie sind an einem Ort verwurzelt. Es handelt sich um eine alte, halb verhungerte Mutter und ein fipsiges Etwas, das ihr Kind war. Das arme kleine Geschöpf hatte nie ein kleines Kätzchen sein dürfen; es wurde in eine Welt aus Hunger und Schlägen geboren. Die beiden waren graue Tigerkatzen, deren Fell an vielen Stellen versengt war, weil sie sich in der Asche des Feuers hatten wärmen wollen.

Sie schlichen umher, von Würmern und Hunger geschwächt: ein Bild des Jammers. Pedro hatte sich kaum um seine Hunde gekümmert – nicht einmal um seine drei engsten Gefährten, Tiger, Braun und Buffoon –, aber Katzen waren jenseits aller Fürsorge. Man erlaubte ihnen nur, sich dem Haushalt anzuschließen, weil sie, wie Pedro meinte, die besten Rattenfänger waren. Das war schwer zu glauben, wenn man sie hier so kraftlos umherkriechen sah. Ana hatte Recht; ihr elender Zustand ging mir schon an die Nerven.

Unsere erste Aufgabe war, sie zu zähmen, damit wir ihnen ein Flohhalsband über den Kopf streifen und sie entwurmen konnten. Ana kann gut mit Tieren umgehen. Es dauerte drei Tage, bis sie begriffen, dass man sie fütterte, und noch einmal drei Tage, bis sie bei Ana auf dem Schoß lagen und sich streicheln ließen.

Wir hatten erwartet, dass es praktisch unmöglich wäre, ihnen die Flohhalsbänder anzulegen – dass wilde Kreaturen wie diese niemals solch ein Geschirr fügsamer Domestiziertheit akzeptieren würden. Am Ende jedoch standen sie beide still und senkten demütig den Kopf, um ihr Halsband zu empfangen. Fast schienen sie zu wissen, dass dies das Zeichen dafür war, dass sie von Menschen übernommen wurden, die für sie sorgen würden– oder war das vielleicht eine unsinnige Vorstellung? Dann war es nur noch ein kleiner Schritt, das Präparat gegen Würmer ins Genick zu spritzen.

Wir konnten fast dabei zusehen, wie die ausgehungerten Geschöpfe langsam aufblühten. Ihre eingesunkenen Flanken rundeten sich, und die Rippen verschwanden; das versengte und fleckige Fell nahm wieder Glanz an, als eine Spur von Katzenstolz zurückkehrte, und sie begannen sogar, sich zu putzen.

Katzen sollten Namen haben, und so wurden diese beiden aus einem Grund, den wir am liebsten vergaßen, zu Brenda und Elfine. Elfine entwickelte, als sich ihr Zustand besserte, so etwas, was Katzenfreunde »Persönlichkeit« nennen. Für mich ist eine Katze fast wie die andere, doch ich konnte mich einer gewissen Zuneigung für sie nicht erwehren. Brenda, die Mutter, war schon zu alt und mitgenommen, um sich noch groß mit Persönlichkeitsentfaltung zu beschäftigen, und brachte ihre sozial beweglichere Tochter damit irgendwie in Verlegenheit, bis uns ein großzügiger Besucher eines schicksalhaften Tages im Sommer eine Kühltasche mit geräuchertem Lachs mitbrachte. Die Tasche funktionierte nicht richtig oder jemand hatte in einem überhitzten Auto den Deckel aufgelassen – mit dem Ergebnis, dass der Inhalt für nicht mehr ganz koscher erklärt wurde. Jedenfalls starb Brenda kurz danach an einer Überdosis geräuchertem Lachs. Geräucherter Lachs ist mit Abstand mein Lieblingsessen, und ich stelle mir gern vor, dass sie mit einem befriedigten Lecken der Lippen aus diesem Leben schied.

Elfine gedieh prächtig, und wenn sie nicht gerade döste, fing sie mit Begeisterung Ratten und Mäuse. Zumindest dachten wir, dass sie es täte. Die Anwesenheit der Nager hatte sich durch ihren Kot bemerkbar gemacht, kleine schwarze Kügelchen, die überall im Haus und auf der Terrasse verstreut lagen. Bald verschwanden sie ganz, was uns zwei Schlussfolgerungen offen ließ: Entweder tötete sie Ratten und Mäuse sehr effektiv, oder sie fraß ihre Scheiße.

In diesem ersten Frühjahr und Sommer unseres neuen Lebens türmten sich die Projekte. Wir mussten ein Zuhause neu aufbauen und dem modernen Geschmack anpassen, lernen, wie man mit einem Bewässerungssystem umgeht, Gemüse bis zur ersten Ernte ziehen, Bäume beschneiden und Obst pflücken. All das waren dringliche Aufgaben, die uns ganz und gar in Anspruch genommen hätten, wenn wir nicht eines taufrischen Morgens am Flussbett entlangspaziert und auf den Geflügelhändler getroffen wären, der hier einmal in der Woche vorbeikam.

An jedem Samstag tauchte bei El Granadino ein hoch gewachsener, freundlicher Mann in einem großen weißen Lieferwagen auf, mit dem er die dreihundert Kilometer von

Ciudad Real hierher gefahren war. Sein Wagen war mit speziellen Fächern ausgerüstet, die sämtliche Sorten Geflügel enthielten, die man sich nur wünschen konnte: Rebhühner, Hühner aller Art, Enten, Gänse und Perlhühner, Truthähne und Wachteln, ja sogar Pfauen. Als wir ihm zum ersten Mal begegneten, verfielen wir in eine Art Geflügelrausch. Begeistert malten wir uns aus, wie sehr unsere Lebensqualität durch diese Geschöpfe gewinnen würde, die wir für ein paar Pesetas in unseren Familienkreis einbeziehen konnten.

Als wir an diesem Abend nach Hause kamen, um Hund und Katze zu füttern, erfasste uns beide ein unbestimmbares Gefühl der Einsamkeit, als ob die Farm während unserer Abwesenheit irgendwie leer geworden wäre. Beaune und Elfine taten ihr Bestes. Es war wirklich nicht ihre Schuld, dass sie keine Eier legen konnten.

Am nächsten Samstag kauften wir ein paar Perlhühner und Wachteln und rasten mit ihnen ungeduldig nach Haus. Einige Tage später schenkte uns Bernardo, gerührt durch unseren Eifer, Geflügel zu halten, einige Hühner. Offenbar handelte es sich um eine spezielle Art, die aus Holland importiert war. Sie waren dick, weiß und schön – zumindest für Hühner –, und ihr Fleisch sollte, so hieß es, ganz köstlich schmecken. Außerdem standen sie in dem Ruf, schneller Eier zu legen, als man zählen konnte.

»Haben Sie schon einen Hühnerstall gebaut?«, fragte Bernardo.

»Ja«, erwiderte ich und dachte an das rohe Gebilde, das ich im Stall unter dem Haus zusammengeschustert hatte, »alles fertig. Aber wie soll ich sie nach Hause bringen?«

»Wir binden ihnen die Füße zusammen, machen eine Schlinge in die Schnur, und dann können Sie sie tragen. Wir wär's damit?«

»Gut«, sagte ich nicht ganz überzeugt.

»Also dann, fertig? Ich gehe rein, packe sie und reiche sie

Ihnen raus. Was immer passiert – lassen Sie sie auf keinen Fall entwischen.«

Begleitet von misstönigem Gackern und Kreischen zwängte Bernardo seine gut genährte Gestalt durch die winzige Türöffnung seines Hühnerstalls. Er griff sich zwei der Tiere, wir banden sie zusammen, und ich machte mich mit ihnen quer durchs Tal auf den Weg zum neuen Geflügelhof auf El Valero.

Es mag albern erscheinen, um Hühner ein solches Getue zu machen, aber ich fand diese Transportmethode ziemlich barbarisch. Mich quälte es, wie die armen, verwirrten Viecher verkehrt herum davongetragen wurden, den Kopf knapp über dem Boden, die Füße von der Schnur zusammengequetscht. Also raste ich im Eiltempo über das unebene Gelände durch das Tal, stolperte über Steine und bemühte mich, die Hühner möglichst ruhig zu halten. Mutterseelenallein rannte ich wie bei einem grotesken Eierlaufen dahin.

In El Valero angelangt, fummelte ich aufgeregt an den Knoten in den Schnüren herum und lockerte die grausamen Bande. Die Hühner gackerten und huschten, von der Reise sichtlich unberührt, in den Schatten ihres neuen Zuhauses. Ich sah ihnen mit Vergnügen zu, wie sie es sich heimelig machten, und vertiefte mich dann eine Stunde lang in die Eierkapitel meiner Kochbücher. »Elizabeth David schätzt, dass es in der französischen Küche 685 Arten gibt, Eier zuzubereiten«, verkündete ich.

Das Fieber hatte uns endgültig erwischt. Als Nächstes schenkte uns der alte Domingo ein Paar Hohltauben – *palomas* –, die in einer Schuhschachtel eintrafen. Wir brachten sie gleich in den Stall unter unserem Schlafzimmer, wo sie unsere Nächte mit ihrem endlosen Rucksen, Scharren, Flügel schlagen und Gurren verschönten. Der alte Domingo hat gesagt, dass es nicht lang dauern werde, bis sie sich in ihrem neuen Zuhause eingewöhnt hätten.

»Füttert sie ein paar Tage drinnen, dann macht den Türdeckel auf und lasst sie fliegen. Sie kommen zurück, ihr werdet schon sehen.«

Also lebten sie einige Tage unter unserer chaotisch gemischten Geflügeltruppe, dann ließen wir das Türchen offen. Natürlich passierte nichts. Doch nach drei Tagen hatten sie endlich das Loch gefunden, flatterten aufs Dach hinaus und blinzelten in den Sonnenschein: eine schwarze, eine graue und zwei weiße. Sie schossen in die luftigen Höhen über dem Tal, schwangen sich empor, drehten sich im Kreis und taumelten bei jedem Windstoß, weil ihnen der Gebrauch der Flügel noch ungewohnt war. Dann kamen sie zurück, setzten sich aufs Dach, sannen ein wenig nach und machten das Ganze – husch – noch einmal.

Sie waren ein wundervoller Anblick. Sie schienen so viel Spaß am Fliegen zu haben wie ich, wenn ich mir vorstelle, dass ich es könnte. Ich verbrachte Stunden damit, sie zu beobachten, die perfekte Antwort der Natur auf diese kleinen, weißen Bauernhöfe hoch oben an den Hängen des Tales. Doch am nächsten Tag kam ein Wirbelsturm, peitschte und zerfetzte die Blätter der Eukalypten und des Efeus und fegte die armen Dinger hinweg. Ich war verzweifelt. Aber ein paar Tage später humpelten drei der Vögel in ihr Heim zurück. Die andere Taube war wahrscheinlich einem Adler in die Klauen geraten.

Tauben sollen sich erstaunlich schnell fortpflanzen. Der alte Domingo hatte berechnet, dass wir mit den zwei Paaren, die er uns gegeben hatte, über achtzig Täubchen im Jahr erwarten konnten und dass sie binnen eines Monats mit der Fortpflanzung beginnen würden. Aber es kam anders als geplant. Wir warteten wochenlang darauf, dass eine brütig wurde, und achteten auf Zeichen ihres Liebesspiels. Es stellte sich heraus, dass die dunkle irgendwie anders war. Ihre zwei Gefährten saßen zusammen auf dem Dach, während die

dunkle, die etwas größer war, sie aus einiger Entfernung beäugte. Wenn sie dann hinterhältig an sie heranrückte, hüpften die beiden vom Dach.

»Glaubst du, dass er das Männchen ist, Ana, und dass das
hier in der Taubenwelt als Liebeswerben gilt?«

»Ja, ich bin mir ziemlich sicher, dass er der Mann ist. Aber
es sieht nicht sehr erfolgversprechend aus, oder?«

Nichtsdestotrotz wurde das Männchen allmählich beharrlicher, und die Weibchen wirkten williger. Mit dem Ergebnis,
dass er auf sie drauf hüpfte und ihnen heftig ins Genick
hackte. Das sah alles nicht sehr freundlich aus, und wir hörten auf, sie zu beobachten. Doch einige Wochen später wurde
ein Ei ausgebrütet, aus dem ein Taubenbaby schlüpfte. Dieses winzige Geschöpf war das erste Haustier, das während
unserer Zeit auf El Valero geboren wurde – ein wahrhaft
denkwürdiger Augenblick. Ich fütterte morgens gerade die
Hühner und Tauben, als ich ein dürres, feuchtes Etwas im
Nistkasten entdeckte und zu Ana hinaufrannte, um es ihr zu
erzählen.

»Weißt du was? Ich glaube, wir haben endlich ein Taubenbaby!«

Ana war genauso aufgeregt wie ich und ließ alles fallen, um
mitzubekommen und zu schauen.

»Nicht eben eine Schönheit, nicht wahr?«, bemerkte sie.
»Glaubst du, dass es wirklich eine Taube ist?«

»Nun, sein Vater ist eine Taube, seine Mutter ist eine
Taube, und es sitzt in einem Taubennest – was könnte es
sonst wohl sein!«

»Vielleicht ein Kuckuck…«

Ana hatte irgendwie Recht. Der Vogel sah wenig anziehend
aus, schwarzbraun mit schmuddligen Federn und sehr merk-
würdigen Proportionen, was Kopf und Körper betraf. Es war
nur schwer zu glauben, dass er aus dem Ei eines so hübschen
Geschöpfs wie einer Taube geschlüpft war.

»Nein. Kuckucke legen ihre Eier in Nester in der freien Natur – nicht in Ställen. Ich denke, es handelt sich um eine Taube.«

Und so war es auch. Es hatte ungefähr drei Monate gedauert, bis unsere Taubenpopulation von vier auf … vier angewachsen war. Langsam dämmerte es mir, dass sich der alte Domingo wohl gewaltig verrechnet hatte. Bei diesem Tempo konnten wir, wenn uns das Glück hold war, vielleicht eine Taubenpastete im Jahr verzehren. Außerdem fiel uns allmählich auf, dass der Geflügelhof insgesamt nicht prächtig gedieh. Wir taten so gut wie alles, was empfohlen war, aber es schien nicht viel dabei herauszukommen. Ein allgemeines Widerstreben, zu brüten oder zu wachsen oder sich zu vermehren, ja sogar Eier zu legen hatte sich ausgebreitet. Offensichtlich stimmte da etwas nicht. Wir beobachteten, wir dachten nach und kamen zu dem Schluss, dass es gegenseitige Abneigung war, die die Leistung beeinträchtigte.

Die Wachteln, die kleinsten der Menagerie, fürchteten sich vor den Hühnern; die Hühner mochten die Perlhühner oder die Tauben nicht, obwohl sie mit den Wachteln auskamen; die Perlhühner störten sich nicht an den Tauben, hatten aber Angst vor den Wachteln und hassten die Hühner; die Tauben wurden von der Furcht der Perlhühner vor den Wachteln angesteckt, sahen sich durch ein Bündnis von Hühnern und Wachteln bedroht, ärgerten sich über die Gleichgültigkeit der Perlhühner und teilten die Abneigung aller anderen gegen die Hühner.

So ging es einfach nicht weiter; wir mussten etwas unternehmen. Also entwarfen und bauten wir ein Gehege, das wir das Wachtel-Rehabilitationszentrum nannten – kurz WRZ. Wenn wir die Wachteln aus dem ganzen Gefüge herausnahmen, war mit dem Rest vielleicht etwas Vernünftiges anzufangen.

Wir zogen einige Bücher zu Rate und hatten bald einen Plan ins Auge gefasst. Die drei Faktoren, die wir bei der Konstruktion berücksichtigen mussten, waren Zufriedenheit, Sicherheit und Tragbarkeit. Um von unseren Wachteln Höchstleistungen zu erhalten, war es nötig, die Lebensbedingungen, die sie in der freien Natur vorfanden, auch in der Beschränktheit einer drahtbespannten Kiste so weit wie möglich nachzuahmen.

Das Ergebnis war eine Art tragbarer Arche mit einem geschlossenen Nistkasten und Nachtquartieren am anderen Ende, das eine raffiniert ausgeklügelte Klapptür aufwies. Das andere Ende war verdrahtet, nur den Boden hatten wir offen gelassen, damit die Bewohner in jeder Erde scharren konnten, auf die wir das Ding stellten. Ein Maschennetz, von Steinen beschwert, umsäumte das äußere Gelände. Die fertige Anlage schien mir der Gipfel moderner, aufgeklärter Geflügelhaltung zu sein.

Leider hatten die Wachteln andere Vorstellungen. Als wir sie in ihr neues Zuhause einführten, sausten sie schnurstracks in eine Ecke des Nistkastens und brüteten dort tieftraurig vor sich hin. Nach ungefähr einer Woche dieses freudlosen Daseins wurde ihnen zumindest eine Erfahrung zuteil, die Wachteln auch in der Wildnis machen: Sie fielen einem Fuchs zum Opfer.

Die Entfernung der Wachteln genügte nicht, um der Disharmonie im Geflügelhof ein Ende zu bereiten. Die Ströme gegenseitiger Abneigung beeinträchtigten die Leistung weiterhin. Also schufen wir ein ansprechendes Zuhause für die verhassten Hühner, einen schönen, traditionell gebauten steinernen Hühnerstall mit geräumigem Auslauf und einer fuchssicheren Tür. Die Hühner trippelten hinein, und kurz darauf durften wir beglückt unser erstes Ei auflesen.

Ich bereitete dieses Ei mit kulinarischer Sorgfalt nach Art der Franzosen zu, wie es Elizabeth David beschrieb. Zuerst tauchte ich es eine Minute lang in sprudelndes Wasser, dann nahm ich den Topf vom Herd und ließ es noch einmal fünf Minuten darin sieden, bevor ich es mit kalten Wasser abschreckte und aß. Es war mit keinem Ei vergleichbar, das ich jemals gegessen hatte: einfach perfekt.

Unglücklicherweise fiel ein Hermelin oder ein Wiesel über die Hühner her während ich mein Ei verzehrte. Und nur ein paar Wochen später erlitten zunächst die Perlhühner und dann die Tauben das gleiche Schicksal. Füchse, Schlangen, Hermeline, Wiesel, Marder, Wildkatzen, Ratten – sie alle lauerten nur darauf, jeden Schritt, den wir in Richtung Geflügelhaltung taten, zunichte zu machen. All unser Können und Geschick war ihren Angriffen nicht gewachsen. Wie sehr wir uns auch bemühten, die Wände und Drähte unseres Hühnerhofes zu flicken und auszubessern – die Geschöpfe der Wildnis waren uns überlegen.

Widerwillig gaben wir das Projekt auf. Auf uns warteten zu viele andere Aufgaben – nicht zuletzt der Umbau unseres eigenen Hauses –, als dass wir unsere Zeit damit verplempern konnten, neues Federvieh als willkommenes Fressen für das Raubzeug aufzupäppeln. Ich tröstete mich mit dem Gedanken, dass das hier nur unser erster Versuch war. Wir würden noch Gelegenheit finden, es richtig zu machen und die stolzen Besitzer eines glücklichen und sicheren Hühnerhofs zu werden, über den man so oft in Kinderbüchern liest.

Hausbau

Seit einigen Monaten lag auf einem Stück flachen Landes unter einer Persenning ein Haufen Dachbalken aus Kastanienholz. Er sollte uns an die dringende Arbeit erinnern, die auf uns wartete und die keiner von uns so richtig anpacken wollte. Die undichten Stellen, die Domingo uns mit den Regenfällen im Frühjahr prophezeit hatte, waren nicht so schlimm gewesen; und so schien es einfacher, hier und da ein paar Eimer aufzustellen, als das ganze Haus auseinander zu nehmen.

Doch der Beginn des Sommers überraschte uns mit einem Problem, das uns zum Handeln zwang. Die Heerscharen von Kreaturen, die sich in den Zweigen und Schilfrohren in unserer Schlafzimmerdecke eingenistet hatten, fingen an zu brüten und vermehrten sich, raschelten und hüpften nicht einmal zwei Meter über unseren ängstlich nach oben gerichteten, schlaflosen Gesichtern. Als die Nächte immer wärmer wurden, nahm das Brüten und Vermehren zu unseren Häuptern hektische Ausmaße an, und als die Population nach kürzester Zeit außer Kontrolle geriet, fanden wir uns von Larven,

Maden und anderen Jungtieren besudelt, die die Natur für überflüssig hielt. Das war einem gesunden Schlaf nicht unbedingt förderlich. Das Dach musste weg. Und wenn wir schon einmal dabei waren, beschlossen wir, konnten wir auch gleich kleine Verbesserungen an unserem Wohnzimmer vornehmen.

Nach unserer Ankunft in El Valero hatten wir uns in dem größeren der beiden Steinhäuser einquartiert. Es stand mit seiner überdachten Terrasse auf einem steileren Teil des Felsens und blickte über einen weiten Teil der Schlucht und die Flüsse, die sich dort unten dahinschlängelten. Auf einer Seite befand sich das Schlafzimmer, die andere Seite wurde von einem kleinen fensterlosen Würfelraum, der als Küche diente, dem erstaunlich ausgestatteten Duschbad und einem weiteren langen, schmalen Raum eingenommen, der denselben schönen Ausblick gewährte wie die Terrasse und das Schlafzimmer, aber unverglaste Fenster hatte. Das schränkte seine Verwendung als Wohnzimmer doch etwas ein; und wenn uns das Wetter an unfreundlichen Tagen von der Terrasse vertrieb, blieb uns nichts anderes übrig, als traurig auf unserem Bett zu hocken und aus dem Fenster zu starren.

Pedros altes Quartier, das direkt darunter gen Osten lag, war bescheidener und in viel schlechterem Zustand. Es bestand aus zwei ineinander übergehenden Räumen: der Küche mit ihrer Feuerstelle und der dunklen, stickigen Vorratskammer, wo er seine Schinken, Geräte und sein Bett untergebracht hatte. Da wir noch keine Verwendung für diese Räume gefunden hatten, beschlossen wir, am besten dort mit dem Umbau zu beginnen. Wenn wir die Zwischenwand herausrissen und einen L-förmigen Anbau hinzufügten, hätten wir ein Wohnzimmer, das groß genug war, um unsere irdischen Güter aufzunehmen, und eine Küche für jedes Wetter. Und wenn wir uns dort erst einmal eingerichtet hätten, könnten wir uns mit dem Rest beschäftigen.

Selbst in der tiefsten Wildnis Spaniens braucht man eine Genehmigung, wenn man sich an den Außenwänden zu schaffen macht; also stieg ich in Verhandlungen mit dem Rathaus ein. Noch in derselben Woche wurde ein städtischer Polizeibeamter entsandt, um die nötigen Untersuchungen durchzuführen. Er kam an einem heißen Maienmorgen zu Fuß an, in einer makellosen Uniform, der die Hitze und der Staub im Tal offenbar nichts hatten anhaben können. Seine Schuhe glänzten immer noch, sein Hemd war nach wie vor perfekt gebügelt, und er strotzte förmlich vor Autorität und Effizienz. Wir boten ihm einen stärkenden Kaffee an, bei dem er uns versicherte, dass er unser Mann sei, wenn wir jemals einen Freund an höherer Stelle bräuchten. Wir waren schwer beeindruckt.

»Es handelt sich also nur um ein Stockwerk, nicht wahr?«, fragte er in geschäftsmäßigem Ton. Wir beschrieben ihm, was wir vorhatten.

»Und Sie werden keinen Asbest beim Bau verwenden?« Wir beteuerten, dass uns nichts ferner läge.

»Nun dann«, sagte er und hielt uns die Kaffeetasse entgegen, um sie noch mal füllen zu lassen, »das geht alles in Ordnung. Sie können machen, was Sie wollen.«

Da die bürokratischen Hindernisse nun überwunden waren, schien es nichts mehr zu geben, was uns davon abhalten konnte, an die Arbeit zu gehen – außer dass ich keine Ahnung hatte, wie ich es anpacken sollte. In meinem früheren Leben war mir jede Handwerkelei verhasst gewesen. Ich war die Sorte von Mann, die sich scheute, einen Haken an der Tür anzubringen, und lieber wartete, bis jemand vorbei kam, der die Voraussetzung und das Werkzeug für diesen Job mitbrachte. Auf El Valero würde das alles ganz anders sein. Ich müsste die Sachen selbst in die Hand nehmen. Ich sah mich nach einer einfachen Aufgabe um, die ich bewältigen konnte und die mir helfen würde, allmählich in meine neue Rolle als Hausbauer und Baustellenleiter hineinzuwachsen.

Die Steinmauern des kleinen Hauses wurden mit Schlamm zusammengehalten, der zum großen Teil schon herausfiel. Die Wände neu zu verfugen, schien einfach genug. Auf meiner nächsten Fahrt nach Órgiva kaufte ich ein paar Säcke Zement, einen Haufen Sand und eine Kelle. Mit einer kleinen Handpicke kratzte ich so viel Schlamm wie möglich aus den Fugen zwischen den Steinen heraus, dann nahm ich die Kelle und füllte die Hohlräume mit einer schweren Mischung aus Sand und Zement. Es war ermüdend und befriedigend, aber ich brauchte fast eine Woche, um eine Strecke von etwa zehn Metern zu schaffen.

Just als ich zurücktrat, um mein Werk zu bewundern, kreuzte Domingo auf.

»Ich verfuge diese Mauer neu«, erzählte ich ihm strahlend.

Er sah sich den fertigen Abschnitt mit zusammengekniffenen Augen an und nuckelte dabei an einem Grashalm.

»Nun, was meinst du dazu?«

Er schüttelte den Kopf, trat an die Mauer und strich mit der Hand über die Oberfläche.

»Sie ist verzogen«, verkündete er.

»Was ist verzogen?«

»Die ganze Mauer ist verzogen.«

»So?«

»Sie wird zusammenbrechen… wenn du willst, komm ich rüber und helfe dir.«

Zwei Tage später traf Domingo mit Werkzeugen, Böcken und einem Satz Wasserwaagen ein, die er sich gerade in der Stadt hatte überholen lassen. »Nun gut«, sagte er, »zuerst nehmen wir das Dach ab, dann reißen wir die Wand ein.« Und er stürzte sich auf die Arbeit wie eine Abbruchmaschine. Gegen Nachmittag des ersten Tages war dort, wo ein paar Stunden zuvor ein einigermaßen gutes und recht hübsches Haus gestanden hatte, nur noch ein Schutthaufen zu sehen.

Wenn ich nicht so fest von Domingos Fähigkeiten überzeugt gewesen wäre, hätte ich mich zusammengekrümmt und geweint. Aber ich wusste, dass ich mich auf die bevorstehende Arbeit mit meinem Nachbarn freuen konnte. Nicht dass Domingo ein einfühlsamer Lehrer war, das lag nicht in seiner Natur. Wenn ich einen Stein nicht in die korrekte *postura* brachte, brüllte er mich an: »Nein! Nicht so! Total daneben, Mann! Wenn du sie so legst, wird die Mauer Mist, und wenn wir das Dach draufsetzen, fällt sie zusammen.« Dann stapfte er auf meine Seite der Wand, packte den Stein des Anstoßes und knallte ihn in die richtige Stellung.

»Ach, so meinst du das …«

Der Bau einer Mauer ist keine exakte Wissenschaft. Lokaler Überlieferung zufolge gibt es für jeden Stein sieben Posturas, und keine davon garantiert, dass der Stein genauso liegt, wie man es haben will. Also bedeutet es immer einen Kompromiss, dem eine ungefähre Einschätzung vorausgeht, wenn man einen Stein in die Wand setzt. Das kann zermürbend sein, aber auch ungeheuer befriedigend, wenn man sieht, wie die Mauer langsam, gleichsam organisch aus dem Boden emporwächst.

Allmählich lernte ich, und Domingo musste mich nicht mehr so häufig anschnauzen und hatte mehr Zeit für seine eigene Arbeit. Mir fiel die Aufgabe zu, den Zement zu mischen und die Innenseite der Wände zu mauern, während Domingo sich um die wichtigeren äußeren Steine kümmerte. Ihm schien es wirklich gut von der Hand zu gehen, und nach wenigen Tagen konnten wir zurücktreten, um unser gelungenes Mauerwerk zu bewundern, den Inbegriff einer Wand, was Höhe, Umfang und Substanz betraf.

»Wo hast du gelernt, solche Steinwände zu bauen?«, fragte ich. »Es ist wunderschön.«

»Na hier, bei der Arbeit mit dir«, erwiderte er, als ob es ihn überraschte, dass der Eindruck entstanden wäre, er habe nicht zum ersten Mal eine Kelle in der Hand gehabt. »Aber ich habe oft zugesehen, wie man es macht«, versicherte er mir rasch.

Letztendlich schien es ohne Belang zu sein, dass wir zwei blutige Anfänger waren. Domingos unerschütterliches Selbstbewusstsein steckte mich an, und binnen Wochen waren wir beide stolze und halbwegs kompetente Maurer. Die architektonische Frage lösten wir auf Papierfetzen mit Kugelschreiber und Bandmaß. Domingo hatte lauter fantastische Vorstellungen im Kopf über Portiken mit hohen steinernen Säulen und Bogen, doch mir schienen seine Pläne ein wenig zu überspannt für unsere bescheidene Berghütte.

Bevor wir uns an den Anbau für das Wohnzimmer und die neue Küche wagten, legten wir eine Pause ein. Domingo war mit der Arbeit auf seinem Hof in Rückstand geraten, und ich musste mich dringend um liegen gebliebene Sachen kümmern. Doch an dem Tag, als wir wieder anfangen wollten, ließ Domingo sich nicht mehr blicken. Ich wuchtete ein paar Steine herum, kam aber so wenig voran, dass es die reine Zeitverschwendung war. Anderntags erschien er auch nicht. Als ich ihn schließlich auftrieb, wirkte er bedrückt.

»Was war am Montag bei dir los?«

»Ich war in Granada im Krankenhaus. Meiner Mutter geht es nicht gut.«

»Was hat sie denn?«

»Nierenkrebs. Sie sagen, dass ihr nur noch ein paar Wochen bleiben.« Die letzten Worte blieben ihm fast im Hals stecken, sosehr kämpfte er mit den Tränen.

Ich wich erschrocken zurück. Das konnte doch nicht wahr sein! Expira war so gesund, so stark; man fühlte sich pudelwohl in ihrer Gegenwart. Und jetzt sollte sie im Sterben liegen? Domingo erzählte mir in einem niedergeschlagenen Ton, der mir fast das Herz zerriss, wie Expiras rätselhafte

Schmerzen begonnen hätten und sie vom Arzt in die Notaufnahme eingewiesen worden war. Ich suchte nach tröstenden und beruhigenden Worten, doch mir fiel in keiner Sprache etwas ein, was nur annähernd angemessen gewesen wäre. Expira hätte gewusst, was zu sagen war, doch sie lag im Krankenhaus.

Zum Glück kam mir der Gedanke, praktische Hilfe anzubieten. Ich versprach, am nächsten Tag sein Vieh zu füttern, bevor ich etwas Essen und ein paar Toilettenartikel ins Krankenhaus brachte. Dann ging ich zurück, um Ana die Nachricht mitzuteilen.

Am nächsten Morgen trafen wir Domingo in der Cafeteria des Krankenhauses der Jungfrau mit dem Silberhaar an. Er hatte dunkle Schatten unter den Augen und offensichtlich geweint.

»Alle Verwandten meiner Mutter aus Barcelona und Zaragoza sind gekommen«, sagte er. »Und all ihre Schwestern aus der Alpujarra. Sie sind hier und warten…«

»Sie meinen, es wird nicht mehr lang dauern«, fügte er ruhig hinzu, während wir verloren durch die breiten Krankenhausflure wanderten. Als wir uns Expiras Station näherten, schien sich der Korridor mit schwarz gekleideten Gestalten zu füllen. Sie waren vom unaussprechlichen Schmerz niedergedrückt; die alten Frauen wehklagten leise, während ihre Oberkörper vor und zurück pendelten. Die Männer standen mit den Händen in den Taschen da, starrten auf den Linoleumboden und suchten nach Worten. Ein paar Kinder bemühten sich, inmitten des Trauergewirrs zu spielen. »Schsch!«, mahnten ihre Eltern.

Der alte Domingo schwankte mit niedergeschlagenen Augen und sagte kein Wort. Wir gaben uns die Hand und murmelten etwas… Ich wusste nicht, wie man auf Spanisch kondolierte, nur, wie man Glück wünschte.

Dann führte uns Domingo durch die Pendeltür an Expiras Bett. Sie lehnte sich gegen ein riesiges Kissen und sah zu meiner Verblüffung einfach blendend aus. Tatsächlich hatte ich sie noch nie so schön erlebt. Vielleicht lag es zum Teil am Kontrast zwischen ihrem braun gebrannten Gesicht und dem Weiß des Nachthemdes und der Laken. Ich war es nicht gewohnt, Expira weiß gekleidet zu sehen. Doch wie auch immer, dies hier war nicht die Totenbettszene, vor der ich mich gefürchtet hatte.

Expira empfing uns mit einem warmen Lächeln und umarmte uns herzlich. »Ay, wie schön, ein paar fröhliche Gesichter zu sehen. Jeder ist hier so traurig, das macht mich ganz unglücklich. Ich wünschte, sie würden einfach abhauen und mich in Frieden lassen, aber den Gefallen tun sie mir nicht. Sie hängen hier herum und werden immer trübsinniger.«

Wir gaben ihr die Tüten mit Weintrauben und Pfirsichen, die wir für sie mitgebracht hatten. »Nun, du siehst ziemlich gut aus, Expira – einfach großartig«, sagte ich.

»Und ich fühle mich auch gut. Ich habe hier viel Ruhe. An dieser Stelle tut es manchmal ein bisschen weh, meist, wenn ich lache, aber bei all diesen Schafsköpfen um mich herum komme ich ja kaum dazu.« Sie deutete auf die Mitglieder ihrer Großfamilie, die durch den Türspalt spähten.

Wir setzten uns auf ihr Bett, ein jeder auf eine Seite, und versuchten, ein wenig Licht in das, was Domingo für die letzten Tage seiner Mutter hielt, zu bringen.

Später, als wir das Krankenhaus verließen, erklärte er: »Sie werden sie am Freitag wegen der vergrößerten Niere operieren; aber selbst wenn sie Erfolg haben, verschafft es ihr nur noch eine Woche mehr, eine Woche voller Schmerz und Qual.«

»Sie wirkt gar nicht so elend, Domingo. Sie sieht so gut aus, wie ich sie schon lange nicht mehr gesehen habe. Bist du dir in dieser Sache ganz sicher?«

»Das hat uns der Arzt gesagt.«

Wir wussten nicht, was wir davon halten sollten. Die Nachricht von Expiras Krankheit und ihrer Aussichtslosigkeit hatte uns beide tief getroffen, aber wir fühlten uns erleichtert, weil wir sie in diesem Zustand erlebt hatten.

»Auf mich wirkt sie wirklich nicht wie eine sterbende Frau«, sagte Ana nachdrücklich.

Am Samstagmorgen ging ich nach La Colmena hinüber, um nach Domingo zu sehen. Er unterbrach seine Wache am Krankenbett seiner Mutter jeden Tag, weil er zu Hause die Hühner, Kaninchen, Rebhühner und Schweine füttern musste. Als ich ankam, steckte er gerade pfeifend Futter durch die Stangen des winzigen Käfigs, in dem ein unglückliches männliches Rebhuhn sein elendes Dasein fristete.

»Wie ist die Operation verlaufen?«

Er drehte sich um und grinste auf eine Art, die ich an ihm seit langem nicht bemerkt hatte. »Ihr geht es gut. Viel besser. Es war überhaupt kein Krebs.«

Offenbar hatten sich gegen Ende der Operation, während die Familie vor dem Saal tränenreich ausharrte, plötzlich die Türen geöffnet, und ein Arzt war mit strahlender Miene herausgestürzt. Es handelte sich gar nicht um Krebs, nur um einen Stein in der Niere. Es bestand nicht die geringste Gefahr. Expira würde ein oder zwei Tage im Krankenhaus bleiben und sich von der Operation erholen, dann konnte sie nach Hause gehen.

Natürlich freuten sich alle riesig über dieses Wunder, aber Domingo und sein Vater hatten einen ernsthaften Schock erlitten. Es konnte einfach nicht mehr so weitergehen wie vor Expiras Krankenhausaufenthalt. Sie kratzten ihre angeblich so knappen Mitten zusammen, kauften – o Wunder – eine Wohnung in der Stadt und bezahlten sie bar. Expira musste sich von der erschöpfenden Arbeit erholen, die es bedeutete, einen Cortijo zu bewirtschaften und sich um die Männer ihrer Familie zu kümmern, und Domingo war entschlossen, dafür zu sorgen, dass es dazu kam. Die Wohnung wurde sofort mit einem Kühlschrank, einer Waschmaschine und einem riesigen Fernseher ausgestattet, dessen Farbsysteme Bilder in Rot- oder Grüntönen anbot.

Expira und der alte Domingo betrachteten die Wohnung mit Zurückhaltung. Wir sahen sie uns an, und die strahlende und neu erblühte Expira führte uns stolz herum und wies auf die besonders beeindruckenden Merkmale hin: den Kronleuchter – *conditio sine qua non* aller spanischer Wohnstätten (und vor allem der ärmsten) – und das Badezimmer, in dem aus zahllosen Öffnungen wie durch ein Wunder fließendes Wasser rauschte. »Es schmeckt scheußlich – dreckiges Wasser, man kann es nicht trinken«, sagte Expira unter fröhlichem Lachen.

Der alte Domingo hievte sich aus dem Kunstledersofa hoch, auf dem er ganz allein gesessen und gebannt den Blödsinn angestarrt hatte, der sich in schillerndem Grün auf dem Bildschirm abspielte. »Kommt«, winkte er uns zu und führte uns nach draußen in sein Reich. Hinter der Küchentür der Wohnung befand sich ein Stückchen Land von der Größe eines Bettlakens – und das schon jetzt den Anspruch auf die intensivst bearbeitete Kulturfläche Europas erheben konnte. Es war einmal Mode, Postkarten kreuz und quer zu beschreiben, damit, wie ich vermute, mehr auf die Karte passte. So etwas hatte auch der alte Domingo mit seiner Parzelle gemacht.

»Seht doch«, sagte er stolz. »Hier sind die Auberginen und die Tomaten, und wie gefallen euch die kleinen Paprikaschoten?«

Ja, da waren sie, dicht gedrängt in ihren liebevoll gezogenen Rillen und Furchen, gekreuzt von den jungen Auberginen und den kleinen Tomaten, die schon an den Stöcken hochgebunden waren. Die Meleros dachten nicht daran,

ständig in der Wohnung zu leben; sie diente nur als Schlupf-
loch, wenn es für Expira auf dem Cortijo zu schwer wurde,
aber nichtsdestotrotz mussten zuallererst die Gemüse in die
Erde.

Wir setzten uns auf das Sofa und tranken ein Glas Wein.

»Das Leben auf dem Cortijo ist hart«, sagte Expira. »All der
Staub und Schmutz, die Fliegen und die elenden Tiere, und
hier ist alles so leicht – einmal kurz mit dem Besen durch, und
alles ist makellos sauber. Aber man hat nichts zu tun, außer
dazusitzen und in den grässlichen Fernseher zu glotzen.
Nicht einmal die Aussicht kann einen glücklich machen«,
verkündete sie und deutete durch das Fenster auf die Wand
des nächsten Wohnblocks. »Wenn man hier länger leben
müsste, würde man verrückt.«

Unter den neuen Umständen, dass seine Mutter beinah vor
ihrem Schöpfer gestanden hätte und jetzt in der Stadt ihrer
Genesung entgegensah, hatte Domingo nicht viel Zeit für die
Baumaßnahmen auf El Valero übrig. Auf ihn wartete so viel
eigene Arbeit; und darüber hinaus, meinte er, verstünde ich ja
inzwischen genug von dem Geschäft, um selbst zurechtzu-
kommen. Doch der Bau eines Steinhauses dauert ewig, wenn
man allein ist. Ich brauchte Hilfe. Und wie es ein gütiges
Schicksal wollte, befand sich die Hilfe ganz in der Nähe.

Wenn man eine Stunde lang den Rio Cádiar flussaufwärts
geht, gelangt man zu einem winzigen, mehr oder weniger verlassenen Weiler, der kurz vor der Schlucht an beiden Seiten
des Flusses liegt. Ana und ich kletterten dort ab und zu hoch,
um dem Hund ein wenig Auslauf zu gönnen. Der Schatten,
den die steilen Felsen werfen, und das rasch fließende Wasser
kühlen die Luft in der Schlucht ab, sodass ein Spaziergang an
einem heißen Abend sehr erfrischend ist. Weil nur wenige
Menschen dieser Tage die Flusspfade benutzen, kommen die
wilden Geschöpfe, die in den Felsen und Hügeln beheimatet

sind, ohne Scheu ans Wasser, um zu trinken. Man kann fast sicher sein, einem Steinbock, Eber oder einem Adler zu begegnen – oder auch nur Wasserschlangen, Fröschen, Schildkröten und Eidechsen.

Eines Abends machten Ana und ich einen Spaziergang durch die kleine *vega* am Fluss mit ihren gepflegten Mais- und Luzernenfeldern, die am Rande der Dorfruinen zwischen dem Röhricht ein leuchtendes Flickwerk bilden. Vor einem der ersten verfallenen Häuser stand ein Pärchen und blinzelte uns gegen die Abendsonne misstrauisch an.

»Hóla, buenas tardes«, sagten wir und erwiderten ihren argwöhnischen Blick. Sie sahen überhaupt nicht aus, wie wir uns spanische Dorfbewohner vorstellten; sie waren zu hellhäutig, fast wie – Engländer.

»Buenas tardes«, erwiderten sie. »Sie sehen überhaupt nicht spanisch aus.«

Es stellte sich heraus, dass Cathy und John schon vor einem Jahrzehnt vor dem englischen Leben geflohen waren und sich, nachdem sie ein paar Jahre in der Nähe von Sevilla verbracht hatten, an diesem abgelegenen Ort niedergelassen hatten. Bei dieser ersten Begegnung – dem Tee folgte Wein – spürten wir, dass es uns ärgerte, dass wir allesamt Engländer waren. Schließlich waren wir mehr oder weniger unmittelbare Nachbarn; und keiner von uns hatte sich nach Spanien aufgemacht, um Tür an Tür mit seinen Landsleuten zu leben.

Dennoch dauerte es nicht lange, bis wir uns unsere Herkunft verziehen und Freundschaft schlossen. Cathy und John lebten in ähnlichen Umständen wie wir und setzten ihr baufälliges Dorfhaus ebenfalls Stück für Stück wieder in Stand, indem sie Englischunterricht gaben, als Maurer und Tischler arbeiteten und anderen Ausländern, die sich in der Gegend niederlassen wollten, behilflich waren, sich in dem unentwirrbaren Knäuel spanischer Behörden zurechtzufinden.

Wir einigten uns auf einen Austausch von Arbeit. Einmal

pro Woche würde ich ins Gebirge hochfahren, einen Tag am Haus unserer neuen Freunde arbeiten und ihnen alles erzählen, was ich von Domingo über das Maurerhandwerk gelernt hatte. Als Gegenleistung würden uns John und Cathy beim Klempnern, Strom verlegen, Verputzen und Tischlern helfen. Auf El Valero wurden daraufhin Arbeiten an Rohren, die zuvor unglaublich kompliziert gewirkt hatten, problemlos erledigt. Wir installierten ein elektrisches System für die neuen Sonnenkollektoren, die ich in Granada gekauft hatte; und allmählich streifte das Haus seine bäuerischen Lumpen ab und hüllte sich in die Gewänder des ausgehenden zwanzigsten Jahrhunderts.

Doch da wir nur drei waren, die sporadisch arbeiteten, und Ana gelegentlich aushalf, konnte man unsere Fortschritte kaum erkennen. Wenn das so weiterging, würde unser Haus erst in ein paar Jahren fertig werden. Uns musste etwas einfallen, um die Dinge zu beschleunigen. Also gab ich auf Anregung meiner vernünftigen Schwester Carol in London hin eine Anzeige im New Zealand House auf, mit dem Zweck, ein paar neuseeländische Wanderarbeiter dazu zu überreden, mir beim Hausbau zu helfen. Der Lohn, den ich ihnen bot, war kümmerlich; aber sie hatten die Möglichkeit, ein bisschen von Andalusien kennen zu lernen, reichlich und gut zu essen und so viel Costa zu trinken, wie sie sich zutrauten. In Großbritannien hatte ich schon mit Neuseeländern zusammengearbeitet, als ich dort Zäune baute und Schafe scherte, und ihre gelassene Fröhlichkeit und zupackende Art bewundert.

Wir erhielten mehr als fünfundsiebzig Zuschriften. Carole traf eine Auswahl und befragte sie nach einer Checkliste, die ich für sie zusammengestellt hatte. Dann holte ich die letzten Erkundigungen vom Telefon der Post in Órgiva aus ein.

Also hatten wir wieder Gesellschaft auf El Valero und lebten mit vier kräftigen Neuseeländern zusammen: David und

Gitte, Keith und Diane. Ich übernahm Domingos Rolle und mauerte die überaus wichtige Außenwand, während ich die anderen so lange anbrüllte, bis sie ihre Steine richtig gesetzt hatten. Das System funktionierte gut, und bald nahm das Haus durch das Geschick und Können des Teams und dank Cathys und Johns Vorarbeiten Gestalt an.

»Spontane Baukunst«, nannte es Keith. Er hatte in Neuseeland eine Ausbildung als Bauzeichner durchlaufen und war anfangs entsetzt gewesen über die Art, wie wir konventionelle Methoden, zu planen und zu entwerfen, missachteten. Die Höhe der Futterstufen der Terrassentreppe zum Beispiel hing von der Größe der Steine ab, mit denen wir sie bauten, und fast alles andere war ebenso auf die Materialien abgestimmt, die zur Verfügung standen. Wasserrohre wurden nicht gestrichen und Stromkabel über Putz gelegt.

Wir brauchten etwa fünf Monate, um das Haus fertig zu stellen; dann hatten wir die Steinfußböden gelegt, die neuen Kastanienbalken an Ort und Stelle gebracht, gereinigt und mit den zwölf erforderlichen Schichten Leinöl überzogen, alle sanitären Installationen erfolgreich beendet und das ganze rustikale Balkenwerk ordentlich zusammengelascht. In der Mitte befand sich ein eleganter Kamin mit einem Sims und einem geschwungenen, olivgrünen Sturz, gebaut nach Beschreibungen eines gewissen Count Rumford, eines Liebhabers offener Feuer, der im späten neunzehnten Jahrhundert in Amerika Kamine entworfen hatte. Er hatte die perfekten Proportionen herausgefunden, um den Rauch durch den Schornstein und die Wärme ins Zimmer zu leiten. Unsere hausgesponnene Version seines Entwurfs war eine Freude fürs Auge.

Zur Feier des vollendeten Werks gaben wir ein Abendessen – ein »roof-shout«, wie es die Neuseeländer nannten. Cathy und John hatten vorsorglich einige Flaschen Champagner mitgebracht, und in der allgemeinen Hochstimmung, die dieses Getränk produziert, verkündete Keith, dass er und Diane bei dem Haus, das sie sich in Neuseeland bauen wollten, unser Prinzip der spontanen Architektur anwenden würden.

Dann breitete sich Stille aus, als ich mich bückte, um den großen Stapel von Rosmarin- und Olivenholzscheiten anzuzünden, den wir auf dem Rost aufgetürmt hatten. Die kleine Flamme des Streichholzes sprang über und verwandelte sich binnen Sekunden in ein prasselndes Feuer, das in dem Kamin dröhnte und das Zimmer mit einem tanzenden rötlichen Glühen erhellte. Mir wurde ein wenig rührselig zu Mute. Es war fast, als hätte ich das Herz unseres neuen Zuhauses zum Schlagen gebracht.

Hunde und Schafe

Als der Herbst in den Winter überging, fiel in der Hohen Sierra Schnee, und die Oliven an den Bäumen wurden zunächst purpurrot und dann glänzend schwarz. Es regnete, die Landschaft sah schon bald ein bisschen grüner aus und die Pflanzen weniger verwelkt und staubig. Dem Beispiel unserer Nachbarn folgend, brachten wir unsere erste Olivenernte ein, schlugen die reifen Früchte mit langen Stöcken herunter und fingen sie in Netzen auf, die wir unter den Bäumen ausgebreitet hatten.

Ein richtiger Olivenpflücker wird auch die letzte Frucht vom Baum schlagen, wenn nötig Leib und Leben riskieren, um an einem dürren Ast entlangzukriechen, um auf eine einzelne widerspenstige Olive einzudreschen. Wir konnten uns mit einem solchen Einsatz nicht messen und setzten unseren guten Ruf aufs Spiel, indem wir mehrere Kilo an den gefährlichsten Zweigen hängen ließen. Zum Glück jedoch schlendern an einem entlegenen Ort wie El Valero so wenig Leute vorbei, dass man mit etwas Pfusch ungestraft davonkommen kann.

Als wir mit allen Bäumen fertig waren, hatten wir ungefähr fünfhundert Kilo gepflückt, die wir, nachdem wir Blätter und Zweige aussortiert hatten, in Säcke füllten, auf den Landrover hievten und zur Mühle in Bayacas fuhren. Das ist eine der wenigen Mühlen, wo sie kalt gepresstes Olivenöl herstellen, was von der Qualität her viel besser ist. Das Verhältnis ist zwar vier zu eins, das heißt, man bekommt einen Liter Öl, wenn man vier Kilo Oliven abliefert. Mit hundertzwanzig Liter kamen wir ein Jahr aus und hatten noch genügend übrig für unsere wenigen landwirtschaftlich orientierten Freunde. Das war unser erster Schritt auf dem Weg zur wirtschaftlichen Unabhängigkeit, und wir konnten uns eines selbstgefälligen Gefühls nicht ganz erwehren.

Im Dezember war die Schneegrenze zu den südlichen Gipfeln der Contraviesa vorgedrungen und hielt den Südwind in ihrem eisigen Griff. Auf dem Hof gab es jetzt kaum noch etwas zu tun, und Ana und ich schauten uns nach anderen Aufgaben um. Bonka kam uns als Erste in den Sinn, die junge Schäferhündin englischer Freunde, die auf einem Hügelhang über dem Río Chico lebten, umgeben von Mandelbäumen. Sie suchten nach einem Zuhause für ihren neuen Wurf junger Schäferhunde, und da wir die liebevolle Mutter immer bewundert hatten und dringend einen Gefährten für Beaune finden wollten, beschlossen wir, hinzufahren und sie uns anzusehen.

Bonka gefiel uns auf Anhieb und wurde schnell nach einer Kaffeemarke benannt (Ana besteht darauf, dass die Namen all ihrer Hunde mit B beginnen). Sie war ihrer Mutter sehr ähnlich und schien ihre ruhige, verspielte Art geerbt zu haben. Ihre Pfoten glichen Schaufeln, was darauf hindeutete, dass sie die Größe ihrer Mutter erreichen würde. Am bezauberndsten jedoch war ihr Bellen. Aus irgendeinem Grund hörte sich Bonkas Bellen unheimlich an, wie wenn ein Hund versuchte, eine Ente zu imitieren – ein Eindruck, der sich noch ver-

170

stärkte, wenn sie drohend klingen wollte. So weit es uns bekannt war, stand diese Fähigkeit in der Hundewelt einzigartig da und war nicht zu verachten, wenn man an die künftige Stammmutter von El Valeros jungen Hunden dachte. Beaune war leider schon früh sterilisiert worden und konnte sich nicht fortpflanzen.

Bonka schmeichelte sich umgehend bei Beaune ein und schloss auch mit den anderen Bewohnern des Hofs Freundschaft. Wir waren verblüfft, wie schnell sie sich anzupassen schien. Eines Tages jedoch flitzte sie mit eingeklemmtem Schwanz ins Haus und gab ein angsterfülltes Winseln von sich. Irgendeine seltsame neue Erfahrung hatte sie so erschreckt. Ich ging hinaus, um nachzusehen. Der Hügelabhang über dem Haus wimmelte von Schafen. Es war die Herde von Geraldo, einem jungen Schäfer, der seine Tiere hoch oben in der östlichen Alpujarra um die Dörfer Nieles und Juviles weiden ließ. Jeden Winter kam er herunter, stationierte seine Herde einen Monat lang in den Mandelhainen der Venta del Enjambre und folgte dann der Via Pecuaria, einem uralten Viehtrieb, der direkt über unser Land verläuft.

Ich sah zu, wie die Hauptherde den Pfad hinabstolperte. Es war ein ziemlich bescheidener Haufen, dürr und knochig, mit einem großen Anteil Ziege in den Genen. Doch als sie in den Tamariskenwäldern am Fluss verschwanden und einen unverkennbaren Duft hinterließen, hing ich begehrlichen Gedanken nach. Eine Entscheidung, die ich bislang aufgeschoben hatte, war jetzt fällig und verlangte in die Tat umgesetzt zu werden. Die Zeit war gekommen, dass ich mir ein paar eigene Schafe kaufte.

Ana hatte Bedenken, den Großteil unserer restlichen Ersparnisse in die Schafzucht zu stecken, und erinnerte mich daran, dass uns unsere Versuche mit Schafen in Großbritannien alles andere als Reichtümer oder auch nur ein Wohlleben verschafft hatten. Der Hinweis war berechtigt, ließ aber den springenden Punkt außer Acht. Ich betonte, dass erst das Vieh einen Bauernhof ausmache und dass man uns als Besitzer von El Valero gar nicht ernst nehmen könne, wenn wir nur ein paar Hunde und Katzen hätten, die hier lebten. Oder wollte sie etwa ihr Talent als Viehzüchterin ungenutzt lassen?

Dann schilderte ich in leuchtendsten Farben, wie hübsch der Hof aussehen würde, wenn die Schafe all die Dickichte und vordringenden Kriechpflanzen abknabbern und unsere Wege freihalten würden, die von Überwucherung bedroht waren. Dieses letzte Argument schien sie ein wenig zu beeindrucken. Mir war klar, dass ich sie mit etwas mehr Überredungskunst auf meine Seite ziehen konnte.

Die Sierra de Segura ist eine ziemlich kahle, hohe Bergkette im Norden der Provinz Granada, vier Stunden Fahrzeit von uns entfernt. Der Mittelpunkt der Gegend ist die kleine Landstadt Huescar, ein bescheidener Ort, der in keinem Reiseführer erwähnt wird, den ich kenne, obwohl er schließlich der Sitz der erhabenen *Asociación Nacional de los Criadores de la Oveja Segureña – ANCOS –* ist, der Vereinigung der Segureña-Schafzüchter.

Ich hatte noch nie ein leibhaftiges Segureña-Schaf gesehen, aber im Amt für Landwirtschaft in Órgiva waren Bilder von ihnen ausgestellt. Ihre Haltung und ihr Körperbau waren typisch Schaf, und die Wolle war weiß und, nun… eben wollig. Sie sahen so großartig aus, dass ich mir sicher war, das ideale Vieh für El Valero gefunden zu haben. Im Bemühen, dass man mich nicht gleich als Bauer und Züchter erkannte, putzte ich mir die Schuhe blank, zog ein weißes Hemd an, rasierte mich und fischte die einzige Jeans ohne Löcher heraus, die ich besass. Dann hob ich, an einem kalten Dezembernachmittag, etwas Geld von der Bank ab, und fuhr von Granada nach Norden.

Es war Abend, als ich in Huescar ankam, und die Straßen

waren leer. Die gesamte Bevölkerung arbeitete anscheinend entweder draußen auf dem Feld oder drängte sich in ihren Häusern um die *braseros* – die kleinen Kohleöfen, die unter dem Tisch angebracht sind. Da ich keine Ahnung hatte, wo ich das Büro der ANCOS finden konnte, schlüpfte ich in eine Bar. Dort befand sich nur noch ein anderer Kunde.

Ich bestellte einen Drink und fragte den Barmann nach dem Weg. »Toñito!«, rief der dem anderen Kunden zu, der am anderen Ende der Bar im Schatten saß. »Dieser Herr will zu ANCOS. Du weißt doch, wo das ist, oder?«

Daraufhin rutschte Toñito die Bar entlang auf mich zu und verschüttete etwas von seinem Getränk. Ich sah besorgt auf mein sauberes weißes Hemd hinab. »Guten Abend, Antonio«, grüßte ich. »Man sagte mir, dass Sie wissen, wo ich das Büro von ANCOS finden kann.«

»Pah!«, stieß er hervor, »ich weiß, wo Sie ANCOS und all die anderen *cabrones* finden können, die Sie finden möchten. Doch zuerst wollen wir etwas zusammen trinken, eh?«

Warum nur gerate ich immer wieder in diese lächerliche Situation? Anderen Männern gelingt es doch auch, eine Bar zu betreten und zu verlassen, ohne dass sie einen ganzen Abend lang betrunkene Einheimische unterhalten müssen. Aber aus irgendeinem Grund stürzen sich schwatzhafte Säufer und Angeber zielsicher auf mich, vielleicht weil sie meine törichte Höflichkeit riechen, den Wunsch, einen Fremden in einer fremden Stadt nicht zu verletzen.

Jedenfalls erwies sich Antonio von all den einheimischen Trunkenbolden, denen ich zu meinem Leidwesen in die Quere geraten war, als der Versoffenste. Ein Drink folgte dem anderen und dem nächsten, bis ich die Hoffnung aufgab, meine Mission zu Ende zu führen, und mich in mein Schicksal ergab, für den Rest der Nacht ein gefangener Saufkumpan zu bleiben. Dann schwang er sich urplötzlich auf die Füße, verkündete, dass er mich nun zu ANCOS bringen würde, und zog mich am Arm aus der Bar. Ich hätte mir einen besseren Führer gewünscht als diesen Mann, der vor mir her taumelte, sabbelte und obszönes Zeug brüllte, aber ich hatte keine Wahl – und er kannte zumindest den Weg.

»Woher kommst du, mein Freund? Ich sehe, dass du keiner von uns bist!« Wir hatten dieses Thema schon in der Bar erörtert, aber Wiederholungen schienen ihm nichts auszumachen.

»Nun, ich bin Engländer.«

»Und wo wäre das?«

»England.«

»Ach, England, ja… dort kennt man mich gut – kennst du vielleicht Fernando Jiménez…?« Er blickte mich spöttisch an.

»Nein… ich glaube nicht. Ich bin mir nicht sicher. Wo lebt denn Fernando Jiménez in England?«

»Barcelona.«

»Oh, das ist ein Missverständnis, mein Freund. Barcelona liegt nicht in England, sondern im Norden Spaniens…«

»Nein, Fernando lebt in England – in Barcelona, England.«

Unterdessen bewegten wir uns auf das Büro und die darin wartenden hohen Persönlichkeiten der ANCOS zu. Ich wollte diese Unterhaltung über die Lage Barcelonas abbrechen – sie führte uns nirgendwohin –, wagte aber nicht, ein neues Thema anzuschneiden. Toñito allerdings war nicht so zurückhaltend.

»Hast du das Fußballspiel gesehen?«

»Nein. Ich habe keinen Fernseher…«

»Dann hast du doch das Tor in der zweiten Hälfte gesehen…«

»Ich habe das Spiel überhaupt nicht gesehen, Mann!«

»Das konntest du gar nicht verpassen – Fernando Jiménez…«

»Doch nicht etwa derselbe Fernando Jiménez, der…«

Inzwischen standen wir vor dem Büro der ANCOS.

»Nun, mein Freund, ich danke dir für…«

»Warte. Man kennt mich hier. Ich hole dir Pedro.«

»Wirklich, bitte, ich möchte nicht, dass du dir die Mühe machst.«

»Nein, nein, es ist keine Mühe.«

Er stellte sich auf den gegenüberliegenden Bürgersteig und brüllte zum Fenster im ersten Stock hoch.

»Pedro! Pedro, bist du taub, du pockennarbiger Mistkerl? Ich scheiß auf deine Toten, Mann – hörst du mich?«

Toñito bückte sich, hob einen Stein auf und schleuderte ihn gegen das Fenster. Das Glück hatte mich noch nicht ganz verlassen. Der Stein prallte am Rahmen ab.

»Pedro, du Teufelsbrut! Essigschwanz, wo bist du, Mann?«

Das Fenster flog auf und ein Gesicht erschien. Das Gesicht betrachtete uns wenig erfreut. Ich lächelte, verbeugte mich und wollte mich gerade vorstellen. Toñito brüllte mich nieder.

»Ich habe jemanden für dich mitgebracht, Pedro. Er will ein paar Schafe. Ich scheiß auf eure Schafe!« Und damit wankte er die Straße hinunter.

Es war kein viel versprechender Start, aber als ich mit Pedro Gallego, seiner Familie und seinen Freunden am Tisch saß und speiste, hatte ich die ganze Episode nach ein paar Stunden vergessen. Unter anderem aßen wir die köstlichen Steinpilze der Sierra de Segura, in Butter angebraten und in Wein und Kräutern gedünstet. Nach dem Mahl wuschen die Männer, die am meisten gekocht hatten, ab, während die Frauen mit den Babys spielten. Das war das moderne Spanien.

Am nächsten Tag machte ich mich mit Pedro und seinem Vater, Don Antonio, auf den Weg. Pedro war Schriftführer der ANCOS; sein Vater, ein echter spanischer Grande, dem Schafe über alles gingen, fungierte als Vertreter. Wir rumpelten den ganzen Morgen über Gebirgspfade, besuchten Höfe und sahen uns schöne Schaflämmer an, die in Ställen mit frischer, heller Streu untergebracht waren.

Schließlich suchten wir uns fünfundzwanzig Lämmer aus, ein Dutzend trächtige Mutterschafe und einen Widder. Ich bezahlte einen sehr fairen Preis, und wir organisierten einen Lastwagen, der sie ein paar Wochen später nach Órgiva bringen sollte. Dann begaben wir uns in eine Bar, um uns zu erfrischen.

Don Antonio wies eine lecker aussehende *tapa* mit Meeresfrüchten zurück.

»Nimm den Mist weg, Junge, und bring uns eine anständige Tapa aus Segureña-Schaffleisch.«

»Si, Señor«, sagte der Junge.

Ende Dezember ließen die winterlichen Regenfälle den Fluss anschwellen. Die wacklige alte Fußgängerbrücke, die wir seit unserer Ankunft benutzt hatten, neigte sich bedenklich zur Seite, und die Treibholzstücke, die den Steg bildeten, waren entweder zerbrochen oder fehlten ganz, sodass bedrohliche Lücken entstanden waren. Die Überquerung der Brücke war selbst für Ana und mich, die darin Übung hatten, immer ein Wagnis gewesen, und jetzt mussten wir auch an die neue Herde denken. Es war unmöglich, solch ängstliche Geschöpfe auf so eine zerbrechliche Konstruktion zu locken. Die Brücke brauchte eine Generalüberholung. Ich besprach das Problem mit Domingo. Er hatte eine Idee, wir wie die Sache schnell und leicht über die Bühne bringen konnten.

Am Neujahrstag schlachtete Domingo seine Schweine. Nach dem Mittagsschmaus schlug er dem guten Dutzend Männer, die zur Matanza gekommen waren, vor, mir beim Brückenbau zu helfen. Nicht allen gefiel die Aussicht, im eisigen Wasser herumzustapfen, aber Domingo konnte sie überzeugen. Schließlich läge es auch in ihrem Interesse, ja, es sei sogar ihre Pflicht als Landbesitzer auf der anderen Seite des Flusses, und außerdem würde es sie aus dem Zustand betrunkener Trägheit reißen, in dem sie alle versunken waren.

»Das Problem bei diesen Bauern ist«, klagte er, »dass sie es nicht mehr gewöhnt sind, Brücken zu bauen. Früher mussten sie vier- oder fünfmal im Jahr für eine neue Brücke sorgen, wenn es kräftig geregnet hatte. Damals ging das ganz schnell.«

Wir marschierten den Hügel hinab und sahen uns die traurige Ansammlung von Pfählen und Treibholz an, die den Fluss überspannte. Unter den Anwesenden war ich der Einzige, der noch nie im Leben eine Brücke gebaut hatte. Alle anderen wussten genau, wie man das machte. Sie wussten, wie groß sie sein sollte, was man dafür benötigte, und, sehr wichtig, wo sie stehen sollte. Leider ist der Bau einer schlichten Brücke im Do-it-yourself-Verfahren keine exakte Wissenschaft, und so gab es auch keine zwei Meinungen, die übereinstimmten. Frasco, der als Ältester eine Menge Erfahrung hatte, schlug vor, Romeros lebensgefährlichen Holzhaufen einfach abzureißen und flussabwärts eine neue Brücke zu errichten – dort, wo wir die Balken an einem riesigen Eukalyptusbaum verankern konnten.

»Du redest Blödsinn, Mann!«, sagte Domingo. »Dort kann man sie doch gar nicht bauen; der Boden ist weich, und wenn der Fluss Hochwasser hat, spült er sie weg.«

»Hier ist der Ort«, sagte José und stampfte ein paar Meter oberhalb der alten Brücke auf den Boden. »Es ist die schmalste Stelle, und die Erde ist gut und fest.«

»Fest – Jesus Maria! Wenn du sie da hinstellst, ist sie in ein paar Tagen auf Nimmerwiedersehen verschwunden. Dort war nie eine Brücke.«

»Ja, sie muss stromaufwärts liegen, dort drüben an dem Oleander – dort ist die Strömung nicht so schnell…«

»Nein, das Wichtigste ist, den Stein dort als Stützpfeiler zu nutzen, so können wir…«

»Himmel Herrgott, Mann! Wenn du die Brücke dort baust, kommt niemand mehr sicher rüber.«

»Und wie viele Brücken hast du schon gebaut?«

»Nun, hör mir gut zu, wenn du dazu in der Lage bist, und ich sage dir…«

Die Debatte nahm an Heftigkeit zu, eine Idee verdrängte die andere, und die Argumente wiederholten sich. Nur in einem waren sich alle einig: Romero musste entweder verrückt oder betrunken gewesen sein, um an dieser idiotischen Stelle eine Brücke zu errichten. Der Platz wies so wenig Vorteile auf, dass die Möglichkeit, sie einfach dort wieder hinzustellen, gar nicht in Erwägung gezogen wurde.

Am Ende bauten wir sie natürlich genau dort wieder auf, wo sie gestanden hatte. Pedro hatte seinen Fluss vielleicht doch ein bisschen gekannt.

Zuerst holten wir mit Hilfe von zwölf starken Männern, die in verschiedene Richtungen zogen und zerrten, die großen Eukalyptusstämme aus jenem Waldstück, wo Domingo und ich sie viele Monate zuvor aufgestapelt hatten. Dann bauten wir den ersten Steg auf. Wir schleppten riesige Felsbrocken herbei und ließen sie am Flussufer fallen, wobei jeder mit dem anderen wetteiferte, den größten Stein zu wuchten, und sich mit relativer Sicherheit einen Bruch hob. Danach schnitten wir Oleander, Ginster, Eukalyptuszweige und weiteres Strauchwerk ab, bis wir fast zwei Meter über dem Wasserspiegel einen neuen Steg errichtet hatten.

Es kostete uns sehr viel Mühe, die Balken an Ort und Stelle zu bringen. Wir schafften es, den ersten so hinzubugsieren, dass er zu zwei Dritteln Länge vom Steg über den Fluss ragte. Alle setzten sich auf ihn, während Domingo, der das ganze Unternehmen natürlich leitete, mit einem Seil an ihm entlangschwankte. Er sprang ans andere Ufer und platschte ins Wasser.

»Jesus Maria! Es ist arschkalt!«

Das war das Signal für die wagemutigeren Männer, ihr Glück zu versuchen. Sie alle fielen in den Fluss, aber immer mehr folgten ihnen nach, bis man feststellte, dass es nicht mehr genug Männer gab, die den Balken mit ihrem Gewicht beschweren konnten. Dann hievten wir ihn in seine endgültige Lage. Er war zu kurz und reichte mit dem anderen Ende nur knapp bis ans Ufer.

Das war jedoch nicht weiter schlimm. Ein jeder rutschte daran entlang und fing an, am anderen Ufer einen großen, vorspringenden Steg zu bauen. Schließlich, nach vier Stunden Arbeit, ragten zwei kräftige Balken in fester Position von einem auf Felsbrocken lagernden Steg zum anderen. Wir setzten uns alle ans Ufer und bewunderten die Anmut und Eleganz unserer Arbeit. Es sah gut aus und kostete nichts; es war aber immer noch nicht möglich, ungefährdet hinüberzugehen. Am nächsten Tag sammelte ich Treibholz und nagelte es quer über die Balken, um einen ebenen Gehweg zu schaffen. Domingo missbillige die Nägel, weil sie Geld kosteten.

»Du solltest kein Geld für den Fluss ausgeben. Was im Fluss ist, gehört ihm. Früher oder später wird er sich erheben und das Ganze ins Meer spülen.« Ich hätte das Treibholz mit Espartograsstricken an die Balken binden sollen. Seine Zustimmung wäre mir dann gewiss gewesen.

Der Bau unserer neuen Fußgängerbrücke war einfach, aber zeitlos schön, und der Gehweg aus Treibholz verlieh ihr ein ziemlich pittoreskes Aussehen, als stünde sie im Himalaja; das verlockte geradezu zum Hinübergehen.

Schafe jedoch waren dafür nicht so empfänglich, und nach einer Diskussion mit Domingo beschloss ich, die neue Herde vorerst in einem Stall auf der stadtwärts gelegenen Seite des Flusses neben La Colmena unterzubringen.

Kein Bräutigam hätte das eheliche Gemach für die Ankunft seiner Braut sorgfältiger vorbereiten können als ich den provisorischen Stall für meine Schafe. Ich mistete ihn aus, schrubbte und desinfizierte ihn und gab ein hübschen Sümmchen aus, um einen automatischen Wassertrog einzubauen – ein Gerät, das man in den Alpujarras noch nie erblickt hatte. Als letzten Schliff bugsierte ich ein altes, eisernes Bettgestell durch die Tür und bewunderte still das vollendete Werk. Die Schafe trafen ein, und ich trug sie eins nach dem anderen vom Lastwagen über die Schwelle. Sie kauerten sich in eine schattige Ecke.

Jeden Tag wanderte ich über den Fluss, um den Schafen Gerstenstroh und Getreide zu bringen und sie an mich zu gewöhnen. Wenn ich ankam, lagen sie hübsch, weiß und wollig in der Wintersonne, die durch die Tür und die Fenster des Stalls schien. Sobald ich eintrat, sprangen sie panisch davon und drängten sich in der anderen Ecke zusammen. Ein paar Tage lang setzte ich mich in den Sonnenschein an die Tür und las oder schrieb Briefe. Als ihnen meine Gegenwart nicht mehr so fremd war, nahmen sie allmählich ihren Platz wieder ein, nachdem ich mich dort hingesetzt hatte, atmeten leise und beäugten mich misstrauisch. Wenn ich mich dann bewegte, um mich zu kratzen oder eine Seite umzublättern, stürmten sie erneut in wilder Flucht davon und waren bald nur noch als Masse keuchender Wolle mit 74 Augen erkennbar, die mich feindselig anstarrten.

Es ging nur langsam voran. Die Schafe schienen sich überhaupt nicht an mich zu gewöhnen, und ich fragte mich, wie oder ob ich die Herde beaufsichtigen konnte, wenn ich sie schließlich aus dem Stall ins Freie ließ. Ich hatte keinen Hund. Eine normale, eingeführte Herde hätte eine *mansa* gehabt – ein zahmes Schaf, das beim Schäfer blieb und den Rest der Herde anführte. Diese Lämmer, die aus verschiedenen Herden stammten, jung waren und daher keinen Herdeninstinkt besaßen, würden sich über das ganze Tal verstreuen, sobald ich die Tür öffnete.

180

Nach einer erfolglosen Episode mit einigen Ziegen, die man am besten vergessen sollte, schlug Domingo vor, die Schafe mit seiner Herde zu vereinen. Wir stopften ein Dutzend älterer Mutterschafe aus Domingos Besitz in den Stall und fütterten sie zusammen mit meinen Tieren. Es klappte wunderbar. Als wir sie am nächsten Tag alle auf dem Hügel über La Colmena grasen ließen, blieben sie ruhig beisammen. Jeden Tag nahmen wir ein oder zwei von Domingos Schafen mit auf die Weide, bis nur noch eins übrig war.

»Du kannst das magere alte Biest haben«, sagte der alte Domingo, dem es gehörte. »Es hat nur einmal ein Lamm geworfen, und das war vor Jahren. Das Schaf taugt nicht viel, aber es kann deine Herde zusammenhalten.«

Das besagte Schaf war ein knochiges altes Geschöpf mit Hängeohren, Rotz unter der Nase und einem ängstlichen Blick. Es war auch ungemein verschlagen.

Weil es gerissen und dürr war, gelang es ihm immer wieder, in das besondere Revier zu kriechen, das den Schaflämmern vorbehalten war, und ihre Extraportionen zu verschlingen. Das Revier war ein eingezäunter Teil des Stalls mit einer winzigen Öffnung, durch die sich nur die Lämmer zwängen konnten. Schließlich banden wir dem Schaf einen Stock um den Hals, der sich in dem Loch verklemmen würde.

Folglich wurde unser weiblicher Leithammel unter dem Namen »Stock« bekannt. Das Schaf trug sein Hindernis stolz wie ein Spanier, wenn es schniefend vor der kleinen Herde hertrippelte und sklavisch dem Schäfer folgte.

Gegen Ende des ersten Schafmonats führte ich meine Herde den Hügel hinauf, damit sie die feuchten Rosmarin- und Thymianbüsche abgrasen konnte, während ich sie, an meinen Hirtenstab gelehnt, durch den dunstigen Nebel beobachtete. Unter mir zogen Wolkenfetzen durch das Tal. Als die Schafe auf die Pflanzen traten, setzten sie Duftwolken frei.

Hinter dem nächsten Gebirgskamm hörte ich das Glockengebimmel von Domingos winziger Herde, das sich mit dem Rauschen der Flüsse vermischte.

Von unten tauchte Domingo auf, bekleidet mit seiner üblichen Schlotterhose, der Jacke aus blauem Baumwollstoff und den zerlumpten Turnschuhen. Wir setzten uns zusammen auf einen nassen Felsen.

»Mit Stocks Hilfe kann ich jetzt die Herde mehr oder weniger zusammenhalten«, erzählte ich. Ein kräftiges Niesen und ein fliegender Schleimfetzen erinnerten mich an die Anwesenheit jenes erhabenen Tieres. »Ich könnte versuchen, die Tiere später mit nach El Valero zu nehmen, wenn ich sie dazu bringen kann, über die Brücke zu gehen.«

»Das wird sicher klappen«, verkündete Domingo. »Meine gehen jetzt ohne Schwierigkeiten hinüber.« Wir schauten auf die Brücke hinab, die tief unter uns lag und aus der Entfernung winzig und unwirklich wirkte.

An diesem Abend wanderte ich mit Stock an der Spitze der Herde zum Fluss hinunter. Domingo folgte uns. Wir gingen alle geradewegs über die Brücke, mit Ausnahme eines Lamms – und davon wird es immer eines geben –, das beschloss, der Brücke nicht zu trauen und sich lieber in den tosenden Fluss zu stürzen. Ich fischte es etwa vierzig Meter flussabwärts heraus, pitschnass, von den Felsbrocken etwas geknufft, aber ansonsten quietschfidel. Ich winkte Domingo zum Abschied zu, und wir zogen langsam durch das Tal dem Stall von El Valero entgegen.

Am Morgen nach unserer erfolgreichen Überquerung stand ich frühzeitig auf, rasierte mich, zog ein sauberes T-Shirt an und ließ die Schafe hinaus, damit sie zum ersten Mal auf dem Boden von El Valero weiden konnten, auf einem liebevoll vorbereiteten Rasenstück in den Feldern am Fluss.

Dort setzte ich mich auf einen Erdwall am Ufer und sah ihnen zu, wie sie unter Orangenbäumen mitten zwischen wilden Blumen im kniehohen Gras standen. Leider gefiel es den Schafen überhaupt nicht. Sie starrten mich an und wussten nicht, was sie mit sich anfangen sollten. Die armen Geschöpfe fühlten sich nicht in ihrem Element. Als Lämmer hatten sie ihr ganzes Leben in geschlossenen Ställen verbracht und Stroh und Körner gefressen. Ihre Mütter waren Bergschafe, gewöhnt, auf den Hügeln herumzuscharren und trockene, holzige, würzige Pflanzen zu fressen.

Besorgt, dass ich mich ernsthaft verkalkuliert haben könnte, führte ich sie aus den Feldern heraus und zum staubigen *secano* hoch. Glücklich sprangen sie im Gebüsch umher und knabberten eifrig an den süß duftenden Kräutern, während ich tieftraurig zusah und mich fragte, was ich bloß mit dem üppigen Weideland anfangen sollte, das ich so sorgfältig angelegt hatte.

Allmählich jedoch passten sich die Schafe meinen wunderlichen Einfällen an, und sie begannen den Tag mit dem Frühstück auf einem Flecken Grasland. Nach ein paar Tagen musste ich sie nicht einmal mehr dorthin führen. Ich brauchte morgens nur die Stalltür zu öffnen und die Tiere abends wieder einzuschließen. Sie zogen den ganzen Tag lang nach Lust und Laune zwischen der Grasweide und dem *secano* hin und her – und die hellen Töne ihrer Glocken schollen, solange es hell war, über den Hof.

Nur Stock, das Schaf, das sein ganzes Leben hinter einem Schäfer hergezogen war, schien fassungslos. Monatelang heftete es sich jedem an die Fersen, der zufällig den Hof passierte, was gelegentlichen Wanderern, die von den Bergen kamen, nicht allzu angenehm war.

Schafzucht

Unsere ersten Lämmer wurden im April geboren. An einem sonnigen Frühlingsmorgen stieß ich die Stalltür auf und entdeckte im Stroh ein dampfendes Bündel nasser Wolle. Ein Mutterschaf leckte es glücklich und gab die kichernden Laute von sich, die in der Schafwelt mütterliche Zuneigung verraten. Es war ein kurzer, triumphaler Augenblick. Während der nächsten zwei Wochen hielten Ana und ich uns fast nur noch im Stall auf, drückten uns bei den Mutterschafen herum und waren allzeit bereit, ihnen bei der Geburt zu helfen. Doch nur wenige nahmen unsere Dienste in Anspruch. Im Gegensatz zu ihren übermäßig domestizierten britischen Artgenossen sind die Segureñas vom Charakter her unabhängige Geschöpfe. Sie schienen geradezu darauf zu warten, dass die Stalltür knarrend zufiel, bevor sie ihren schlüpfrigen Nachwuchs ruhig und ohne Aufhebens in Nester legten, die sie selbst im Stroh gescharrt hatten.

Doch zwangsläufig brauchten eines oder zwei ein bisschen Hilfe, die ihnen Ana gern gewährte. Ana kann bei der Geburt von Lämmern besser helfen als ich, ihre Hände sind kleiner

und können sich in die qualvolle Enge zwischen den Becken-
knochen des Mutterschafs leichter bewegen, um den Kopf
oder die Füße in die richtige Lage zu bringen. Es freute mich,
dass sie sich trotz aller Bedenken so für mein Schafabenteuer
einsetzte, auch wenn sie von meinen Plänen, die Herde zu er-
weitern, immer noch nicht begeistert war.

Die ersten paar Tage hielten wir die Mutterschafe und die
Lämmer eng beisammen, damit die Jungtiere kräftiger werden und eine feste Mutterbindung entwickeln konnten; dann
ließen wir sie ins Freie.

»Du solltest die Lämmer nicht hinauslassen«, sagte Domingo.

»Warum denn bloß nicht?«

»Die Sonne wird an ihnen zehren, und ihre Lungen werden sich mit Staub füllen. Die Händler hier in der Gegend
kaufen nicht gern Lämmer, die den Schmutz des *campo* an
sich haben.«

»Was sollten wir denn dann tun?«

»Ihr solltet sie von den Mutterschafen trennen und im Stall
behalten, wenn ihr die Schafe morgens hinauslasst.«

Ich hörte mich um, wie die anderen Schäfer das machten. Ihre Lämmer fristeten ein ziemlich elendes Dasein, den
ganzen Tag in Ställen eingesperrt, in die kein Sonnenstrahl
drang, auch wenn sich die kleinen Geschöpfe davon nicht
unterkriegen ließen. Nicht einmal das engste und stickigste
Loch kann die Lebensfreude junger Tiere zunichte machen.
Die leichteste Unebenheit im dungbedeckten Boden wurde
ein kleiner Hügel, von dem sie herabsprangen; und wenn sie
auch noch so eng zusammengedrängt waren, fanden sie eine
Möglichkeit, herumzutollen und sich zu jagen.

Sicher, die Lämmer würden im Stall nicht von der Sonne
ausgezehrt, ihre Lungen würden nicht durch den Staub ver-
kleben, und sie verlören auch nicht durch übermäßige Bewegung an Gewicht. Sie konnten sich frühzeitig und ernsthaft

der Aufgabe widmen, hoch konzentrierte Proteinpräparate zu schlucken und so schnell wie möglich ihr Schlachtgewicht zu erreichen.

Ana und ich spazierten zu den Feldern am Fluss hinunter, um nachzuschauen, wie es ihnen ging. Die neu geborenen Lämmer trippelten herum und schnüffelten vorsichtig das Gras, verschreckt durch die Umtriebe der Schnecken, Grashüpfer und Schmetterlinge. Die älteren Lämmer, immer noch winzig und schneeweiß, hatten sich zusammengetan und sausten gemeinsam die Böschung der Acequia entlang, nur um plötzlich abzubremsen, sich umzudrehen und zu ihren Müttern zurückzurasen, wo sie schnell etwas Milch tranken und in der Sonne eindösten.

Der Anblick hätte sogar den kaltherzigsten Profitmacher gerührt, und wir beschlossen, die Lämmer draußen zu lassen. Ihr Leben ist so kurz, dass ich es nicht übers Herz brachte, ihnen diese kleinen Freuden zu verwehren, nicht einmal im Namen effizienter Viehzucht.

Ein paar Wochen später fand ich beim Nachhausekommen Domingo vor, der auf unserer Terrasse saß und mir seinen »Freund« Antonio Moya vorstellen wollte. Als ich die Stufen hochkletterte, schwitzend und zerzaust, so wie ich nach der kleinsten Anstrengung immer aussah, faltete sich der Kerl neben Domingo auseinander und ging mit ausgestreckter Hand auf mich zu. Er sei entzückt, mich kennen zu lernen; er habe schon viel Gutes über mich gehört und müsse jetzt feststellen, dass die Wirklichkeit alles übertreffe, was über mich gesagt werde.

Ich starrte mit offenem Mund auf den Schmeichler, der unter einem frischen, weißen Hemd eine unbehaarte Brust zur Schau trug, die vor Gold glänzte. Domingos Freund war der Händler von El Moreno; der »Dunkle«. Ich konnte mir nur schwer vorstellen, dass ein Mann mit so einem Gesicht ständig in der allgemeinen Öffentlichkeit geschäftlich verkehrte.

Sein Lächeln wirkte wie kurz aufgesprüht, seine Augen waren kälter als die einer Kobra; und jeder seiner Gesichtszüge, das Grübchen an der Braue, die Falten neben seinem Mund und vor allem die Form seiner Ohren, verriet Arglist.

»Solch ein schöner Hof… und was für ein hübsches Haus. Sie müssen sich hier sehr wohl fühlen.« Er sprach zu mir wie zu einer Fledermaus, die in einer schmutzverkrusteten Höhle lebte.

»Uns gefällt es.«

»Das glaube ich Ihnen aufs Wort! Ihr Ausländer seid so viel schlauer als wir Spanier.«

»Und wie kommen Sie darauf?«

»Ihr sucht euch herrliche Orte zum Leben aus. Domingo sagt, dass Sie einige schöne Lämmer verkaufen wollen.« Sein Lächeln wurde schmal.

»Sie sind nicht übel, aber noch nicht zu verkaufen.«

»Ich habe sie gesehen und werde Ihnen einen guten Preis dafür zahlen.«

»Und wie viel?«

»5000 pro Stück für alle zusammen.«

»Sie sind noch nicht so weit.«

»Ich nehme sie so, wie sie sind.«

»Nicht für 5000.«

»Aber sie sind *camperos,* sie tragen den Ackerstaub in sich.«

»Das stört mich nicht, ich verkaufe sie nicht, bevor die Zeit reif ist – und schon gar nicht zu so einem Preis.«

Wieder überschüttete er mich mit Schmeicheleien, aber ich blieb bewundernswert standfest.

»Nun, Cristóbal, es war ein Vergnügen – nein, eine Ehre –, mit Ihnen Geschäfte zu machen. Auf bald also.« Und damit zog El Moreno mit Domingo ab und fluchte leise vor sich hin, so weit ich es erkennen konnte.

»Das war also dein Freund El Moreno«, sagte ich am nächsten Tag zu Domingo, leicht erstaunt über diese Verbindung.

»Ja, wir waren mal eine Zeit lang ein Team. Er hat seinen Führerschein verloren, also habe ich ihn zu den Schäfern gefahren; und er hat mir alle Tricks dieses Gewerbes beigebracht.

»Es muss sehr nützlich sein, wenn man einen Händler kennt, dem man vertrauen kann.«

»Vertrauen? Du machst wohl Witze! Eher kann man einer Schlange trauen.«

»Aber du hast gesagt, er sei dein Freund ...«

»Nun ja, das ist er auch, aber er würde mich, ohne mit der Wimper zu zucken, über den Tisch ziehen. Er zieht jeden über den Tisch.«

»Aber was ist das um Gottes willen für eine Freundschaft?«

»Er tut es mir zuliebe, sagt er. Es hält mich auf dem Laufenden und ist ein nützlicher Anschauungsunterricht. So vermeide ich es, von anderen Händlern betrogen zu werden.«

»Ich finde es schrecklich, so miteinander umzugehen. Sind alle Händler so schamlose Gauner?«

»Es ist ihr Job; so funktioniert das System nun mal. Sie verdienen ihren Lebensunterhalt durch Einschmeicheln, Tricks und erfundene Geschichten. Es ist eine Kunst, ebenso wie das, was du kannst und womit du deinen Lebensunterhalt bestreitest, was immer das sein mag.«

Domingo wunderte sich insgeheim, wie wir überhaupt über die Runden kamen, was mir ebenfalls ein Rätsel war.

»Und aus dem gleichen Grund muss ein Schäfer mit gerissenen Händlern wie El Moreno umgehen können. Ein Schäfer kann nicht überleben, wenn er nur mit seinen Schafen umherzieht. Er muss sie auch verkaufen können. So ist das Leben, einer haut den anderen übers Ohr. Nimm zum Beispiel meinen Cousin Manuel. Manuel ist ein hoffnungsloser Fall. Neulich hat er all seine Lämmer an El Moreno für 4000 verkauft. Das hat Manuel für dieses Jahr erledigt, er ist pleite!«

»Und du hast dabeigestanden und zugesehen?«

»Natürlich. Ich habe Moreno zu ihm gefahren.«

»Und du hast keinen Finger gerührt, um zu verhindern, dass Manuel beschissen wurde?«

»Das ist der Lauf der Welt, oder? Es hat keinen Sinn, einen Käfer vor einer Amsel zu retten…«

»Und wenn der Käufer nun zufällig dein Cousin ist…?«

»Bah! Du musst von der Amsel lernen.«

El Moreno musste wohl gehört haben, dass die Lämmer immer noch zum Verkauf standen. Beim nächsten Mal kreuzte er allein auf, weil er sich inzwischen wohl genug eingeführt wähnte, um auf Domingos Begleitung verzichten zu können. Es war fünf Uhr nachmittags, und wir saßen mit einigen englischen Freunden, die aus Órgiva gekommen waren, auf der *tinao*.

El Moreno hieb mir eine Hand ins Kreuz und sagte, dass er ganz fassungslos vor Freude sei, mich wieder zu sehen. Danach machte er sich bei der übrigen Gesellschaft bekannt und beliebt und trank Wein, während wir Tee zu uns nahmen. Unsere Freunde waren von ihm sehr angetan. Binnen zehn Minuten hing die versammelte Mannschaft an seinen Lippen und buhlte um seine Aufmerksamkeit.

Dann schnitt er das Thema Lämmer an. »Lassen Sie uns runtergehen und schauen, wie sie sich entwickelt haben«, schlug er vor.

Wir lehnten uns über das Stalltor und starrten auf die dicht gedrängte Schafherde.

Ich wartete darauf, dass Moreno mit dem Handeln anfing, doch nichts geschah. Mit gerunzelter Stirn und schweigend musterte er die Lämmer. Ich unterbrach als Erster die Stille.

»Nun?«

»Nun, sie scheinen nicht viel gewachsen zu sein, oder?«

»Sie sind wahrscheinlich gut 20 Kilo schwer.«

»Niemals!«

»Sie wiegen schwer, diese Segureñas. Alles Fleisch, wissen Sie.«

»Also, was sollen sie kosten?«

»Sie haben ein gutes Gewicht, und wenn ich mich nicht irre, ist der Preis gestiegen … Wenn Sie sie alle nehmen, können sie sie für 6000 Pesetas pro Stück haben …«

»Kommt nicht infrage, der Preis ist viel niedriger.«

»… doch wenn Sie sich die Besten aussuchen wollen, dann 7000.«

El Moreno schüttelte den Kopf und legte einen Zahn zu. »Halten Sie das hier.« Er zog ein dickes Bündel Banknoten heraus. »Ich biete Ihnen 4500, das sind 900 Duros – wie viele haben Sie doch gleich?

»37 Lämmer? Das macht 33 300 Duros – hier in Scheinen. Machen Sie schon, zählen Sie es …«

Nun halte ich mich eigentlich im Kopfrechnen für eine Verhandlung über den Preis einiger Schafe für recht gut, aber El Moreno war ich mit Sicherheit nicht gewachsen. Seine Schnelligkeit und Genauigkeit waren verblüffend. Er wusste, dass er mir überlegen war, aber er verwirrte mich auch noch absichtlich, indem er teils in Pesetas und teils in Duros rechnete.

Ein Duro sind fünf Pesetas, und das ist in ganz Spanien eine gebräuchliche Währung. Oft können ältere Leute nur schwer in Peseten rechnen; eines Tages hörte ich in der Bäckerei, wie eine Kundin sagte: »Was bin ich dir schuldig, Mari-Carmen?« »395 Pesetas«, lautete die Antwort. »Sei nicht albern, Mädel. Was ist das in Duros?«

»79.«

»Gut so. Jetzt verstehen wir uns.«

Als El Moreno das Geld ausbreitete, hielt ich meine Hände fest hinter dem Rücken verschränkt und blickte auf die Mauer, um mich von diesem voluminösen Bündel Geldscheine nicht hypnotisieren zu lassen.

»Nehmen Sie!«

»Sehen Sie, ich nehme weder 4500 noch 5000. Ich sagte 6000.«

»Nun, wenn es denn sein muss« – und er packte meinen Arm und klatschte einen verführerischen 10 000-Peseten-Schein auf meine zitternde Handfläche. Dann fing er wieder an zu zählen, mischte, neue, große Banknoten mit kleineren, schmuddeligen von wesentlich geringerem Nennwert und rechnete die ganze Zeit in einem tiefen, einschläfernden Singsang mal in Duros, mal in Pesetas.

»Uff… ich habe den Faden verloren.«

»Gut, fangen wir noch mal an – zehn, zwanzig, dreißig«, und er klatschte wieder einen Schein nach dem anderen auf den Haufen.

Die Lämmer beäugten uns argwöhnisch aus ihrer Ecke in der Schafhürde. Moreno hatte mich genau dort, wo er mich haben wollte. Abgesehen von der verwirrenden Rechenakrobatik bestand der Trick scheinbar darin, dass ich immer etwas von seinem Geld in der Hand hielt und er mir nie eine direkte Antwort auf meine Fragen gab.

»Ich habe den Faden verloren«, flehte ich. »Wie viel bieten Sie mir jetzt eigentlich?«

»Ich schlage Ihnen ein verdammt gutes Geschäft vor, Sie bekommen nirgendwo sonst 980 Duros, und das ist mein letztes Angebot.«

»Nun, ich verkaufe sie nicht unter 5500. Sie wissen so gut wie ich, dass das fast geschenkt ist.«

»Schauen Sie, Sie haben mich den weiten Weg hierher machen lassen…«

»Sie sind von selbst gekommen.«

»Ich habe den weiten Weg auf mich genommen und viel Zeit verloren. Ich bin ein viel beschäftigter Mann und habe wirklich keine Zeit für so einen Unsinn.« Mit diese Worten schritt er wütend den Hügel hinab. Ich ging zum Haus hoch.

»Verdammt«, murmelte ich vor mich hin. »Ich kann es mir nicht leisten, das Geschäft zu verlieren. Vielleicht habe ich zu viel gefordert…« Ich drehte mich um und blickte Moreno in die Augen.

»Hier, halten Sie die Hand auf – zählen Sie – fünf, sieben…«

Am Ende verkaufte ich für 5200 pro Stück, also 1040 Duros. Der Preis für alle zusammen war 192 400 – Pesetas – oder 38 480 Duros. Dem Himmel sei Dank, dass die spanischen Viehhändler keine Guineen, Pfund, Shilling und Pence in ihrer Waffenkammer haben.

Der Käufer zahlt etwa zehn Prozent an, der Rest ist fällig, wenn er die Lämmer abholt. Am nächsten Tag erschien El Moreno mit einem Lastwagen und vier Helfern. Wir zählten die Lämmer, während sie aus dem Stall auf den Lastwagen verfrachtet wurden. Nun ist es eigentlich schwer vorstellbar, dass es bei der Zählung von 37 Lämmern zu Unstimmigkeiten kommen kann. Doch so war es. Diese Männer waren in der Kunst des Betrugs so geschult, dass ich an meiner eigenen Fähigkeit zu zählen zweifelte.

5200 Pesetas waren bei weitem kein guter Preis für die Lämmer; und es mag seltsam erscheinen, dass ich mit einem Mann, dem ich so gründlich misstraute, am Ende doch Geschäfte machte. Aber dafür gab es einen guten Grund. Wir hatten kein besseres Angebot und brauchten das Geld dringend. Kurz nach El Morenos Besuch hatte Ana mir etwas anvertraut, das uns den Wert von barem Geld schlagartig bewusst machte.

»Ich glaube, ich bin schwanger, Chris«, sagte sie. Ansonsten war es ein vollkommen normaler Tag. Wir standen auf der Tinao, sortierten einen Sack Mandeln aus und sahen zu, wie die Schafe sich ihren Weg durch die Wildnis fraßen.

»Schwanger«, wiederholte ich geistesabwesend.

»Ich werde ein Baby bekommen.«

»Du bekommst ein Baby?... Aber... aber...«

Ich scharrte mit den Füßen vor ihr herum und wusste nicht recht, was ich mit meinen Gliedern anfangen oder welche Miene ich aufsetzen sollte. Es dauerte etwas zu lange, bis ich mich aus der Verwirrung gelöst hatte, ein verlegenes Grinsen aufsetzte und sie übertrieben behutsam umarmte.

»Mein Gott, das ist wundervoll... ich... äh... verdammt, ich weiß gar nicht, was ich sagen soll...« Wir lachten nervös. Das sollte nun einer der wichtigsten Momente im Leben sein, und ich musste ihn vermasseln.

Nicht, dass ich kein Baby gewollt hätte – im Gegenteil. Kinder waren seit langem ein Bestandteil des großen Plans, nach El Valero zu ziehen, aber trotz all unserer Bemühungen waren sie bislang ausgeblieben; und inzwischen hatten andere Pläne und Freuden den Platz eingenommen, den ich für den Nachwuchs reserviert hatte. Ich fragte mich auch, ob wir wirklich dafür geeignet waren, diese wahnsinnige Verantwortung zu übernehmen. War der exzentrische Lebensstil, den wir gewählt hatten, das Richtige für ein zartes Geschöpf wie ein Baby? Unter all dieser Unsicherheit verspürte ich ein tiefes Gefühl von Seligkeit, an das ich vorsichtig heranzutreten suchte.

An diesem Abend machten wir eine bessere Flasche Wein auf als gewöhnlich und schmückten unser Omelett und den Tomatensalat mit einer Kerze und ein paar Blumen. Unser Gespräch drehte sich um das kleine, neue Wesen, mit dem wir nun rechnen mussten, doch unsere Worte klangen zaghaft, so als wollten wir das Schicksal nicht durch zu viel Glück herausfordern. Wenn wir nicht gewusst hätten, dass uns eine stille Zufriedenheit erfüllte, hätte ein jeder von uns den anderen für ein wenig bedrückt halten können.

Kurz darauf telefonierte ich mit meiner Mutter, um ihr die Neuigkeit zu erzählen. Es würde ihr erstes Enkelkind sein.

»Es hat ganz den Anschein, Mum, also ob du doch noch Großmutter würdest.«

Einen Augenblick lang herrschte Stille, dann zerplatzte sie buchstäblich vor Glück. Ich hatte noch nie zuvor erlebt, wie jemand »vor Glück zerplatzte«, und es haute mich um, obwohl gefiltert durch internationale Telefonkabel oder die Erdatmosphäre, einfach um. Nun, dachte ich, wer weiß, wie dieses Baby sein wird oder was meine Rolle in seinem Leben für mich bedeuten kann? Aber allein der Jubel in der Stimme meiner Mutter lässt es sinnvoll erscheinen.

Ich erzählte es Domingo, so ganz nebenbei. »*En hora buena* – meinen Glückwunsch«, erwiderte er und fügte in ungewöhnlich nachdenklichem Ton hinzu: »Ich habe dir ja schon gesagt, dass du auf El Valero ein Baby brauchst. Du wirst sonst sehr einsam sein, ganz allein auf der falschen Seite des Flusses.« Und er verscheuchte eine Pferdebremse, die sich an Bottoms Bauch vollsaugte.

Anfang Oktober begab ich mich nach Schweden, um einen Monat lang Schafe zu scheren. Es mag seltsam anmuten, wenn man in einem nordischen Land vor Einbruch des Winters Schafe von ihrer Wolle befreit, doch so wollten es die Schweden nun mal. Ich plante, im Oktober zu gehen, kurz bevor die Schafe zum Überwintern in die Ställe gebracht würden, und dann wieder im März, kurz bevor sie lammten. Schwedische Schafe oder jedenfalls die meisten von ihnen müssen zweimal im Jahr geschoren werden, was für mich aus finanziellen Gründen gut war, aber ein Unglück für die schwedischen Schafzüchter, die zwei Schuren bezahlen mussten und für die Wolle kaum etwas bekamen.

In den vergangenen 15 Jahren war ich zweimal im Jahr nach Schweden gefahren, doch irgendwie hatte es dieses Land im Norden Europas nicht geschafft, den Weg zu meinem Herzen zu finden, obwohl ich dort einige gute Freunde hatte. Die trostlose Weite der unberührten, aber öden Landschaft erdrückte mich, und die reizlosen Städte langweilten mich zu Tode. Manchmal war ich tagelang im Schnee durch endlose Kiefernwälder zu abgelegenen Höfen unterwegs. Der Lohn war irrsinnig hoch (und wir würden das Geld brauchen, wenn wir uns um ein Baby kümmern mussten), aber es fiel mir schwer, meine gute Laune zu bewahren.

Während meiner früheren Reisen hatte sich Ana allein um den Hof gekümmert. »*Ay, que valiente!*«, pflegten die Einheimischen zu sagen, wenn sie das hörten. »Ganz allein an einem so schrecklichen Ort zu bleiben, *ay por dios!*« Aber diesmal erbot sich eine Freundin unserer niederländischen Nachbarn, Belinda – eine Frau, die wir inzwischen gut kannten –, bei Ana zu bleiben und ihr Gesellschaft zu leisten. Belinda war eine tüchtige Person, die unter anderem auch ein wenig über Geburtshilfe wusste.

Die Schur dauerte gewöhnlich einen Monat, und Ana hatte ausgerechnet, dass das Baby ungefähr Mitte November kommen würde. Ohne die Anwesenheit Belindas hätten wir uns wahrscheinlich ein wenig unbehaglich gefühlt.

In diesem Monat verstrich die Zeit in Schweden noch langsamer als sonst; doch schließlich war meine Arbeit beendet, und ich saß mit einem wohl gefüllten Kontostand und einem Beutel voll Salzheringe, geräuchertem Lachs und schwedischen Käsehobeln wieder im Bus nach Órgiva, der die langen, gewundenen Abhänge von der Küste in die Berge südlich von Granada hochschnaufte, just als die letzten Strahlen der Abendsonne die schneebedeckten Gipfel berührten. Was für ein wundervolles Land, um dort geboren zu werden, dachte ich.

Als ich an der Bushaltestelle ankam, war es dunkel; doch Ana holte mich trotzdem ab. Bereits bei meiner Abreise hatte sie deutliche Anzeichen gezeigt, dass sie nicht mehr allein war, aber jetzt konnte man ihren Zustand kaum noch missverstehen. Sie bewegte sich selbstbewusst, leicht nach hinten geneigt, um die Wölbung ihres Bauches auszugleichen. Wir umarmten uns vorsichtig, und ich trat zurück, um das außerordentliche Phänomen von zwei Personen in einer zu bewundern.

»Ich bin wirklich froh, dass du wieder da bist. Ich glaube, es wird jetzt nicht mehr lange dauern«, sagte sie, als ich den Landrover anwarf.

»Ich bin auch froh, das kann ich dir sagen. Gott, ist es schön, wieder zu Hause zu sein.«

Die zeitweilige Abwesenheit ist für eine Beziehung sehr belebend. Ich war immer froh, Ana zu sehen; aber nach einem Monat in Schweden mit düsteren Gedanken an vorgeburtliche Notfälle war ich... nun einfach überwältigt. Sie sah gut und gesund aus – blühend, wie es das Klischee will – und blickte dem dramatischen Geschehen, das vor ihr lag, überraschend gelassen entgegen.

Auf dem Hof sahen auch die Schafe fett und glücklich aus, und die dunkelgrünen Kugeln der Orangen an den Bäumen versprachen reife, süße Früchte. Der Boden unter dem eigenartigen Feigenbaum, an den die Schafe nicht herankommen konnten, war mit verfaulten, purpurnen Früchten übersät.

Ana musste mich erst darauf aufmerksam machen, dass unser ganzer Besitz irgendwie kahl wirkte. Sie schien wirklich besorgt zu sein. Während meiner Abwesenheit hatten sich die Schafe überall herumgetrieben, Büsche und Sträucher kahl gefressen und das Gras bis auf den nackten Boden ausgerupft. Das allein war noch kein Grund zur Panik, aber Ana zeigte mir Stellen, wo die Steinmauern der Terrassen zerbrochen und eingestürzt waren und nur noch staubige Pfade und steinige Erdhügel zurückgelassen hatten.

Schafe gehen nicht um das Ende einer Mauer herum, wenn sie auf eine obere oder untere Terrasse wollen: Sie springen alle zusammen von der Mitte hinauf und hinab, was bei mehr als hundert Hufen auf einmal fatale Auswirkungen hat. Sie waren auch über den Drahtschutz geklettert, den ich um die neuen Aprikosenbäume gezogen hatte, und hatten sich an den Spitzen der Jungpflanzen gütlich getan. Außerdem waren sie in den Garten eingedrungen und hatten den Schmetterlingsstrauch und alle Palmen, die wir gepflanzt hatten, abgefressen; und nicht einmal Anas Gemüsebeet, ihr ganzer Stolz, war ihnen heilig gewesen. Die Auberginen und Peperoni hatten ihnen nicht besonders geschmeckt, der Rest aber umso mehr.

»Ich fürchte, sie werden unser Land in eine Wüste verwandeln«, prophezeite Ana düster.

»Vielleicht wäre das besser als der Urwald, der hier ohne sie wuchern würde.«

»Ich glaube, ich ziehe den Dschungel mit seinen Blumen und Grünpflanzen vor.«

»Ja, du hast Recht… aber wir finden sicher einen Weg, mit ihnen fertig zu werden«, sagte ich und streckte mich behaglich in meiner Lieblingsecke auf der Terrasse aus. »Beim ersten Mal kann man nicht alles richtig machen, oder?«

Ich weiß nicht, was ich in den letzten, flüchtigen Momenten der Freiheit hatte tun wollen: vielleicht mit Ana auf der Terrasse sitzen, Tee schlürfen und mich Träumereien hingeben, zu denen mich die Landschaft verführte. Ich hatte mir bestimmt nicht vorgestellt, dass ich jeden Morgen hinausgeworfen wurde, um mit einem Eimer verwässerter Hundescheiße über den Hof zu ziehen.

Canina, wie dieses Gebräu heißt, war Ana als ausgezeichnetes Mittel zur Abschreckung von Schafen empfohlen worden;

daher hatte sie beschlossen, dass ich jeden Baum ausgiebig damit bespritzen sollte. Nun war ich zwar ebenso besorgt wie Ana um die Zukunft unserer Orangen- und Olivenbäume und wollte mich auf keinen Fall den Nestbauinstinkten einer hochschwangeren Frau widersetzen, aber es überstieg meine Kräfte, diese Aufgabe mit Gleichmut zu akzeptieren.

Es erfordert einiges Geschick, einen Espartograsbusch auseinander zu biegen und zu besprühen, und es hat unappetitliche Konsequenzen zur Folge, wenn man dabei nur einen Fehler begeht. Ich machte alles falsch. Außerdem quälte mich das entmutigende Wissen, dass der abschreckende Effekt besonders nach heftigem Regen gemindert würde und dass sich die Schafe wieder an dem ersten Baum zu schaffen machten, sobald man mit dem letzten fertig war.

Meine Nachmittage verliefen ähnlich hektisch. Ich verbrachte sie damit, einige Zäune um die gefährdeten Gebiete auf dem Hof zu ziehen, beginnend mit der stalagmitischen Einfriedung, die Ana sich für ihren Gemüsegarten ausgedacht hatte. Wenn Ana jemals ein Herz für Schafe gehabt hatte, dann waren diese Zeiten jetzt vorbei. Großmütige Duldung – das war alles, was sie von nun an erwarten konnten.

Chloë
und die unbefleckte Empfängnis

»Es tut mir wirklich Leid, aber Sie müssen das Zimmer verlassen. Wenn Sie wieder in Ohnmacht fallen und mit dem Kopf auf die Fliesen schlagen, können wir nichts für Sie tun. Wir haben hier zu viel um die Ohren, um uns um Sie zu kümmern.«

Also ging ich und starrte durch das Korridorfenster trübsinnig auf die Erdbewegungsmaschinen, die wie riesige Vögel auf das Fundament der neuen Umgehungsstraße von Granada einhackten, und versuchte für einen Moment das Bild zu vergessen, wie Ana schwitzend und keuchend im Kreißsaal des Krankenhauses lag. Und wofür das alles? Damit sich unser Leben, das wir beide ziemlich genossen hatten, unwiderruflich veränderte – und das vielleicht sogar zu unserem Nachteil? Wäre mir eine Bierdose in die Finger gefallen, hätte ich wütend mit ihr Fußball gespielt. Doch die blitzsauberen Korridore des Hospitals zur Unbefleckten Empfängnis boten solchen Trost nicht an.

Das Drama hatte nachts zuvor begonnen. Ana hatte mich

um zwei Uhr morgens wachgerüttelt und sich beklagt, dass ihre Fruchtblase geplatzt sei. Ich sollte ihr etwas Tee bringen und verdauungsfördernde Kekse und dann den Wagen bereitstellen, während sie das Bad reinigte. Mit dem Bad musste ich mich offenbar verhört haben. Sollten wir nicht in Windeseile in die Stadt sausen und mit kreischenden Bremsen im Vorhof des Krankenhauses zum Stehen kommen? Anscheinend nicht. Es wurde halb drei, bevor Ana mir in jener milden Novembernacht den Eimer und ein nasses Scheuertuch reichte und sich endlich von mir in den Landrover helfen ließ.

Der Vollmond hing über den dunklen Zitrusblättern, während wir zu nachtschlafender Zeit durch das Tal rumpelten und ratterten. An der Biegung, wo es zur Müllkippe in Lanjarón geht, mussten wir anhalten – ein paar Männer beseitigten im Interesse der Verkehrssicherheit mit einer Sprengladung den Hügel. Wir mussten umkehren, durch Órgiva zurückfahren und einen großen Umweg über die Sieben-Augen-Brücke und die Küstenstraße machen.

Die stille Nachtluft, die nach Kiefern duftete, verbreitete eine traumhafte Atmosphäre, was sich durch die weichen Schatten und das silberne Licht noch verstärkte. Keiner von uns hat die Schönheit dieser Fahrt jemals vergessen. Wir hielten an, damit Ana pinkeln konnte, und schauten ein wenig in den Mond, bevor wir auf die Hauptstraße fuhren und uns auf den langen Weg über die Berge nach Granada machten. Sie hatte jetzt alle fünf Minuten Wehen, versicherte mir aber, dass sie leicht und nicht allzu schmerzhaft waren.

Als wir die Stadt erreichten, senkte sich von den Bergen das erste graue Licht der Morgendämmerung herab und vermischte sich mit der Straßenbeleuchtung. Ich fuhr direkt auf den Platz für Notfälle.

»Hier darfst du nicht parken«, sagte Ana. »Das ist für Notfälle.«

»Aber wir sind doch ein Notfall, oder?«

»Tu, was ich sage. Stell den Wagen da drüben auf dem normalen Parkplatz ab.«

»Natürlich, Liebes.« Es schien unklug, mit Ana zu streiten, während sie Wehen hatte.

Ohne Eile schritten wir durch die Türen der Notaufnahme. Ich fühlte mich klein und unbedeutend, als sie Ana nach Einzelheiten befragten. Vom modernen Mann wird heute erwartet, bei der Geburt seiner Kinder anwesend zu sein. Ich war gern dazu bereit, mich den neuen Sitten anzupassen, und hätte auch Anas Hand gehalten, wenn sie es gewollt hätte. Doch diese Neuerung hatte sich in der spanischen Provinz noch nicht durchgesetzt, also musste ich mich eines Tricks bedienen, um hineinzukommen.

»Ich muss bei meiner Frau bleiben, weil sie kein Spanisch spricht und ich vielleicht für sie übersetzen muss«, schwindelte ich. Ana hatte ihre Angaben gerade in fließendem Kastilisch gemacht.

»Das ist nicht üblich, aber wenn es nicht anders geht.«

»Es geht nicht anders«, sagte ich nachdrücklich, und dann winkten sie Ana durch.

Bald führte man mich in einen gleißend hellen Kreißsaal, wo Ana in einem weißen Kittel, die Beine in einer Art Steigbügeln hängend, auf einem seltsamen grünen Apparat lag. Neben ihr summte, piepte und leuchtete eine Reihe von elektronischen Kästen.

Bis dahin hatte ich mir über die Umstände einer Geburt nicht viele Gedanken gemacht. Eine Frau, die durch unser Tal gereist war, hatte uns mit detailgenauer Erzählung von einer Geburt in einem kerzenerleuchteten Wigwam erfreut, in dem 17 Frauen unter Trommel- und Flötenmusik einen Kreis bildeten, sich an den Händen fassten und singend um die Gebärende herumschritten. Solche Schilderungen und die

Angst, vom Fluss abgeschnitten zu werden, bestärkten uns in unserem Entschluss, sich frühzeitig in einem Krankenhaus in Granada anzumelden. Doch als ich mich jetzt so umsah, dachte ich sehnsüchtig an den Wigwam zurück.

Ana lächelte mich durch ein Wirrwarr von Schläuchen nervös an und streckte mir ihre Hand hin. Zwei stämmige junge Männer in ledernen Bomberjacken betraten den Raum.

»Hóla«, grinsten sie. »Wir sind die Hebammen.«

Sie wuschen sich, zogen sich in einer geschäftigen Art um und schlossen Ana an eine Art digitales Wehenmessgerät an. Immer wenn sie eine Wehe hatte, was jetzt alle paar Minuten geschah, blinkte ein rotes Licht an der Maschine, und auf dem Bildschirm wurde die Stärke der Wehe angezeigt. »2« hieß es, dann wieder »2« und noch mal »2«. Anas Wehen waren erträglich. Jemand in ihr überlegte sich genau, ob er in die Welt hinaustreten wollte.

Aber diese Zweierzahlen waren für die Hebammen unbefriedigend, also schlossen sie Ana an eine Art Tropf an. »16« brüllte die Maschine, als die sanften Wehen in entsetzliche Krämpfe übergingen. »16«… »19« – o Gott, ich hatte Angst, dass sie auseinander gerissen würde. Es war heiß und stickig in diesem grässlichen Krankenhaus. Meine Beine knickten langsam ein.

Ich möchte Ihnen weitere Einzelheiten ersparen. Anas letztes mühevolles Stadium währte anderthalb Stunden, was nicht lang ist, wie ich hörte, aber mir wie eine Ewigkeit des Schmerzes erschien. Ana schwitzte und presste und sagte, dass sie das Gefühl habe, ihr würden die Augen zerplatzen. Ich drückte ihr die Hand und fiel erneut in Ohnmacht. Also schickten sie mich wieder auf den Flur hinaus.

Es war wirklich entsetzlich. Diese glückseligen Momente der Ankunft eines neuen Menschen auf der Erde wurden von den Bildern, wie sich Ana vor Schmerzen krümmte, über-

schattet. Als ich aus meiner Verbannung im Korridor zurückkehrte, spürte ich, dass die Hebammen nervös wurden; sie
versuchten immer wieder, den Chefarzt der gynäkologischen
Abteilung zu erreichen, aber der Mann war spurlos verschwunden. Auf dem Wehenmessgerät leuchteten astrono-
mische Zahlen. Der Apparat, der den Herzschlag und den
Puls des Babys maß, zeigte immer weniger an. Seine Warn-
lichter blinkten. Der elektronische Alarm ging los. »Jetzt nicht
schlapp machen – nur nicht schlapp machen«, murmelte ich
und drückte Anas Hand. Sie waren alle zu beschäftigt, um zu
bemerken, dass ich mich wieder vom Boden hochrappeln
musste.

Dann eine letzte, gewaltige Presswehe, und es war geschafft. Ana sackte zusammen, schlaff und erschöpft, aber
immer noch am Leben. Ein blaues, schrumpeliges Etwas
wurde auf ein Handtuch auf dem Seitentisch geknallt.

»Es normál?«, fragte ich. Ich konnte es noch nicht über
mich bringen, das blaue Wesen anzuschauen; ich war nur auf
Ana fixiert.

»Si, es normál.«

Ich schlüpfte hinaus, um Blumen und Wein zu kaufen – irgendwas, das nach dieser Prüfung in dem schrecklichen Zimmer wieder Fröhlichkeit in unser Leben brachte. Als ich zurückkam, lag Ana in steifer, frischer Bettwäsche und lächelte
schwach. Im Kinderbett neben ihr hatte man dem kleinen
Wurm die Decke völlig über den Kopf gezogen. Ich gab ihr
die Blumen und küsste sie zärtlicher, als ich es seit langem getan hatte. Denn ich war fest überzeugt, dass ich sie um ein
Haar verloren hätte.

»Du solltest jetzt mal nach dem Baby sehen«, sagte sie nach
einer Weile.

Unwillig erhob ich mich und zog die Decke zurück. Da lag
dieser eklige, purpurrote Kopf, an dem dünne, nasse Haar-

strähnen klebten. Ich betrachtete das schlafende Baby. Solch ein Ding konnte man doch gar nicht lieben... oder? Plötzlich geschah etwas mit mir... es war, als ob eine Welle warmen Gefühls über mich hereinbrach. Ich zitterte, während ich den Winzling anstarrte. Ich war wie gelähmt, gefangen. Alle Hormone und Säfte, die bislang ihren Dienst verweigert hatten, hüllten mich nun in Wolken der Liebe ein. Ich plumpste wieder aufs Bett zurück, schlaff und sprachlos, und versuchte Ana zu vermitteln, was mir soeben widerfahren war. Doch die Worte wollten mir nicht über die Lippen kommen.

»Ich weiß.« Sie lächelte. »Mir ist es genauso gegangen.«

Es dauerte ein paar Stunden, bis ich mich losreißen und nach Hause fahren konnte, um die Tiere zu füttern. Ich brachte eine wichtige Nachricht mit.

Chloë war angekommen.

Einige Tage später wickelten wir Chloë ein und fuhren mit ihr heim. El Valero schien ein raues, primitives Zuhause für so ein zartes Geschöpf zu sein. Der Sonnenschein und die Blumen, die wunderschöne Aussicht auf Flüsse und Berge und der tiefe Frieden an diesem Ort wurden von Skorpionen und Hundertfüßlern, Schlangen und Adlern überschattet, den Katzen, die sich in ihre Wiege legen und sie erdrücken konnten, den riesigen Hunden, die das kleine Baby mit raubtierhaftem Interesse taxierten.

Wir wussten, dass von Beaune keine Gefahr drohte; doch wir machten uns Sorgen, dass Bonka den Neuankömmling in einem Anfall von rasender Eifersucht auffressen könnte. Am Ende stellten sich unsere Befürchtungen als grundlos heraus. Bonka schien am Anfang von Chloës Existenz gar keine Notiz zu nehmen und akzeptierte sie später, als sie kaum mehr zu übersehen war, als vollberechtigtes Mitglied des Haushalts. Chloë liebte die Hunde und schien Beaune als eine Ausweitung ihres Selbst zu betrachten, wenn sie mit ihr herumrollte, sich in ihr Körbchen kuschelte und einschlief, sodass wir ihr nur schwer klarmachen konnten, das sie eigentlich ein menschliches Wesen war. Wir beugten dem natürlichen Instinkt der Katzen, sie zu ersticken, vor, indem wir ein Obstnetz über die Wiege zogen. Und was die Skorpione und Hundertfüßler und andere unerwünschte Gäste betraf, so hofften wir einfach das Beste und beteten.

Chloë schien in ihrer rauen Umgebung aufzublühen. Ein ständiger Strom wohlmeinender Besucher nahm, angezogen vom Zauber eines neuen Babys, trotz der durch den Fluss verursachten Unbilden den mühsamen Weg durch das Tal auf sich und überbrachte uns Glückwünsche. Eines Nachmittags tauchte Domingo mit seinen Eltern und ein paar Zuckerbeuteln auf. Zucker ist hier in den Alpujarras ein traditionelles Geschenk für ein neu geborenes Baby. Expira war von Chloë hingerissen und zeigte ihre Zuneigung auf die altbewährte Art, indem sie dem armen kleinen Ding kräftig in die Wangen kniff und von oben herab gurrte und gluckste.

»Ich habe euch doch gesagt, dass ihr Kinder bekommen müsst«, schwärmte sie, »und jetzt habt ihr so einen süßen Fratz zur Welt gebracht! Ihr müsst noch mehr bekommen, die Zeit wird knapp.«

Domingo, der sich zuerst damit begnügt hatte, hinter dem Rücken seiner Mutter ab und zu einen Blick auf Chloë zu werfen, trat vor und nahm sie behutsam und geschickt auf den Arm. Er wiegte sie und streichelte ihr den Kopf, als hätte er das sein ganzes Leben lang getan. Ich war darin noch ungeübt, weil man es mir im Krankenhaus nur kurz gezeigt hatte, und sah erstaunt zu, wie Domingo mit ihr draußen umherstolzierte und ihr Gesicht sorgsam gegen das grelle Sonnenlicht abschirmte.

Während Chloës erster Monate schaute Domingo häufig bei uns vorbei, nahm sie von ihrer Decke hoch und ging mit ihr ein bisschen auf dem Hügel am Haus spazieren. Sie schien sich auf seinem Arm ebenso wohl zu fühlen wie auf dem ihrer Mutter. Ein Teil von mir beneidete ihn um diese Fähigkeit – ich konnte gut mit Chloë umgehen, aber nicht mit den Babys anderer Leute. Am meisten jedoch bekümmerte mich Domingos Entschluss, niemals selbst Vater zu werden.

»Es ist unmöglich«, pflegte er kurz und knapp zu antworten, wenn er danach gefragt wurde. »Ich verdiene kaum genug Geld, um mich selbst über die Runden zu bringen. Wie könnte ich dann Frau und Kinder ernähren?«

Aus Domingos Worten klang eine traurige Resignation. Lieber wollte er Junggeselle bleiben als Kinder in Armut großzuziehen, und ich war tief bewegt, als ich das erfuhr. Man musste kein guter Menschenkenner sein, um zu spüren, dass Domingo sich als Vater wirklich bestens eignen würde. Aber er war in einer anderen Welt aufgewachsen als ich. Er hatte am eigenen Leib erlebt, was Hunger und Armut Familien antun können.

Nach diesen ersten Monaten, in denen wir uns an unsere neue Lebensform gewöhnten, wurde mir bewusst, was meine Freunde gemeint hatten, wenn sie mir zu erklären versuchten, welche Umstellung es bedeutete, ein eigenes Kind zu haben. Doch ihre Schilderungen hatten diese Erfahrung nie wirklich wiedergeben können. Wir blickten auf all die Sorgen zurück, das ein Kind unser Leben verändern und zerstören könnte, und waren völlig überrascht, wie unwesentlich uns jetzt diese Überlegungen vorkamen. Es war, als hätte man uns soeben den Schlüssel für das Rätsel des Lebens überreicht. In mir erwachten mehr und mehr Gefühle für die Menschen und Dinge, die ich auf dieser Welt liebte – und das allein durch dieses neue Wesen, das gekommen war, um bei uns zu bleiben. Wir konnten uns nicht mehr vorstellen, wie wir durchs Leben hätten gehen sollen, ohne diese Erfahrung zu machen.

Chloës erstes Wort war »Beaune«. Sie sprach es so glücks-
trahlend aus, dass ihr närrischer Vater entzückt war, obwohl
er sich noch einige Wochen gedulden musste, bis er mit dem
Hund gleichgestellt wurde. Ihr erster Satz beschäftigte sich
ebenfalls mit Beaune, allerdings aus einem traurigen Anlass.

Ana und Chloë warteten an der Bushaltestelle auf mich, als
ich von meinem nächsten herbstlichen Schafschuraufenthalt
in Schweden zurückkehrte. »Beaune«, piepste Chloë, als ich
sie auf den Arm nahm. »Beaune weg.«

Das stimmte. Beaune war nur eine Woche nach meiner Abreise an einer Art Staupe erkrankt und kurz darauf gestorben.
Ana und Chloë waren völlig verzweifelt. Auf dem Hof wies
uns Chloë den Weg zu einem Fleckchen Erde auf einer vernachlässigten Oliventerrasse, wo Anas Hund begraben lag.

Ein Trost, wie ihn die Natur manchmal für uns bereithält,
war, dass wir noch in jener Woche entdeckten, dass Bonka
trächtig war. Sie warf acht Junge, von denen wir zwei behielten: das eine, weil sein Fell genau wie das seiner Mutter ge-
zeichnet war, das andere, weil sein eines Ohr in die Höhe
stand und das andere herabhing. Sie wurden Barkis und Bodger genannt und waren von nun an Chloës ständige Gefährten.

Als Bauernmädchen wurde Chloë tagaus, tagein mit Geburt
und Tod konfrontiert. Noch bevor sie ein Jahr alt war, sah
sie zu, wie die Lämmer zur Welt kamen, und erlebte, wie die
jungen Hunde weggegeben und die kranken Hühner oder
Schafe getötet wurden.

Als sie noch nicht einmal zwei Jahre alt war, machte sie besonders gern einen Ausflug in die Höhle im Fluss, um sich die
tote Ziege anzusehen. Eine kranke Geiß aus einer der Herden, die im Flussbett grasten, hatte sich in die Höhle verkro-
chen, um dort zu sterben, wo sich die Flüsse vereinigen. Wir
stießen zufällig auf den Kadaver, aufgebläht und von wilden

Tieren zerrissen, übel riechend und von einer Fliegenmatte bedeckt, die sich bewegte. Die Augen waren schon lange nicht mehr da. Die Ziege glotzte aus blutigen Höhlen in das Schilfrohr.

»Ich muss sie vor diesem grauenhaften Anblick bewahren«, dachte ich und versuchte mich zwischen Chloë und die Höhle zu drängen.

»Was ist das?«, fragte sie und deutete gebieterisch mit dem Finger auf die Höhle.

»Was ist was?«

»Das da.«

»Oh, das. Nur eine tote Geiß.«

»Chloë will Geiß sehen«, beharrte sie und zog mich am Arm auf die Höhle zu.

Sie war entzückt. Sie ekelte sich vor solchen Dingen nicht so wie wir Erwachsene. Jeden Tag brüllte sie so lange, bis wir uns die tote Ziege anschauen gingen, die, von Füchsen und Vögeln und Hunden zernagt, langsam verweste und verschwand. Auch ich freute mich inzwischen auf unsere Expeditionen, weil ich sehen wollte, wie die Sache voranschritt, wie sich die massive körperliche Anwesenheit der Ziege allmählich in nichts auflöste. Hätten wir in der Stadt gelebt, wären wir vielleicht jeden Tag in den Park gegangen. Die Vorteile des Landlebens liegen nicht immer klar auf der Hand.

»Wer hat uns gemacht, Daddy?«, fragte Chloë ein paar Wochen nach ihrem zweiten Geburtstag aus heiterem Himmel.

»Ich bin mir nicht ganz sicher, Chloë«, erwiderte ich. »Aber deine Mutter müsste es eigentlich wissen.«

Geschickt und feinfühlig verweise ich die unangenehmeren Fragen gern an eine höhere Instanz. Außerdem bilde ich mir ein, bei den einfacheren eine bessere Figur zu machen.

»Luft ist nichts, nicht wahr?«, fragte Chloë eines schönen Tages.

Über diese Frage einer Zweijährigen war ich hoch erfreut. Irgendwo hatte ich gelesen, dass Aldous Huxley mit sechs Jahren »Haut« geantwortet habe, als er gefragt wurde, worüber er nachdenke. Über Luft nachzudenken, bevor man drei war, schien mir ein gutes Zeichen zu sein. Es deutete auf eine reflexive Neigung, eine Neugier, die ihr den rechten Weg in die unwahrscheinlichen Zukünfte, die ich für sie plante, weisen würde. Mit dieser Frage musste ich mich wohl ernsthaft auseinander setzen.

»Doch, es ist was.«

»Was denn?«

»Nun, eine Menge, meist Gas…«

»Was ist Gas?«

»Nun – äh – Gase sind fast wie Luft… man kann sie nicht sehen… gewöhnlich jedenfalls nicht, obwohl ich glaube, dass einige wie Rauch aussehen. Gas kommt in den orangefarbenen Flaschen an, die wir für unseren Herd nehmen… äh…«

»Kannst du meiner Barbie einen Pferdeschwanz binden?«

»Na gut.«

Und während ich das Haar der blöden Barbiepuppe ungeschickt zu einem Pferdeschwanz band, dachte ich über meine unzureichende Antwort nach. Was, zum Teufel, war Luft denn eigentlich? Wie konnte ich Gase besser erklären? Ich hatte es gründlich vermasselt – und sie bestimmt in ihrer Entwicklung behindert.

Chloë schaute weiterhin sehr nachdenklich drein, während ich an der abscheulichen Puppe herumfummelte. »Häuser sind auch nichts, oder?«

Ich drehte mich um und sah unser Haus an. Es war nicht viel, aber immerhin etwas; und ich war ziemlich stolz darauf, es gebaut zu haben. Ich dachte an die Steine, die wir vom Fluss hochgeholt, auf das Gerüst gehievt und mit einigem Geschick in die richtige Lage gebracht hatten. Es ist schwer, das Gewicht eines Steinhauses zu schätzen, aber es musste sicher hundert Tonnen oder mehr wiegen.

»O doch, dieses Haus ist etwas; es besteht aus Steinen, Zement, Sand und Wasser, Holz und Balken und Schlamm… und viel Arbeit.«

Sie grübelte ein Weilchen darüber nach.

»Welche Barbie, meinst du, ist schöner – diese oder die in Rosa?«

Freunde und Fremde

Man mag sich noch so dagegen wehren: Wenn man im Ausland lebt, wo es andere ständig im Ausland lebende Landsleute gibt, wird man Teil der »Foreign Community«, wie das so heißt. Anfangs lehnte ich mich entschieden dagegen auf, aber mit den Jahren nahm ich meinen Status als Ausländer gelassener hin und lernte die Bande zu akzeptieren, die durch Sprache, Humor und gemeinsame Erfahrungen zwischen mir und meinen Landsleuten geknüpft wurden.

Wenn man zur Foreign Community gehört, kommt man sich ein bisschen vor wie in der Schule. Unter anderem verleiht das Alter Autorität. In unserem Teil der Alpujarras war das von Natur und Neigung älteste Mitglied Janet. Sie war in den frühen Siebzigern hierher gezogen und hatte sich am Rand von Tijolas, ganz am Anfang unseres Tales, ein großes Haus gebaut und es mit einer beeindruckend hohen Mauer umgeben.

Romero hat mir einmal grinsend erzählt, wie ein ihm bekannter Pferdehändler über diese Mauer geklettert war. Er band sein Pferd in der Nähe an und schwang sich mit Hilfe einer kräftigen Kriechpflanze und eines Baums hoch. Seine Absicht war zweifellos, in den Garten einzudringen und die Dame des Hauses zu erschrecken, aber das ging völlig daneben. Als er von der Mauer ins Gebüsch sprang, fielen Janets Appenzeller Hunde über ihn her, von denen der eine ihn tüchtig in den Hintern biss. Er floh über die Mauer zurück und ritt unter Schmerzen in die Stadt, wo er Janet schnurstracks bei der Polizei anzeigte, weil sie ein gefährliches Tier hielt.

Für diejenigen mit weniger ruchlosen Absichten gibt es auch eine kleine blaue Tür, an der man klopfen kann. Ana und ich, die in dem Sommer nach unserer Ankunft auf El Valero von Janet zum Mittagessen eingeladen wurden, klopften und warteten höflich, wie es sich für Neuankömmlinge, welche die örtliche Gentry besuchen, geziemt. Die obere Hälfte der Tür flog auf und gab den Blick auf das Rudel geifernder Hunde frei. Janet stand mitten unter ihnen und presste die Finger um den Griff einer langen Lederpeitsche, mit der sie Schläge nach links und rechts austeilte, während sie die Hunde verfluchte.

»Kommen Sie rein, kommen Sie rein, schnell, schnell, und kümmern Sie sich nicht um die Hunde. Halten Sie die Hände über den Kopf, sie gewöhnen sich schon an Sie. Runter, du Miststück!« Und mit einem Stiefeltritt und Peitschenschlag schickte sie eine besonders wilde Bestie zu Boden, die es nach unseren Kehlen gelüstete.

Wir schlurften mit erhobenen Händen hinein, und die Tür krachte hinter uns zu. »Willkommen, meine Lieben!«, brüllte Janet gegen den grässlichen Lärm an. »Wartet eine Minute, bis ich mit diesen Scheusalen fertig bin. Ein bisschen Fleisch sollte sie ruhig stellen.« Sie verschwand mit den Hunden an ihren Fersen und ließ uns zitternd an der Tür stehen. Bald kehrte sie mit einem halben Dutzend roter und fleischiger zerspaltener Kuhköpfe zurück, die sie auf den Rasen schleuderte. Die Hunde brachen durch das Gebüsch und stürzten sich voll sabbernder Gier auf die Köpfe.

»Das sind meine Kinder, wissen Sie«, strahlte Janet, als sie ihre Peitsche weglegte. »Nun, was wollen wir vor dem Essen trinken?«

Wir einigten uns auf Wein und setzten uns an den Tisch unter einer weinumrankten Pergola – der Auftakt einer Reihe von Do-it-yourself-Narrheiten, wie es schien. Der Rasen, mit exotischen Bäumen gesprenkelt, wellte sich zu einem riesigen, gekachelten Pool hinab, der am Ende ein klassisches Aussichtstürmchen aufwies. Wir nippten an unserem Wein und starrten höflich in den Garten.

»Entschuldigen Sie mich eine Minute. Ich will nur schnell nach dem Essen sehen. Nehmen Sie noch etwas Wein.«

Wir folgten ihrer Aufforderung und bewunderten einen Teich, der voller Fische und Frösche war, darunter ein winziger, grüner Baumfrosch, den Janet aus exotischen Gefilden importiert hatte. Als wir uns wieder hingesetzt hatten, bemerkte ich eine Schlange, die am Teich lag und genüsslich einen Fisch verschlang.

»Das ist wirklich außergewöhnlich«, sagte ich zu Ana.

»Vielleicht sollten wir es ihr sagen…«

»Janet, könnte es hier eine Schlange geben, die sich Fische aus dem Teich holt?«

»Was?«, tönte es aus der Küche.

»Eine Schlange, da ist eine Schlange, die Ihren Fisch frisst.«

Sie schoss aus der Küche. »Eine Schlange? Wo? … Da ist sie also wieder! Ich kenne sie – sie hat während der letzten Monate meinen kompletten Fischbestand vernichtet. Diesmal werde ich das Aas fertig machen. Warten Sie, Chris, halten Sie sie fest, ich hole nur schnell etwas, womit ich sie umbringen kann. Ich weiß, wie ich Hackfleisch aus ihr mache! Bleiben Sie dort und lassen Sie sie auf keinen Fall entwischen!«, schrie sie und rannte in die Küche zurück.

Zuerst blickte ich Ana verwirrt an, dann die Schlange.

»Wie, zum Teufel, soll ich sie dort festhalten?«

Das Reptil schien glücklicherweise gar nicht daran zu denken, sich zu bewegen, sondern schluckte friedlich weiter seinen Fisch – oder vielmehr Janets Fisch – hinunter. Ich hörte, wie Janet in der Küche wie wild herumkramte und wütend vor sich hin schimpfte.

»Wo ist denn bloß dieser blöde Fleischklopfer? Wo ist das verdammte Ding?!... Da ist es ja! Ist sie immer noch da, Chris? Haben Sie sie?«

»Ja, sie ist immer noch hier.«

Sie stürzte aus der Küche und schwang den Fleischklopfer, sprang in die Büsche und hieb mit ihrer Waffe auf die Schlange ein, wobei sich der Kopf des Prügels verselbstständigte.

»Scheiße! Jetzt ist der Kopf ab! Können sie denn in diesem verfluchten Land keine anständigen Geräte machen? Und jetzt ist diese verdammte Schlange schon wieder entwischt.«

Sie setzte sich an den Tisch und nahm einen Schluck Wein.

»Na gut, diesmal war ich ziemlich nah dran. Vielleicht kriege ich sie beim nächsten Mal. So, jetzt essen wir zu Mittag!«

Und sie bewirtete uns mit einem üppigen, sechsgängigen, frisch gekochten indischen Essen. Während wir damit beschäftigt waren, erzählte sie uns ihre Lebensgeschichte. Wie sie der Mau-Mau-Aufstand in Kenia gezwungen hatte, dort ihr Veterinärstudium abzubrechen und in England zu beenden, was ihr ein gründliches Wissen über Erkrankungen und Heilungen von Tieren verschaffte. Jetzt praktizierte sie zu Hause und kurierte all die Katzen, Hunde und Pferde in der Gegend. Das waren ihre glücklichsten Stunden im Leben.

Wenn sie sich nicht um kranke Tiere kümmerte, studierte sie. Damals beschäftigte sie sich gerade mit Mathematik, Physik und Tiermedizin, und um zu verhindern, dass ihr Weltbild zu ernst wurde, las sie Schweizer satirische Magazine auf Französisch und Deutsch. Sosehr ich mich auch bemühte, ich konnte mir die Schweizer nur schwer als Satiriker vorstellen. Das sagte ich auch zu Janet. »Ja … ja, Chris, du hast vollkommen Recht. Sie haben überhaupt keinen Humor. In Wahrheit haben die Schweizer einen Sinn für Humor, den man bei einem Hund vermuten würde!«

Dem Himmel sei Dank für Janet, sie ist eine echte Exzentrikerin und bei all ihrer schnoddrigen Art echt großzügig. Außerdem ist sie Chloë eine treue Freundin geworden. »Ich habe nie sehr viel Zeit für Babys gehabt, Ana«, dröhnte sie bei ihrem ersten Besuch nach Chloës Geburt. »Tiere machen viel weniger Mühe und geben dir im Allgemeinen auch mehr. Aber ich muss zugeben, dass das hier ein verdammt hübsches Baby ist. Wisst ihr, was ich machen werde? Ich werde ihr einen Papagei stricken. Ein süßes Kerlchen wie das hier braucht einen anständigen Papagei aus Wolle. Vor Jahren war ich ziemlich gut im Stricken, aber dann, als ich so viel mit den Tieren zu tun hatte, habe ich damit aufgehört.«

Und nach wenigen Wochen tauchte auch wirklich ein bunter Papagei aus Wolle auf, ein formloser wollener Sack mit zwei Lappen an der Seite für die Ohren und zwei Knöpfen für die Augen. Dazu hatte Janet noch eine weiße Mütze gestrickt – damit die Kreatur nicht am Kopf fror. Mit Stroh ausgestopft hätte sie einen praktischen Packsattel für einen Esel abgegeben.

Doch das war noch nicht alles: Janet hatte auch noch einen schönen Kinderhochstuhl getischlert, den Sitz mit einem seltenen Stammestuch überzogen und eine Holzkommode für Chloës Sachen angefertigt. Es waren Geschenke, die uns lieb und teuer wurden.

Unter den hier lebenden Ausländern scheint es ziemlich viele exzentrische Frauen zu geben. Manche von ihnen haben ihre

Ehemänner mitgebracht, die aber eher fade Zeitgenossen sind, im Hintergrund verblassen und wenig von sich reden machen. Amanda und Malcolm sind solch ein Paar: in ihrer Art typisch für die New-Age-Anhänger in Órgiva. Malcolm hat langes, weißes Haar und eine Vorliebe für lockere, fließende Kleidung. Rodrigo, dessen Ziegenherde in der Wildnis um Amandas und Malcolms Land ihr Unwesen treibt, kann Malcolm einfach nicht als Mann akzeptieren. Rodrigo spricht von ihnen immer – und es ist eins seiner Lieblingsthemen, weil es ständig Streitereien zwischen ihm und den beiden gibt – als »diese beiden Engländerinnen«.

Bevor sie nach Spanien ging, hatte Amanda an der walisischen Grenze einen Biohof bewirtschaftet, und in den Alpujarras galt sie in der Gemeinde ihrer ehemaligen Landsleute bald als Autorität in allen Fragen der Botanik und des Gartenbaus. Ich suchte sie an einem heißen Junimorgen auf, weil ich etwas über *Lavatera olbia* erfahren wollte, einen blühenden Busch, der im mittleren und westlichen Andalusien heimisch ist. Ein Freund in England, Inhaber einer Samenhandlung, hatte bei uns Wildblumensamen bestellt und um ein Kilo Lavatera gebeten. Sosehr ich mich auch bemühte, ich konnte kein einziges Exemplar dieser Pflanze auftreiben. Also machte ich mich mit Chloë, die neben mir vor sich hin gluckste, auf den Weg, um von Amandas botanischem Fachwissen zu profitieren.

Sie trug ein weißes Musselinkleid und hackte in ihrem Gemüsebeet herum. Als ich den holprigen Bergpfad zu ihrem Haus hochschnaufte, richtete sie sich auf, strich sich das Haar aus den Augen und fragte: »Wer kommt mich da besuchen, wenn der Mond im Wassermann aufgeht?«

Ich hatte von Amandas Begeisterung für Astrologie gehört, aber trotzdem traf mich die Frage unerwartet. Ich blickte hinab, um zu sehen, ob Chloë Licht in die Angelegenheit bringen konnte; aber sie war der Mittagshitze erlegen und fest eingeschlafen.

»Äh… mein Name ist Chris, Chris Stewart. Man hat mir erzählt, dass Sie sich mit Pflanzen gut auskennen. Ich brauche Informationen über ein paar Pflanzen, die hier in der Umgebung wachsen könnten.«

»Es ist sehr nett, wenn die Leute so über mich reden, auch wenn es nicht wahr ist. Aber wir können trotzdem eine Tasse Tee zusammen trinken, und dann wird sich herausstellen, ob ich Ihnen helfen kann.«

Amanda hatte die Lavatera, die ich suchte, nicht entdeckt, doch sie war eine wahre Fundgrube des Wissens über die Flora der Alpujarras. Wir tranken unseren Tee in einer rosenumrankten Laube und sprachen über Botanik, die Berge und Rodrigo, während wir über das Mittelmeer auf die schwachen Konturen des marokkanischen Riffs blickten. Chloë war mittlerweile auf meinem Schoß eingedöst.

»Mit Rodrigo ist es wirklich schlimm, seine Ziegen fressen die ganze Gegend kahl. Ich habe es ihm immer wieder gesagt, aber er kümmert sich kein bisschen darum. Bald werden Rodrigo und seine grässlichen Viecher unser Land in eine Wüste verwandelt haben. Sie wissen doch sicher, dass die Sahara einmal ein grüner und fruchtbarer Garten war, bevor sich Leute von Rodrigos Art über sie hermachten?«

»Ja, so was habe ich schon mal gehört.«

»Nun, die Lösung ist – davon bin ich fest überzeugt –, überall auf den trockenen Bergen Ginster anzupflanzen. Ginster wird mit allem fertig… außer mit Ziegen.«

»Ginster? Das können Sie doch nicht im Ernst meinen!«

Ginster ist ein hoher, holziger Busch mit langen, silbrigen Blättern und tiefen Wurzeln. Im Frühling duften die Hügel und Täler im südlichen Spanien nach in Massen herabhängenden, gelben Blüten. Es gibt furchtbar viele von diesen Pflanzen, die sonst keinen ersichtlichen Nutzen haben. Rodrigo dazu zu bringen, auf den Hügeln Ginster anzupflanzen, wäre genau so, als wollte man einem britischen Milchbauern einreden, Ampfer und Disteln zu säen.

»Es ist mir vollkommen Ernst damit«, beharrte sie. »Ginster ist die Lösung. Ich habe auch schon mit Rodrigo über diese Möglichkeit gesprochen, und ich glaube, er findet sie inzwischen ganz gut.«

»Ich bin der Letzte, der originelles Denken nicht zu schätzen weiß«, sagte ich im Bemühen, nicht herablassend zu klingen, »aber ich weiß nicht, ob die Idee hier sozusagen Wurzeln schlagen kann. Ginster ist hübsch und mit diesen langen Wurzeln dürrebeständig, aber außer ein bisschen Samen und Blattwerk für die Ziegen…«

»Verdammt! Ich pflanze das doch nicht für die Ziegen, Chris. Um in dieser Gegend ein tragfähiges ökologisches Gleichgewicht herzustellen, müssen wir die Ziegen irgendwie aus dem Ganzen rauskriegen.«

Wir walzten das Thema platt, bis Chloë aufwachte und nach ihrem Abendbrot verlangte. Ich entschuldigte mich und lud, während ich den Landrover anwarf, Amanda am Sonntag zum Mittagessen ein. »Oh – und bringen Sie doch… bringen Sie, äh…«

»Malcolm, Sie meinen wohl Malcolm. Ja, ich bringe ihn mit.«

»Das«, sagte Amanda, schob die Ärmel ihres Musselinkleids hoch und zeigte mit ihrem Finger auf die Fliegenfalle, die ich an der Stallmauer angebracht hatte, »das ist ein widerliches Ding. Wie sind Sie nur auf so eine Idee gekommen?«

Die anstößige Falle war eine amerikanische Erfindung und ein Gerät, auf das ich ziemlich stolz war. Es bestand aus einem Plastikbeutel voll Wasser und giftigem Zeug, das anscheinend so unwiderstehlich auf Fliegen wirkt, dass sie nicht schnell genug durch einen Plastiktrichter kriechen können, um sich an der Seite ihrer durchnässten und übel riechenden

Artgenossen zu ertränken. Mich hatte die bizarre Botschaft, die die Packung schmückte, zum Kauf verleitet: »Mit dieser herrlichen Fliegenfalle konnten wir unser jährliches Grillfest ohne Fliegen genießen. Wir grillen immer neben dem Schweinepferch!«

»Also, Amanda, irgendwo muss man doch eine Grenze ziehen«, protestierte ich, »und Fliegen sind weit über der Grenze, die ich gezogen habe. Sehen Sie doch, wie sie Pferde und Schafe quälen, von uns ganz zu schweigen.«

»Uns? Euch, meinen Sie wohl. Fliegen stören mich überhaupt nicht, und Malcolm auch nicht.« Ein zustimmendes Schnauben ertönte hinter meiner linken Schulter. »Wenn man mit sich und der Welt im Einklang ist, stören einen Fliegen nicht. So einfach ist das.«

Nun wusste ich, dass Amanda es mit diesen Fliegen ernst meinte, weil ich von einer Frau, die einmal bei ihr zu Hause gewesen war, gehört hatte, dass sie ähnlich zärtliche Gefühle für Skorpione hegte. Eigentlich mögen Skorpione Wasser nicht, aber aus irgendeinem Grund eilten sie aus allen Ecken und Winkeln des umliegenden Landes herbei und ertränkten sich in Amandas Teich. Das machte Amanda so zu schaffen, dass sie sich ein Netz besorgte, mit dem sie die armen Würmer, wie sie sie nannte, herausfischte und der Welt der Steine und Sträucher zurückgab, aus der sie gekommen waren.

Meine Informantin hatte gute Gründe, von diesen Taten beeindruckt zu sein. Eines von Amandas armen Würmchen hatte sie nämlich im Bett in den Mund gestochen. Und das ungeachtet der Tatsache, dass sie eine Frau war, die mit sich und ihrer Umwelt im Einklang lebte, obwohl natürlich jeder nach so einem Ereignis den Glauben an seine Umwelt ein bisschen verlieren kann. Es war wirklich schade, dass nicht alle Geschöpfe Amandas Visionen vom Universum teilten.

Amanda und Malcolm waren zeitig zum Essen erschienen, und wir hatten sie in Anas Gemüsegarten herumgeführt. Ana lenkte taktvoll von dem unbarmherzigen Gemetzel ab, das wir unter den Fliegen anrichteten, und brachte, als wir Chloë aus der Sandkiste hoben und zum Haus hoch gingen, das Thema Kunstdünger zur Sprache.

»Ist es nicht eines der größten Wunder der Natur, dass der Dung der Tiere alle wesentlichen Stoffe enthält, damit die Pflanzen wachsen können, die eben die Geschöpfe ernähren, die den Dünger produzieren, der die Pflanzen nährt… und so weiter«, schwafelte ich im Bemühen, meine organische Weltsicht auszubreiten. »Je mehr ich darüber nachdenke, desto glücklicher macht mich die Organisation des Universums.«

»Da wir selbstverständlich Veganer sind, verwenden wir keinen Tierdung«, erwiderte Malcolm, »nur unsere eigenen Ausscheidungen – und Meeresalgen.«

Für einen Moment herrschte Schweigen.

»Da machen Sie sich aber das Leben selbst etwas schwer, nicht wahr, Malcolm?«, warf ich ein. »Ich meine, Meeresalgen zu importieren, wo Sie hier in den Bergen leben, umgeben von Tieren, die eifrig Dünger produzieren .«

»Ja, dadurch wird alles natürlich etwas schwieriger, aber wir wollen uns eben an der Ausbeutung der Tiere nicht beteiligen. Tiere sollten so wild und frei sein wie wir.«

Ich sah Malcolm aufmerksam an. Wild und frei waren eigentlich keine Eigenschaften, die mir auf Anhieb für ihn eingefallen wären.

»Wir tragen auch keine Lederschuhe oder Kleidung aus Wolle.«

»Tja, da haben Sie sich gewiss nicht für den leichtesten Weg entschieden. Aber das Essen muss gleich fertig sein. Ana hat ein Gericht zubereitet, das hoffentlich in jeder Hinsicht akzeptabel ist. Es ist verblüffend, an was man alles denken muss, wenn man es kocht.«

Ana hatte sich wahrlich selbst übertroffen. Sie präsentierte uns ein köstlich aussehendes Gericht aus Auberginen,

Paprikaschoten, Tomaten, Kartoffeln und Knoblauch in einer würzigen Soße aus Sojamilchjoghurt.

»Es tut uns Leid, aber das können wir unmöglich essen.«

»Wie bitte?«

»Wir essen weder Paprikaschoten noch Auberginen, Tomaten oder Kartoffeln. Alle diese Gemüse sind *Solanaceae,* Mitglieder der Familie der tödlichen Nachtschattengewächse. Sie sind giftig.«

»Dann picken Sie sich doch einfach den Knoblauch heraus, den werden Sie sicher mögen.«

Das Erste, was man hört, ist ein Geräusch, das man für das Pfeifen einer Tutubia halten könnte, wenn diese Vogelart nicht so selten am Fluss anzutreffen wäre, weil sie das Buschwerk oben auf den Hügeln bevorzugt. Dann ertönt helles Glockengebimmel, und man erkennt Rodrigo, der nach seinen Ziegen ruft. Flussaufwärts ziehen sie in wilden Reihen, bahnen sich ihren Weg über Felsgesimse und Flusssteine oder grasen am Rand des Wassers, während Rodrigo am Ufer steht und unter der Krempe seines uralten Strohhutes auf sie hinabschaut.

Es ist richtig, was Amanda über die Zerstörungen sagte, die Ziegen anrichten. Schafe sind schon schlimm genug, aber von Ziegen werden sie bei weitem übertroffen. Eine Ziege kann sich zum Beispiel auf den Hinterbeinen aufrichten und Blätter und Zweige bis zur Höhe von anderthalb Metern von den Bäumen rupfen. Sie vermag erstaunlich gut zu klettern, ist dabei unglaublich sicher und furchtlos, und ihre spitz zulaufenden Hufe wirken wie kleine Presslufthämmer, die Erdwälle, Steinmauern und Terrassenränder hinwegscharren.

Das Fleisch vom Kitz jedoch ist köstlich und teurer als Lamm, und in Gegenden, in denen kein anderes Geschöpf zu überleben fähig wäre, gedeihen Ziegen und geben ein paar Liter Milch am Tag – nicht nur gewöhnliche Milch, sondern Milch, die wunderbarerweise heilen und nähren kann. Folglich wird es trotz der Anfeindungen durch die Ökologen in den Alpujarras immer Ziegen und Ziegenherden geben.

Oft gehe ich über die Zitronenterrasse den steinigen Abhang hinunter ins Flussbett, um Rodrigo ein bisschen Gesellschaft zu leisten.

»Hóla«, grüße ich.

»Qué?«, fragt er.

Dieses »Qué?« bedeutet »was?«, aber kein gewöhnliches »Was?«. Es wird überschwänglich dargeboten, laut, gedehnt und deutlich, mit erhobenem Haupt und ausgebreiteten Armen mit umgedrehten Handflächen. Es soll heißen: »Wie geht es dir? Wie geht es deiner Frau und der Kleinen? Wie kommst du mit deinem Leben zurecht, der Landwirtschaft und den Ernten?« Ich kann es nicht so wie Rodrigo sagen. Es braucht viele Jahre einsamen Umherziehens mit den Ziegen und den eigenen Gedanken, bevor man die Ausdrucksweise dieses besonderen »Qué?« so beherrscht.

»Wie geht es deiner Frau, Rodrigo?«

»Ay, Cristóbal, überhaupt nicht gut. Sie kommt jetzt kaum noch auf die Füße, sie hat ein hartes Leben gehabt.«

»Es tut mir Leid, das zu hören.«

»Weißt du, Cristóbal, das Leben ist nur ein kurzer Hauch. Wir kommen in dieses Jammertal, bleiben ein paar Tage hier; und wenn es uns gelingt, jemandem zu helfen, ihm einen Gefallen zu erweisen, dann haben wir es gut gemacht und können ein wenig glücklich sein. Aber dann werden wir gefällt wie ein Baum und müssen abtreten: nur Staub und Knochen. In Wahrheit sind wir gar nicht viel anders als die dummen Tiere, diese Ziegen, mit denen ich herumziehe.«

Eine philosophische Betrachtung wie diese hört man sich am besten schweigend an. Ich kenne Rodrigo inzwischen gut genug, um die Aufrichtigkeit hinter seiner unbeholfenen Ausdrucksweise zu respektieren. Rodrigo ist ein wirklich großzügiger Mensch.

»Ich habe gesehen, wie du gestern mit den Engländerinnen gesprochen hast. Haben sie etwas über mich und meine Ziegen gesagt?«

»Nun ja, vor allem über die Ziegen, Rodrigo. Sie können sie nicht ausstehen, so viel ist sicher. Es scheint, dass sie draußen auf dem Hügel Ginster anpflanzen wollen – und dann kämen deine Ziegen und würden die Sträucher fressen.«

»Cristóbal, warum sollte jemand auf dem Secano Ginster anpflanzen? Das verstehe ich nicht.«

»Ich weiß, es ist seltsam, aber sie meinen, es sei gut für den Boden – es hält die Erosion auf. Jedenfalls denke ich, dass sie es nicht so gern sehen, wenn deine Ziegen ihrem Haus zu nahe kommen.«

»Dort gibt es eine Via Pecuaria, die ich nehmen muss, um zu dem Land über El Picacho zu kommen. Man darf sein Vieh auf der Via Pecuaria weiden lassen. Sieh mal, Cristóbal, ich möchte wirklich kein schlechter Nachbar sein – wenn sie Ginster auf dem Hügel pflanzen wollen, meinetwegen; aber es gibt hier nicht so viel Weideland, dass ich es mir leisten kann, ein Secano wie El Picacho aufzugeben. Wenn die Ziegen daran vorbeikommen, werden sie die jungen Ginsterpflanzen fressen – das ist nur natürlich. Verstehst du?«

»Ja sicher, ganz bestimmt.«

Und so würde der Kampf zwischen Ökologen und Hirten niemals enden.

Rodrigo fühlt sich allmählich einsam an seinem Fluss. Seit 50 Jahren wandert er jeden Tag im Jahr in diesen Bergen und Tälern mit seinen Ziegen umher. Er hat erlebt, wie ganze Wetterzyklen das Antlitz seiner Welt veränderten. Die Jahre der Dürre, als seine bleistiftdünnen Tiere im Staub nach dem winzigsten Schössling scharrten – Jahre, in denen er all seine Fähigkeiten als Hirte aufbieten musste, um die Plätze zu finden, wo nach Monaten oder sogar Jahren ohne Regen ein

kaum wahrnehmbarer Hauch von Feuchtigkeit zurückgeblieben sein mochte. Und die Jahre, als er monatelang nicht
mit dem Pferd über den angeschwollenen Fluss kam und den
ganzen Weg zur Sieben-Augen-Brücke hinuntergehen musste, um seinen Ziegenstall zu erreichen. Leicht waren jene
Jahre, so erzählte er, in denen er lediglich anderthalb Kilometer von seinem Stall entfernt auf einem Stein saß, über Kopf
und Schulter ein paar Düngersäcke zum Schutz vor dem
peitschenden Regen gestülpt, und zusehen durfte, wie seine
Ziegen schlemmten.

Rodrigo hatte sich mit diesem harten und einsamen Dasein abgefunden. Es wäre ihm nie in den Sinn gekommen,
dass eines Tages jemand erscheinen könnte, der ihm das Leben leichter machen würde – und schon gar nicht eine zierli-
che holländische Bildhauerin. Doch so geschah es.

Antonia, die besagte Holländerin, verbrachte seit einiger
Zeit ihre Sommer in La Hoya, einem verfallenen Bauernhaus
im Tal, direkt unter El Valero. An dem Tag, als wir ihr begegneten, in ihrem ersten Sommer im Tal, war sie mit ihrem großen, stinkenden alten Hund flussaufwärts gezogen und verfolgte nun von Terrasse zu Terrasse unseren Widder, dessen
Gestalt sie aus einem Klumpen Wachs zu formen suchte.

»Ich trenne ihn von den anderen und schließe ihn für Sie
ein«, bot ich an.

»Nein, ich sehe ihn lieber mit der Herde umherziehen. Das
wirkt natürlicher.«

Der Widder schien nicht sonderlich erbaut davon, Modell
zu stehen, zog davon, sobald Antonia eine gute Position eingenommen hatte, und führte sie auf einem holprigen Pfad um
die steinige Wiese herum. Die ganze Sache wurde dadurch
erschwert, dass das Wachs in der Hitze des Tages ständig
schmolz und Antonia es alle Viertelstunde in das kühle Wasser der Acequia tauchen musste. Wenn sie zurückkam, war
die Herde natürlich verschwunden, und wenn sie sie wieder

gefunden hatte, war das Wachs von Neuem geschmolzen. Also gab ich ihr einen Eimer, den sie mit Wasser füllte und mit sich schleppte.

Auf diese Weise machte Antonia kleine Fortschritte, und langsam nahmen die Modelle Gestalt an. Sie schuf in diesem Sommer viele Plastiken von Schafen, dazu noch einige Bullen und Ziegen – und eine wundervolle Skulptur von Domingos Esel Bottom. Als sie nach Holland zurückkehrte, um einige Figuren in Bronze zu gießen, ließ sie zu Chloës heller Freude in einer Kommode in unserem Haus eine kleine Menagerie aus Wachsfiguren zurück.

Rodrigo lebt auf La Valenciana, hoch über La Hoya, etwa anderthalb Stunden mit dem Pferd, doch seine Ziegenställe befinden sich in dem unteren Gehöft. Jeden Morgen, nachdem er die Kühe, Schweine, Hühner und das Pferd versorgt hat, reitet er den steilen Hügel hinab. In La Hoya angekommen, kümmert er sich um die Ziegen und zieht mit ihnen durch den Fluss oder die Hügel hinauf. Selbst in der brütenden Sommerhitze hält er nie Siesta; dafür ist einfach keine Zeit. Ziegen haben mit der Hitze nicht die geringsten Probleme.

Plötzlich und unerwartet wurde Rodrigos eintöniges Dasein durch eine leichte Abwechslung aufgehellt. La Antonia, wie er sie nannte, begann mit ihm den Fluss entlangzuwandern und formte dabei gelegentlich ein Tier aus Wachs. Rodrigo ist bestimmt der einzige Ziegenhirt Spaniens, für den ein Ziegenbock aus Wachs in Bronze gegossen wurde – ein teures Verfahren. Wenn die Ziegen Injektionen brauchten, von Würmer befreit oder gewaschen werden mussten, half Antonia oft den ganzen Morgen aus, und die Arbeit mit Ziegen geht zu zweit viel leichter von der Hand als allein. Wenn es wirklich einmal nötig war, ein Tier von seinem Leiden zu erlösen, dann tötete Antonia für Rodrigo sogar eine Ziege mit dem Messer. Die Menschen der Alpujarras bringen nicht gern Tiere um. Ich muss für Domingo manchmal das Gleiche tun.

Die Bildhauerin veränderte Rodrigos Leben von einem Tag auf den anderen, und als es Rodrigos Frau Carmen so schlecht ging, dass sie ins Krankenhaus in Granada gebracht werden musste, wurde Antonias Anwesenheit lebenswichtig. Wenn sie die Ziegen abends in den Stall gebracht hatte, fuhr Antonia Rodrigo nach Hause, half ihm, die anderen Tiere zu versorgen, und brachte ihn dann nach Granada, wo sie die ganze Nacht mit ihm am Bett seiner kranken Frau verbrachte. Es ist hier üblich, dass die Familie einen großen Teil der Pflege übernimmt.

Das ging so neun Tage weiter, dann erholte sich Carmen ein wenig und kam nach Hause. Seit dieser Zeit gehört La Antonia zur Familie. Wenn sie auf La Valenciana übernachtet, lassen sie sie nur mit größtem Widerstreben gehen. Ich bin nie im Haus von Carmen und Rodrigo gewesen, aber Ana. Eines Tages ging sie mit Antonia dort hinauf, und Carmen bat sie natürlich hinein. Sie wurden mit den köstlichsten und kostbarsten Dingen bewirtet, die es im Haus zu essen und zu trinken gab. Ana sagte, es war, als sei sie mit der Königin zu Besuch gekommen.

Antonia fährt immer wieder für längere Zeit in die Niederlande, um Geld für ihre Arbeit in Spanien zu verdienen, Mäzene und Kommissionen aufzutreiben und ihre Wachsmodelle in Bronze zu gießen. Wenn sie das Tal verlässt, um auf diese Reisen zu gehen, wandert Rodrigo mit seinen Ziegen umher und weint ein bisschen. »Ich glaube, Gott hat mir die Antonia geschickt, Cristóbal«, vertraute er mir einmal an. Während sie weg ist, fragt er uns ständig, ob wir etwas von ihr gehört haben, und rechnet genau aus, wann eine Postkarte ankommen könnte.

Antonia ist eine echte Künstlerin und geht genauso energisch und kunstvoll mit ihrem Leben um wie mit ihrer Arbeit.

Sie gibt aus vollen Händen, und trotz der Tatsache, dass sie nicht sehr kräftig ist, ist ihr keine Mühe zu viel. Und so vergilt es ihr das Leben: Die Menschen lieben sie. Sie ist die einzige Ausländerin, die ich hier kenne, die einfach sie selbst geblieben und ein Teil der Alpujarras geworden ist.

Heilkräuter in Haus und Wirtschaft

Wenn wir uns Sorgen um Chloë machten – außer dass sie Skorpione und andere Schrecken ihrer Kindheit überlebte –, dann die, dass sie sich auf einem abgelegenen Bauernhof, auf dem sie nur die Gesellschaft ihrer sie abgöttisch liebenden, nicht mehr ganz taufrischen Eltern hatte, vielleicht einsam fühlen könnte. Sie schien wirklich glücklich zu sein, wenn sie mit den rauen Biestern, die sie umgaben, umherstromerte, wissenschaftliche Beobachtungen über Maulwurfsgrillen und Ameisen anstellte und alle Pflanzen und Sträucher kennen lernte, die auf dem Hof wuchsen. Doch es gibt Spiele, die nur mit Freunden aus derselben Spezies möglich sind. Chloë würde, das wussten wir, früher oder später eine Spielkameradin brauchen. Zum Glück fand sie eine – die so nahe wohnte, wie man El Valero nur kommen kann – in Rosa, Bernardos und Isabels jüngster Tochter, die ein Jahr vor Chloë auf der Farm über dem Fluss das Licht der Welt erblickt hatte.

Von dem Tag an, als sie sich begegneten, betrachteten sich Chloë und Rosa als Schwestern und amüsierten sich friedlich mit so nützlichen Beschäftigungen, wie Tonbandkassetten ins Klo oder mit Steinen nach den Schafen zu werfen. Rosa konnte kein Englisch, und da Chloë kein Wort Holländisch verstand, unterhielten sie sich auf Spanisch. Eine Tochter zu haben, die in Granada geboren war und fließend Spanisch sprach, gab uns das Gefühl, hier endlich heimisch zu sein. »Du hast deinen Samen hier ausgesät – jetzt bist du einer von uns«, hatte der alte Domingo zu mir gesagt.

Das Leben nahm allmählich ruhigere Formen an. Wir verdienten durch die Schafe, das Samensammeln und das Scheren genug, um über die Runden zu kommen, und schmiedeten schon weitere Pläne, das unbenutzte Haus auf der anderen Flussseite unweit Domingos Hof in ein Ferienhäuschen zu verwandeln. Unser Zuhause war zwar nicht gerade luxuriös, doch gut genug hergerichtet, um im Winter den Regen und im Sommer die größte Hitze abzuhalten; und unser Besitz mauserte sich langsam zu so etwas wie einem gepflegten und gesunden Betrieb. Doch ein Makel drohte das mühsam erreichte Gleichgewicht, das unsere häusliche Harmonie stützte, zu stören: Die Hunde und die Schafe führten gegeneinander Krieg.

Bodger und Barkis waren zu kräftigen, aber liebenswürdigen Mischlingen herangewachsen und sogar noch größer geworden als die jetzt ausgewachsene Bonka. Und an den stumpfen, breiten Nasen und ihrer trägen Natur erkannte ich den Beitrag von Rosas Hund, Cees, der vor kurzem nach einem grässlichen Vorfall mit ein paar Hühnern zu seinem Erzeuger zurückgeschickt worden war.

Bodgers Ohren blieben in der Eins-oben-eins-unten-Stellung, was ihn ebenso reizend machte wie als junger Hund, und Barkis stand ihm an Schönheit in nichts nach. Leider war Barkis außergewöhnlich schwer von Begriff. In seinem dicken Schädel gab es keine einzige erziehbare Gruppe von Neuronen, und er war nicht davon abzubringen, Schafe zu jagen. Nachdem er Geschmack daran gefunden hatte, die ganze

Herde den Hügel hochzuscheuchen, gab es für ihn kein Halten mehr; immer wenn er sie sah, musste er die Vorstellung wiederholen. Es machte mich rasend. Kein Schäfer kann zulassen, dass man mit seiner Herde so umgeht, und als ich sie wieder einmal vor Furcht zitternd auf einem nahe gelegenen Hügel gestrandet fand, war es mit meiner Geduld vorbei.

»So, das reicht, Ana. Ich werde das Mistvieh erschießen! Er hat die Schafe schon wieder den verdammten Hügel hochgejagt. Sie haben Todesangst, die ganze Herde ist ein einziges Nervenbündel.«

»Ach bitte, gib ihm doch noch eine Chance.«

»Ich habe der blöden Töle immer wieder eine Chance gegeben. Ich bin geduldig gewesen. Ich bin nett zu ihr gewesen. Ich habe sie angebrüllt. Ich habe sie verprügelt. Ich habe versucht, sie zu erziehen. Aber sie kapiert's einfach nicht. Es hat keinen Zweck, er muss weg. Ich tue es nur ungern, weil er so ein süßer Hund ist; aber wenn ich jetzt nicht handle, fängt er an, Schafe zu töten, und das lasse ich nicht zu.«

Ana und Chloë sahen mir entgeistert nach, als ich durch das Tal stapfte, um mir Domingos Schrotflinte zu leihen. Ich war zu allem entschlossen. Ich würde diesen hirnlosen Köter erschießen und den Terror an meinen Schafen ein für alle Mal beenden. Doch Domingo war nicht zu Hause, also stapfte ich zurück und war heimlich froh darüber.

Als ich mich den Pfad zur Terrasse hochschleppte, wo wir Beaune begraben hatten, stieß ich auf Chloë, die ungeschickt mit ihrer Sandschaufel hantierte. »Wir müssen Barkis begraben, nicht wahr, Daddy?«, fragte sie und blickte furchtbar ernst auf das hamstergroße Loch, das sie eben vollendet hatte.

»Nein, Chloë, ich werde Barkis nicht erschießen«, gab ich zur Antwort und hob sie auf meine Schultern, damit sie mein schuldbewusstes Gesicht nicht länger erforschen konnte. Ana war im Haus und machte sich gerade bereit, alle Hundebesitzer aufzusuchen, die man vielleicht überreden konnte, Barkis ein Zuhause anzubieten. Janet versprach, darüber nachzudenken.

Inzwischen übertraf sich Barkis, der vom Aufschub seiner Hinrichtung nichts ahnte, selbst und hetzte die ganze Herde flussabwärts nach La Herradura und dann geradewegs den steilen Abhang von La Serreta auf der anderen Seite des Río Càdiar wieder hoch. Ich selbst bekam von dieser neuerlichen Eskapade nichts mit, aber der Ziegenhirt Rodrigo hatte das ganze Geschehen beobachtet und war gänzlich unbeeindruckt geblieben.

Manolo del Granadino überbrachte mir die Nachricht vom Exodus der Schafe, als ich ihn später an diesem Tag in der Stadt traf. Er sagte, er habe die Herde direkt über den Mandelhainen von El Enjambre entdeckt. Es würde Ärger geben, wenn ich sie nicht so bald wie möglich herunterholte, meinte er.

»Nachts werden sie vom Hügel kommen und die Gemüse auf der *Vega* verwüsten, dann macht man Sie dafür verantwortlich.«

»Ich denke, Sie dramatisieren die Sache ein wenig, Manolo, aber ich sollte wirklich raufgehen und etwas unternehmen.« Es war eine seltsame Vorstellung, dass sich Schafe tagsüber in den unzugänglichen Bergen versteckt hielten und des Nachts wie assyrische Horden über die Gemüsefelder der Bauern herfielen.

Auf dem Rückweg aus der Stadt fuhr mich Ana bei der Venta del Enjambre vorbei und ließ mich dort mit einer Banane, einem Stück Brot und einem Schluck Wasser zurück. Ich hob einen kräftigen Stock auf und ging die Schlucht hinab, dabei hielt ich nach den Schafen Ausschau und horchte auf das Gebimmel ihrer Glocken. Es war ein lieblicher, warmer Nachmittag im Februar, die Sonne von dünnen Wolken verschleiert. Ich schlenderte den Pfad nach La Hoya hinab und beobachtete, als ich unten am Fluss war, wie Ana und Chloë um den Hügel verschwanden. Doch von Schafen keine Spur. Ich ging den Weg zurück, den ich gekommen war, und vernahm nach etwa zehn Minuten leises Gebimmel. Die Herde zog am Horizont entlang, hoch über mir. Von dort, wo ich stand, konnte ich nicht zu ihr gelangen, weil der ganze Hügelhang mit brusthohem Stechginster bewachsen war; also wanderte ich gen Osten, wo ich hoffte, einen Weg zu finden.

Als ich den Pass am östlichen Ende des Hügels erreicht hatte, musste ich eine Weile flussabwärts gehen, jener Strecke folgend, auf der ich die Herde zurückbringen wollte. Immer noch kein Weg. Erschöpft kletterte ich einfach die steile, zackige Felswand hoch, immer weiter durch die nach Pinien und Rosmarin duftende Luft, bis ich schließlich auf dem Gipfel einen schmalen Pfad entdeckte, der scheinbar aus dem Nichts kam und an den Bergspitzen entlangführte.

Ich setzte mich hin, um Atem zu schöpfen, und schaute über die Landschaft, während ich mich von den Strahlen der späten Nachmittagssonne wärmen ließ. Das winzige El Valero war nur für das geschulte Auge erkennbar, weit draußen über dem Fluss. Im Norden umhüllten Schneefelder die hohen, von Sturmwolken umwogten Gipfel; doch wo ich saß, herrschte stiller Friede, die Flüsse flüsterten, die seltsame Tutubia flatterte davon und kreischte. Ich lächelte innerlich bei dem Gedanken, dass die Schafe mich an diesen Ort gelockt hatten, damit ich einen Nachmittag lang umherspazieren konnte.

Wie um diesen Augenblick zu krönen, hörte ich das entfernte Geräusch von Schafsglocken. Da waren sie, anderthalb Kilometer entfernt, winzige Punkte im Gestrüpp – nicht weit von der Stelle, an der ich sie zuvor erblickt hatte. Ich durchstreifte die zwei versteckten Täler mit ihren verfallen Festungsanlagen – die Serreta war während der letzten Monate des Bürgerkriegs ein republikanisches Bollwerk gewesen – und querte einen geröllbedeckten Abhang, auf dem hohe Rosmarinbüsche wuchsen. Im Hinaufstiefeln machte ich mir in Gedanken mit Vorwürfen Luft: »Das ist bei Gott kein Platz für Schafe! Vielleicht für Ziegen, aber doch nicht für Schafe. Was um alles in der Welt gibt es hier, das sich zum Fressen lohnt? Da ist doch kein einziger Grashalm.«

Als ich mich umsah, fragte ich mich ernsthaft, wie ich sie hinunterbringen sollte. Sie wollten nicht hinunter, das konnte man ihnen ansehen. »Nun dann, auf nach Haus«, sagte ich und schnalzte und juchzte ein bisschen. Einige Schafe bewegten sich ziemlich unentschlossen in eine Richtung.

Ich überdachte meine Lage. Weder wusste ich, wo wir waren, noch kannte ich die Gegend. Überall gähnten kleinere oder größere Abgründe, die inmitten der Sträucher, die einem bis zur Taille reichten, erst sichtbar wurden, wenn man kopfüber hinabstürzte. Die Schafe, die ich gerade durch Bewerfen von Steinen zwingen wollte, weiterzuziehen, befanden sich vielleicht am Rand eines jähen Abgrunds. Ich ging um sie herum und musste feststellen, dass dem so war.

Also brachte ich sie mit Steinen und Flüchen zum Umkehren, und wir trotteten langsam den Weg über den Hügel zurück, den ich gekommen war. Es war die reinste Hölle, sie zum Weiterziehen zu bewegen. »Haaiii!«, brüllte ich, fuchtelte mit dem Stock und ein Dutzend Schafe zockelte vorwärts. Die anderen schauten desinteressiert zu, spazierten gemächlich den Hügel hinab und grasten; also hastete ich durch die Dornen und Felsen, um den hinteren Teil der Herde voranzuscheuchen. Sie bewegten sich widerstrebend in die richtige Richtung. Inzwischen waren die an der Spitze stehen geblieben und steuerten auf einige höher liegende, gefährlich aussehende Felsen zu. Ich sprang wieder zurück und führte sie mehr oder weniger nach vorn. Derweil hatte sich der untere Teil der Herde… ich hätte mich ohrfeigen können, weil ich so dumm war, keinen richtigen Schäferhund zu haben.

Dennoch schaffte ich es durch Steinewerfen, Lockrufe und Brüllen, sie alle auf dem schwach erkennbaren Pfad über die Hügelkette zu lotsen. Während wir uns zögerlich unseren Weg bahnten, plauderte ich mit ihnen, damit sie locker und bei guter Laune blieben. »Jetzt gehen wir hier ganz ruhig entlang, meine Mädels. Das ist nett, schön weiter. Geht nur euren Weg, keine Eile, es wird noch lang nicht dunkel«, und so weiter.

Die Aussicht von dort oben war atemberaubend; doch das Wissen, dass ich hinunterstürzen würde, wenn ich ausrutschen sollte, dämpfte meine Begeisterung ein klein wenig. Glücklicherweise leide ich nicht im Mindesten unter Höhenangst, und die Schafe, nun ja, sie überlassen solch unbedeutende Probleme dem Schäfer. Die Tiere an der Spitze der Herde folgten sklavisch dem Pfad über die Gipfel, was bedeutete, dass wir jede schroffe Spitze dieser sägezahnigen kleinen Kette hinauf- und hinabklettern mussten. Von unten betrachtet, müssen wir ziemlich merkwürdig gewirkt haben, als wir so dahinzogen und sich unsere Silhouetten vor dem dunkler werdenden Himmel abzeichneten.

Als die Sonne langsam unterging, wurde mir das volle Ausmaß meiner misslichen Lage allmählich bewusst. Ich befand mich am Ende oder manchmal in der Mitte einer gemächlich vorwärts bummelnden Schafherde, hoch oben auf einem schroffen Berggipfel, und wusste nicht, wie wir wieder herunterkommen sollten. Mit zunehmender Dämmerung nahmen die Umrisse der Berghänge, die mich zuvor so entzückt hatten, bedrohliche Formen an. Am östlichen Rand der Hügelkette gab es, so weit mir bekannt war, für ein Schaf keinen Weg mehr hinunter. Selbst wenn es mir gelänge, sie auf Straßenniveau zu bringen – und ich konnte eine Straße sehen, ein schmales, graues Band, weit, weit unten, mit winzigen Autos und Lastwagen, die dort entlangwisperten –, musste ich sie irgendwie von den üppigen Gemüsefeldern der Vega weglocken und auf den Fluss zutreiben. Keine leichte Aufgabe für einen erschöpften Schafhirten. Ich musste die ganze Sache einfach dem Zufall überlassen.

Die Sonne sank tiefer, schwarze Wolken dräuten über den Himmel, die Nacht brach herein, und die Schafe trotteten noch langsamer voran. Meine Gedanken waren inzwischen am allerschwärzesten. Die Pflanzen, an denen ich mich zuvor erfreut hatte, zerrten gehässig an mir herum, wenn ich sie streifte, und aus dem Boden schienen Felsen zu sprießen, um meine Knöchel zu martern.

»Wir sollten hier rechts hinunter«, verkündete ich den Schafen, »weil es, auch wenn es wie ein höllischer Abstieg aussieht, sicher viel leichter ist als die Wand am Ende – und was immer ihr macht, Schafe, schlagt euch die Nordseite aus dem Kopf! Dort lauert der Tod.« Das Bedürfnis, in diesem furchterregenden Augenblick laut zu reden, sogar mit Schafen, war unwiderstehlich.

Den Schafen behagte die Nordseite auch nicht. Der Blick fiel über schroffe, felsige Abhänge, mit dichtem Gestrüpp bewachsen, und Klippen, die Hunderte von Metern zum Fluss abfielen. Während ich durch das Gebüsch auf ihrer linken Flanke hastete, verdoppelte ich meine Anstrengungen, schleuderte Steine weg und brüllte wie eine keltische Todesfee. »Dort runter – dort runter, ihr dummen Viecher! Ich weiß, es sieht grässlich aus, aber ich kann euch versichern, dass es verdammt noch mal weniger grässlich ist als das, was euch erwartet, wenn ihr auf diesem Grat weiterzieht!« Sie sahen mich an, kauten unverschämt frech und kletterten geradewegs auf den Kamm des nächsten, letzten und höchsten Gipfels.

»Verflixt und zugenäht! Ihr hirnlosen Wollknäuel – schaut

euch an, was ihr angerichtet habt! Wie zum Henker sollen wir von da herunterkommen?« Die Autos, die lautlos auf der Straße unter uns entlangsausten, hatten die Scheinwerfer eingeschaltet. Ein Viertelmond glitt unter den bedrohlichen Wolken hervor.

Als ich mich umdrehte, während ich über die Nordseite des Gipfels stolperte, machten die Schafe hinter mir gerade seelenruhig kehrt und trotteten den Weg zurück, den wir soeben zurückgelegt hatten. Ich hielt inne und starrte ihnen entsetzt nach. Ich kam mir vor wie Sisyphos, der dazu verurteilt war, mit seinen begriffsstutzigen Tieren bis in alle Ewigkeit auf dieser Bergkette hin- und herzuwandern. Die Herde löste sich allmählich auf, einige Tiere zogen auf dem Weg zurück, den wir gegangen waren, andere dachten über die Nordwand nach, eins oder zwei grasten auf dem Hang, den sie hatten hinabsteigen sollen; die meisten allerdings standen einfach da und glotzten stoisch in die schwärzer werdende Nacht.

Noch einmal brach ich in irrsinnige Aktivität aus, sprang im Dunkeln über die knöchelbrechenden Felsen vor und zurück, schrie und brüllte und drosch mit meinem Stock auf das Gebüsch ein. Es hatte alles keinen Sinn. Jedenfalls musste ich für diese Nacht meine Niederlage eingestehen und glitt den grässlichen Abhang hinunter.

Beim Gehen stieß ich die Laute aus, die die Einheimischen von sich gaben, wenn sie wollten, dass ihnen die Schafe folgten. Die Schafe hörten höflich zu und blieben dort, wo sie waren. Und 50 Meter hügelabwärts geriet ich auf den Pfad, den ich auf dem Hinweg gesucht hatte.

Am nächsten Tag boten Domingo und Antonio an, mit mir hinaufzugehen und die Schafe vom Berg runterzuholen. »Das ist sehr nett von euch«, sagte ich. »Aber ich weiß einfach nicht, wie uns das gelingen könnte.«

Mit Domingos Rudel schwer beschreibbarer Köter als Geleitschutz zogen wir den Hügel hinauf und erblickten nach ungefähr einer Stunde Herumkraxelei die Schafe mehr oder weniger dort, wo ich sie verlassen hatte: oben auf den schroffen Klippen.

»Wir treiben sie die Nordseite hinab«, sagte Domingo. »Es ist immer am besten, wenn sie den Weg runtergehen, den sie hochgekommen sind.«

»Du machst wohl Witze, Domingo. Diese Seite besteht zu 90 Prozent aus vertikal aufragenden Felsen.«

Antonio rollte sich eine Zigarette und behielt seine Meinung für sich.

»Bah!«, sagte Domingo und blies in die Vogelpfeife, mit der er seine Herde veranlasste, sich in Bewegung zu setzen. Die Schafe hoben aufgeschreckt die Köpfe. Dann hüpften sie alle auf einmal über den Rand der Klippe.

Voller Panik rannte ich ihnen nach, in der Erwartung, dass ihre kleinen, wolligen Körper Hunderte von Metern durch die Luft wirbelten, um weit unten auf den Flussfelsen zu zerschellen. Aber nein, sie hopsten von Gesims zu Gesims, Hintern hoch, Ohren runter und stoben Hals über Kopf diesen unmöglichen Hang hinab. Sie brauchten siebeneinhalb Minuten, bis sie am Fluss waren, dann schossen sie zum Hof hoch und waren binnen Minuten auf den Orangenbaumterrassen nicht mehr zu sehen.

»Nun, das war nicht besonders schwer!«, sagte Domingo strahlend, als wir uns alle auf einen Felsen setzten, um die Aussicht zu genießen und den Rauch von Antonios' Zigarette, der sich in der Luft kräuselte.

Kaum hatte Janet von dem Vorfall bei La Serreta gehört, kam sie über das Tal zu uns gerannt. »Aus dem Weg! Das Leben eines Hundes steht auf dem Spiel!«, brüllte sie ein paar Wanderern zu, die mit ihr auf der Brücke zusammentrafen.

»Ich habe für Barkis einen ausgezeichneten Platz gefunden«, verkündete sie, als sie das Haus erreichte. »Gute europäische Familie«, fügte sie hinzu, was darauf hinwies, dass es sich nicht um Spanier handelte. »Nun, wie viel wiegt der Hund? Den Leuten, die ich gefunden habe, ist es sehr wichtig, dass er nicht mehr als 20 Kilo wiegt. Sie wollen nicht, dass er sie mit seinem Gewicht eventuell umreißt. Wie viel? 30 Kilo? Nun, das wird schon gehen. Er ist ein hübscher Kerl, genau richtig für sie. Ich rufe sie heute Abend an. Dann werden sie ihn morgen abholen.«

Die Hunde litten zu dieser Zeit zufällig an Flöhen; im Stall neben der Werkstatt, wo Bodger und Barkis untergebracht waren, hatte es einen Ausbruch gegeben. Wir nebelten sie in dieser Nacht sämtlich mit Flohpulver ein und hofften, dass sie anderntags etwas präsentabler aussehen würden.

Wie Janet versprochen hatte, erschienen die Leute, die sich für Barkis interessierten, am nächsten Morgen mit einem Paar Badezimmerwaagen. Das Puder hatte gewirkt und die niedlichen Tierchen zur Flucht an die Oberfläche des Fells gezwungen, wo sie wild um sich bissen. Also drehten und wendeten sich die Hunde, weil es so schrecklich juckte, und kratzten und knabberten an sich herum. Man konnte die elenden Flöhe buchstäblich hüpfen sehen. Nichtsdestotrotz konnte Barkis sehr charmant sein, wenn er dachte, dass es in seinem Interesse läge. George und Alison waren von ihm so bezaubert, dass sie ihn noch am selben Abend mit nach Hause nahmen.

Barkis hatte Glück mit seinen neuen Besitzern. Die hatten eine Kaninchenfarm und fütterten ihn neben anderem mit toten Kaninchen. Sie gingen mit ihm auch jeden Tag auf ihrem Berg spazieren und am Sonntag in die Kirche. Unter diesen zarten Händen blühte er auf und gab es auf, Schafe zu jagen. Schließlich wurde er von Jägern vergiftet.

Die Jäger in den Alpujarras legen gewohnheitsmäßig vergiftete Köder aus, um jedes Tier zu töten, das ihre Vögel stören könnte. Das ist nicht nur streng verboten, sondern auch grausam, und viele Hunde erleiden dadurch einen schrecklichen Tod. Doch nur wenige Besitzer der Opfer machen sich die Mühe, etwas dagegen zu unternehmen. Nur bei George und Alison war das anders. Sie waren zutiefst betrübt, als Mariano, der Schäfer, den toten Hund auf seinen Armen zu ihnen trug, und machten den Frevel sofort publik. Sie reichten eine Petition beim Bürgermeister ein, suchten sich Rat bei einem Anwalt, ob man Anklage erheben könnte, und stellten zusammen mit dem Dorfapotheker ein Brechmittel her, das sie kostenlos an alle verteilten, deren Hunde in Gefahr waren. Wir fanden es betrüblich, dass Barkis seinen Aufstieg zur örtlichen Berühmtheit nicht mehr erleben konnte.

Um die Wahrheit zu sagen: Barkis war nicht der einzige von unseren Hunden, der gern Schafe jagte. Jeder Hund wird versuchen, hinter Schafen herzuhetzen, wenn er die Gelegenheit dazu findet, aber bei manchen ist es eben ausgeprägter als bei anderen. An einem Sommermorgen streiften die Schafe auf einer Terrasse umher, die gefährlich dicht an Anas Gemüsegarten grenzte. Ich rannte hinunter, um sie zu verscheuchen, und die Hunde folgten mir. Bonka stand aufgeregt daneben, als ich die Herde durch das Tor trieb. Bodger jedoch war nicht zu sehen. Das Schlimmste befürchtend, eilte ich ans andere Ende der Terrasse, wo sich mir eine schauerliche Szene bot. Ein Schaf hatte sich in den Maschen des Zauns verheddert und zappelte hilflos herum, während Bodger es systematisch in Stücke zerriss.

Ich brüllte den Hund an, schleuderte einen großen Stein in seine Richtung und verfehlte ihn. Dann befreite ich das, was von dem armen Geschöpf übrig geblieben war, aus dem Maschendraht. Es stand auf den Füßen, schwankte ein bisschen und brach in einer Blutlache zusammen. Ich drehte das Schaf auf die andere Seite, um mir seine Wunden anzusehen, wandte den Blick ab und sog einen langen, zischelnden Atemzug durch die Zähne, bevor ich mich von dem Schrecken einigermaßen erholte. Ich hatte nicht die geringste Ahnung gehabt, was für fürchterliche Wunden die Reißzähne eines Hundes schlagen konnten. Die Beine klafften vorn und hinten auseinander wie Fleisch auf dem Hackklotz eines Metzgers. Im Bauch klaffte ein tiefer Riss, und überall an dem Tier waren die blutigen Spuren der Zähne zu erkennen.

Ich hatte noch nie eine derart rohe Wildheit gesehen und rannte zum Haus hoch, um ein Messer zu holen, mit dem ich das Schaf erlösen konnte. Doch als ich zurückkam, hatte es sich hochgerappelt und taumelte auf den Stall zu.

»Wenn es einen so starken Überlebenswillen hat«, sagte Ana, »wäre es falsch, es umzubringen. Wir müssen versuchen, ihm zu helfen.«

»Hast du die Wunden gesehen, Ana? Sie sind entsetzlich, das Tier kann einfach nicht überleben.«

»Wir können es aber versuchen. Ich werde Juliette um Rat fragen.« Und damit zog sie sich ins Haus zurück, um sich in das große Kräuterbuch von Juliette de Baïracli-Levy zu versenken, »*The Complete Herbal Handbook for Farm and Stable*«, das bei uns immer auf einer Ecke des Küchentischs lag.

Ich half dem Schaf in den Stall, schüttete ihm frisches Stroh in eine Hürde und führte sein Lämmchen hinein. Obwohl das Tier unvorstellbare Schmerzen leiden musste, war das Erste, was es tat, sich auf die Füße zu stellen, um das Lamm trinken zu lassen. Ein solches Schaf musste man einfach retten. Ich gab ihm eine Spritze mit Antibiotika und fütterte es. Ana kam mit einer Art natürlicher Reinigungslösung zurück, die Juliette empfahl, und wusch die Wunden sorgfältig aus, während ich das Schaf hielt. Sie zog die Wolle von dort weg, wo sie am Fleisch klebte, und wusch aus jeder Wunde jedes Fleckchen Schmutz.

Ich konnte es nicht ertragen, die Wunden anzusehen – der Anblick dieses zerfetzten Fleisches ließ mir das Blut in den Adern gerinnen –, doch Ana machte sich geduldig und geschickt an die Arbeit. Es dauerte zwei Stunden, bis die Wunden gesäubert waren. Dann legten wir überall lose Verbände an, um die zahllosen Fliegen fern zu halten, die nur darauf warteten, sich am Blut des Schafes gütlich zu tun.

Am nächsten Morgen musste ich nach Anweisung von Juliette als Erstes in einen Eimer pinkeln, weil die Wunden in der Flüssigkeit gebadet werden sollten. Ana und ich gingen zum Stall hinunter (ich schwang ziemlich selbstbewusst den Eimer) und kippten das Schaf zur Seite, um die Verbände zu entfernen. Die Wunden waren jetzt von Schorf, Blutklümpchen und Stroh bedeckt, doch das Schaf mampfte zufrieden, während Ana es mit meinem morgendlichen Urin benetzte. Dazu bekam das Tier den einen oder anderen grässlichen Kräutertrank aus Juliettes Arsenal natürlicher Tierhaltung verabreicht, bis es sich sichtlich erholte. All die Zeit säugte es sein Lamm, das sich prächtig entwickelte.

Von einer gerissenen Sehne abgesehen – die über Juliettes Ratgeber hinaus mikrochirurgische Behandlung erfordert hätte und einen gekrümmten Vorderfuß hinterließ –, wurde das Schaf wieder vollständig gesund. Es hat seitdem zweimal Zwillinge geworfen und ist durch die lange Zeit der Krankheit ganz zahm geworden.

Das Ergebnis dieser Geschichte hat mehr bewirkt, als nur einem einzelnen Schaf zu nützen. Da wir das Tier gerettet und mit Naturmedizin behandelt hatten, sah ich von nun an meine Herde und die Art Landwirtschaft, die wir praktizieren konnten, mit anderen Augen. In einer großen, wirtschaftlich effizienten Herde wären Schafe mit einer viel besseren Überlebenschance in diesem Fall völlig verloren gewesen.

Was Bodger anbetraf – nun ja, wir passten in Zukunft besser auf ihn auf.

Über die Jahre hatte Juliette de Baïracli-Levy einen solchen Einfluss auf unseren Haushalt genommen, dass man sie fast als eine Art Schwiegermutter betrachten konnte; sie ist eine der drei Frauen, die den Lauf meines Lebens bestimmen. Während der fünfziger Jahre wohnte sie dort unten in Lanjarón und war oder ist immer noch (denn man sagt, dass sie heute unter Pinienbäumen im Hermon lebt, einem Gebirge im Grenzgebiet von Israel, Syrien und dem Libanon) eine Frau, die sich vor allem mit Kräutern und Naturheilkunde beschäftigt. In ihrer Zeit in Spanien ist sie dadurch berühmt geworden, dass sie und ihr vierjähriger Sohn eine Typhusepidemie überlebten, indem sie sich den Ärzten in Lanjarón widersetzte und auf ihren eigenen Rezepten aus Kräutern und Süßwasser bestand.

Ein zerfleddertes, antiquarisches Exemplar von »*Spanish Mountain Life*«, Juliettes herrlich schrulligem Bericht über dieses siegreiche Jahr in Lanjarón, bildete für uns die Einführung in ihre Werke. Dann schenkten uns Freunde »*The Complete Herbal Handbook for Farm und Stable*«. Auf der Umschlag-Rückseite waren Stimmen so nüchterner Gesellschaften und Zeitungen wie der British Horse Society und *Farmer's Weekly* abgedruckt. Somit hatte sich Juliette den Stempel der Seriosität erworben.

An vielen Abenden, wenn ich müde und staubig vom Feld oder Hügel heimkam, fand ich Ana in das beunruhigender betitelte »*Illustrated Herbal Handbook for Everyone*« vertieft, was bald auch »Wie man seinen Gatten durch Kräuter heilt« hätte heißen können. Ana pflegte mich immer nachdenklich zu betrachten, wenn sie von den Seiten aufschaute. Dann hieb ich mir zu ihrer unverhohlenen Freude die scharfe Spitze einer Sichel ins Knie, als ich einen Bewässerungskanal reinigte. Das ist nach allem, was man hört, eine für die Alpujarras typische Verletzung, da die Männer dort mit Sicheln geboren werden und sich unweigerlich damit irgendwann die Beine malträtieren. Die meine drang tief in den Knochen, und das Knie schwoll an wie ein Fußball.

Ana suchte bei Juliette Rat, machte einen Kräuterumschlag und einen abscheulichen Trank, den ich schlucken sollte. Umschlag und Getränk enthielten Schwarzwurz, dazu noch eine spürbare Portion Wermut und Knoblauch, nur für den Fall, dass ich das Gebräu nicht eklig genug finden könnte. Ich bin mehr oder weniger davon überzeugt, dass es gewirkt hat, denn die Wunde heilte ungewöhnlich schnell. Inzwischen stieg Anas Vertrauen in ihre Kraft als Kräuterheilerin ins Unermessliche. Sie konnte es kaum abwarten, bis sich eine andere Gelegenheit bot, ihre neue Kunst zu erproben.

Nicht lange nach diesem Vorfall tat ich ihr den Gefallen und wurde wirklich sehr krank. Ana fand mich, als ich mich eines Nachmittags heftig in die Rosenbüsche erbrach und nur noch sterben wollte. Sie setzte sich neben mich auf einen Stein und blätterte in dem dämlichen Buch. »Juliette sagt hier, dass es für Männer seltsamerweise bedrohlich ist, wenn sie sich übergeben müssen, was ja nur eine natürliche und heilsame Reinigung für alle körperlichen Übel ist. Was meinst du dazu?«

»Buuaarghhh!«

»Aber wenn du dich wirklich so schlecht fühlst, wie du aussiehst, solltest du eine Mischung aus grob geraspelten Quitten, einigen Nelken, Ingwer- und Zitronensaft zu dir nehmen. Das wird dich wieder auf die Beine bringen.«

Das tat es nach einer gewissen Zeit auch, wobei ein Widerwille zurückblieb, die Behandlung zu wiederholen.

Juliette hat bei uns bis heute einen guten Ruf, und auf El Valero wird nach ihren Anweisungen Menschen, Schafen, Pferden, Hunden und Katzen gleichermaßen geholfen – wobei Letztere sich überraschend kooperativ verhalten. Es erstaunt mich immer wieder, wenn sie sich willig für ihre wöchentliche

Dosis aus Knoblauch-, Honig- und Wermutkügelchen anstellen, während Bonka und Bodger bei Vollmond Granatapfelsaft und Knoblauch gegen ihre Würmer bekommen. Doch selbst Ana lebt nicht streng nach Juliettes Vorstellungen, denn sie stattet ihr Buch mit einer gehörigen Portion Puritanismus aus. Juliette lehnt zum Beispiel »befeuertes Essen«, wie sie es nennt, ab – das heißt gekochtes Essen –, weil das ihrer Meinung nach die natürlichen Bestandteile und die gesunden Eigenschaften zerstört. Auch, sagt sie, sollte man keine Schuhe mit Gummisohlen tragen, da diese den Genuss der heilsamen natürlichen Ausstrahlungen der Erde verhindern. Dennoch lohnt es sich immer wieder, bei Juliette nachzuschlagen, wenn es um weniger unmittelbare Probleme geht – zum Beispiel wie mit den verwesenden Kadavern zu verfahren ist, die hin und wieder im Garten auftauchen.

Auf El Valero wird ein Schaf, das aus unerklärlichen Gründen stirbt und daher für den Kochtopf nicht geeignet ist, eingewickelt, mit einer Schubkarre zum Barranco befördert und dann in die Schlucht geworfen. Die Hunde beobachten diesen Vorgang mit nur schlecht gespielter Gleichgültigkeit. Sie halten die Spannung ein paar Tage aus, bis das Schaf einen interessanten Geruch verströmt, dann beginnen sie mit ihrer Arbeit. Während der nächsten zwei Wochen kehrt das Schaf zurück und verfolgt uns in Form übel riechender, vom Kadaver abgerissener Glieder und dicker Brocken verwesendem Fleisch, an denen noch die Wolle klebt. Die Hunde bringen diese Teile zum Haus hoch und verstreuen sie im Garten. Diese Praxis ist nicht nach jedermanns Geschmack.

Im schlimmsten Fall machen sich diese Gaben im Haus selbst bemerkbar. Eines Nachts stieg ich im Dunkeln aus dem Bett und trat auf etwas Großes, Spitzes und Glitschiges. Mit einem erschreckten Quieken hechtete ich nach meiner Taschenlampe, knipste sie an und entdeckte den Schädel eines Keilers, an dem noch einige interessante Fleischstücke hingen.

Die Hunde, die ihn im Fluss gefunden hatten, standen stolz daneben und wedelten mit den Schwänzen.

Ana schlug bei Juliette nach, die unbefeuertes Essen für Hunde natürlich sehr schätzte und unseren Widerwillen gegen die Ausdünstungen des Zeugs, das im Haus und Garten herumlag, nicht unbedingt teilte. Es konnte ja sogar die wohl tuende Wirkung haben, einen Brechreiz zu verursachen. Sie hielt eine Lösung parat, die nicht nur für die toten Tiere von Vorteil war, sondern auch billiges Hundefutter produzierte. Man sollte das Fleisch ausbeinen und es unter einer Matte ausgesuchter Kräuter vergraben, die es vorm Verderben bewahrten.

Als Mann im Haus war ich erkoren, das Loch zu graben. Es war ein heißer Sommertag, und die Erde hatte die Härte von Beton. Ich verfluchte Juliette, während ich mich unter Anas Aufsicht bemühte, den Boden aufzuhacken. »Das ist jetzt tief genug«, knurrte ich.

»Ist es nicht. Juliette sagt, dass es gut einen Meter tief sein sollte.«

»Juliette hätte das verdammte Loch bestimmt auch nicht selbst graben müssen.«

»Nein, sie wäre so vernünftig gewesen, sich einen Mann dafür zu besorgen. Das muss noch viel tiefer werden... und mach die Seiten schön fest und glatt. Ich werde inzwischen die Kräuter besorgen.«

Vom Kräutersammeln zurückgekehrt, sah Ana verächtlich auf das Loch. Es war nicht so, wie es Juliette verfügt hatte, aber es musste eben auch so gehen. Ana und Chloë schauten aus sicherer Entfernung zu, wie ich das Fleisch entbeinte. Man macht solche Arbeiten aus gutem Grund nicht im Sommer, denn ich war von einer Wolke von Fliegen und Wespen umgeben. Es ist nicht angenehm, wenn dir zwei oder drei Dutzend Wespen auf den Händen herumkrabbeln; doch zum Glück waren sie vom Blut und Fleisch so gesättigt, dass sie das Stechen vergaßen.

Bald standen ein paar Eimer voll glänzendem Fleisch um mich herum, schwarz vor Fliegen und Wespen. Ana hatte sich inzwischen selbst übertroffen und den Boden des Lochs mit einer Matte aus irgendwelchen Kräutern bedeckt.

»Leg das Fleisch auf die Kräutermatte, dann breite ich etwas Rosmarin, Zitronenthymian, Stabwurz und Gartenraute darauf.«

»Das hört sich nach denselben Zutaten an, mit denen du die Hunde entwurmst – und sonst was machst.«

»Nun, wie auch immer das Rezept lauten mag, es soll das Fleisch und seine Nährstoffe zumindest für drei Monate konservieren und außerdem vor Insekten schützen. Ich bin sicher, dass es wirkt.«

Sie legte die Kräuter auf das Fleisch in dem Loch. »Jetzt, so steht es hier, musst du schwere Steine drauftun, damit die wilden Tiere es nicht ausgraben, und das Loch wieder zuschütten.«

Man kann sich vorstellen, wie aufgeregt wir waren, als wir sechs Wochen später das konservierte Fleisch ausgraben und an die Hunde verfüttern wollten. Ich schaufelte die Erde weg und hob die Steine aus dem Loch. Da lag die schützende Kräuterdecke und war erstaunlich unversehrt geblieben. Doch als wir die Kräuter entfernten, sahen wir, dass das Fleisch spurlos verschwunden war. Nicht ein klitzekleines Bisschen war zurückgeblieben. Das Loch war vollkommen unberührt, nicht einmal Kratzspuren waren zu entdecken. Verwirrt standen wir da und starrten mit offenem Mund in das leere Loch mit seinen nützlichen Kräutermatten.

»Wo ist es geblieben, Daddy?«, fragte Chloë im rührenden Glauben, dass ich dieses Rätsel irgendwie lösen konnte.

»Ich weiß nicht, Chloë. Ich dachte, du hättest es vielleicht heute Nacht aufgefressen.«

»Iiigitt!«, kreischte sie und rannte hinter einige Büsche, wie wenn sie sich vor diesem Gedanken verstecken wollte.

»Nun, das war sicherlich eine nützliche Erfahrung. Ich kann nicht warten, bis das nächste Schaf tot umfällt, also können wir es nicht wiederholen.«

»Mm«, meinte Ana. »Manchmal gewinnt man, manchmal verliert man, und Witze helfen einem kein bisschen weiter.«

Wir haben das Fleisch konservierende Rezept nicht noch einmal probiert; die Zeit schien vertan, und mir gefiel der Gedanke, dass ich einen bemerkenswerten Fehlschlag in petto hatte, den ich Juliette vorhalten konnte, wenn sich ihr Regime als zu tyrannisch erwies. Und was die verfaulenden Knochen auf der Terrasse betrifft, so gärtnern wir jetzt einfach um sie herum.

Die Kräfte des Marktes

Eines Abends, nachdem wir den ganzen Tag lang Schafe geschoren hatten, saßen Domingo und ich und ein Trupp Schäfer aus den hohen Bergen in Ernestos Bar in den Wäldern unterhalb von Pampaneira, aßen Tapas mit Fleisch vom Grill –
Carne a la brasa – und sprachen dem Costa tüchtig zu. Die Unterhaltung drehte sich darum, wie sehr wir alle unser *Ganado*
liebten, unser Vieh. So seltsam es auch scheinen mag, aber es
ist hier zu Lande ein beliebtes Gesprächsthema.

Während sich die Schäfer in Gefühlen für die ihnen Anver-
trauten ergingen, fiel mir auf, dass mich Ernestos Sohn beobachtete. Er war ziemlich benebelt und schien sich Mut zu
machen, um mir eine Frage zu stellen. Schließlich schlurfte er
auf dem Rückweg vom Tresen auf mich zu und flüsterte mir
schnaufend ins Ohr:»Liebst du das Ganado?« »Ja, ich kann
es nicht leugnen«, wisperte ich zurück, und wir lächelten uns
verschämt an.

Domingo schnappte die leisen Worte auf.»Was soll das?«,
unterbrach er.»Du kennst deine Schafe doch nicht einmal.
Wann bist du mit ihnen zum letzten Mal umhergewandert?

Du hast Zäune gezogen, damit dir das erspart bleibt. Deine Schafe würden dir ja nicht mal folgen, wenn du es wolltest. Das heißt wohl kaum, dass man sein Ganado liebt!«

Das waren bittere Worte, die aber trotz allem eine gehörige Portion Wahrheit enthielten. Seit dem Fiasko mit der verlorenen Herde hatte ich eifrig Zäune um einen großen Teil des Secano errichtet und mich der ermüdenden Pflicht eines Schäfers entzogen, damit ich mich den dringlicheren Arbeiten auf dem Hof widmen konnte. Außerdem hatten weder ich noch die Schafe das scheinbar mühelose Handwerk eines alpujarrischen Schäfers erlernt, der der Herde vorangeht und ihr mit seiner Pfeife andeutet, ihm zu folgen. Stattdessen rannte ich den Nachzüglern hinterher, brüllte und warf Steine. Das war kein schmeichelhafter Vergleich. Meine Schafe waren in guter Verfassung, bestens gepflegt und warfen Lämmer in zufrieden stellender Zahl – doch schließlich hatte auch niemand meine Schafe kritisiert. Ich sank unter diesen vernichtenden Vorwürfen zusammen und wartete darauf, dass sich Domingos Ärger verflüchtigte und wir uns anderen Themen zuwenden konnten.

Bald waren die gefühlvollen Lobgesänge auf die Schafe Hasstiraden auf die Händler gewichen. Jeder, so schien es, hatte in den Verhandlungen irgendwann den Kürzeren gezogen, und alle schworen, dass sie beim nächsten Mal einen besseren Preis erzielen würden.

»Ich weiß nicht, warum wir uns überhaupt über die Händler aufregen sollten«, platzte ich großspurig heraus. »Es kann uns ja nicht schlechter gehen, wenn wir die Mittelsmänner ausschalten und unsere Lämmer selbst verkaufen.« Es war ein kühner Vorstoß in solch einer Gesellschaft, aber ich genoss die Stille, die in unserer Runde eintrat. »Die Händler zahlen uns für die Lämmer einen Spottpreis und bringen sie nach Baza, um dort einen schnellen Profit zu erzielen«, fuhr ich beherzt fort, »also warum sollten wir nicht unser Glück versuchen und direkt verkaufen? Ich weiß, dass wir damit Neuland betreten.« Einige Sekunden zuvor hatte ich davon noch nichts gewusst, aber das aufglimmende Interesse in den Blicken um mich herum hatte die vage Idee, die in meinem Kopf umherschwirrte, in eine Ein-Mann-Mission verwandelt. Ich fühlte mich gut, wieder in die Rolle des Innovators schlüpfen zu können.

Der Markt in Baza ist der größte Viehmarkt Andalusiens, auf einer Hochebene etwa drei Stunden von uns entfernt im Norden der Provinz. Die Händler, die dort ihre Geschäfte machen, gehören einem harten Menschenschlag an, und es würde schwierig und riskant werden, dort Lämmer auf eigene Faust zum Verkauf anzubieten, selbst wenn man kein Ausländer und kein Neuling in dem Geschäft war. Aber ich konnte jetzt nicht mehr zurück.

»Die Händler werden es nicht gern sehen«, mutmaßte einer der Schäfer mit aufgeregt glänzenden Augen. »Nein«, sagte ein anderer, »aber so musste es ja schließlich kommen, weil wir uns nicht ewig über den Tisch ziehen lassen können.«

»Nun, die Händler sollen sich um sich selbst kümmern«, erwiderte ich. »Ich habe 40 gute Lämmer zum Verkauf anzubieten. Will mich jemand begleiten?«

Vielleicht hatte ich die Frage nicht deutlich genug gestellt, denn die Diskussion setzte sich fort, ohne dass irgendjemand auf meine Worte reagiert hätte. Domingos Stimme unterbrach jedoch das Geplapper. »Ich gehe mit dir«, sagte er. »Rede mal mit Baltasar über seinen Anhänger. Wir können es auf dem Markt in einer Woche ja mal versuchen.«

Baltasar, der ebenfalls Schafe schor, besaß einen Laster mit Vierradantrieb und einen Anhänger für Vieh. Er war einverstanden, uns zum Markt von Baza zu fahren, weil er sich mit Heuhaufen und anderen Dingen für seine Herde versorgen wollte. Also beluden wir an einem kühlen Winterabend den Anhänger mit den Lämmern und sorgten für einen Gewichtsausgleich, indem wir die Zugmaschine mit verschiedenen Leuten, die mitkommen wollten, bestückten. Baltasar fuhr, dann waren da noch Domingo und sein Cousin Kiki – ein Typ, dem ich noch nie begegnet war, und zwar deshalb, weil er gerade wegen eines Zwischenfalls mit irgendeiner abgesägten Schrotflinte in einer Diskothek aus dem Gefängnis entlassen worden war – und schließlich Baltasars Vater Manuel. Natürlich zahlte ich für diese Fahrt.

Wir brachen in aller Ruhe um neun Uhr auf, damit wir um Mitternacht auf dem Markt waren. Das war eine fixe Idee von Domingo. Der Markt begann um sechs Uhr morgens, aber Domingo meinte, dass es am besten sei, dort zu sein, bevor das Gedränge losging; Mitternacht schien allen anderen etwas übertrieben, doch Domingo bestand darauf. Schließlich und endlich dauerte es ein Weilchen, bis wir vom Hof kamen. Als wir durch Órgiva fuhren, hielt uns jeder Vorübergehende, der Domingo oder Baltasar kannte, zu einem Schwätzchen an, oder auch jeder, den die Lämmer auf dem Anhänger einfach neugierig gemacht hatten. Als wir schließlich die Stadt verließen, hatte es den Anschein, als ob alle Bewohner von meinem wahnwitzigen Plan wüssten, die einheimischen Händler zu umgehen und die Lämmer direkt auf dem Markt in Baza zu verkaufen.

Das Gleiche passierte uns in Lanjarón, Baltasars Heimatstadt; doch endlich hatten wir die Bergstraßen der Alpujarras hinter uns gelassen und rumpelten langsam die langen Abhänge hinauf Richtung Granada. Der kühle Abend war in eine kalte Nacht übergegangen; also hatten wir die Heizung angestellt, und die Mischung aus Wärme und Mief lullte uns ein. Bald waren Domingo und Kiki eingeschlafen. Baltasar, Manuel und ich blieben wach: Baltasar, weil er fuhr, Manuel, weil er ununterbrochen erzählte, und ich, weil ich zu höflich war, um einzunicken, während mir jemand etwas erzählte. Die anderen beiden hatten es ohnehin schon früher gehört. Manuel ist ein *Curandero* – so etwas zwischen einem Wunderheiler und einem Barfußarzt. Seine Spezialität sind Knochen, Muskeln und das Nervensystem. Er ist in ganz Andalusien bekannt, und ich habe von seinen Erfolgen von Málaga bis Jaén gehört. Er ist ein gut aussehender Mann mit bescheidenem Auftreten, der trotz seiner zierlichen Gestalt über fast übernatürliche Kräfte und eine grenzenlose Redseligkeit verfügt. Er saß vorn bei Baltasar. Es war sein Wagen, daher stand ihm dieses Privileg zu, obwohl er niemals gewagt hätte, das Ding zu fahren. Wie Schreiben und Lesen kam das Autofahren den jüngeren, fortschrittlicheren, technologisch gebildeten Personen zu.

Beim Sprechen drehte er sich in dem hohen Sitz herum, um mich anzuschauen und sich zu vergewissern, dass ich immer noch zuhörte. »Nun ja«, erklärte er, als ich den Monolog mit einer Frage unterbrach. »Kurz nach dem Krieg gab es in der Stadt einen Arzt, dem es gar nicht passte, dass ich dort praktizierte. Er machte mir das Leben so schwer, wie er nur konnte, hetzte mir die Guardia Civil auf den Hals, weil er mit dem Stadtkommandanten befreundet war. Die Kirche mag keine Curanderos, und der Arzt, der wirklich zweitklassig war und ausschließlich die Reichen der Stadt behandelte – und die noch nicht einmal gut –, dieser Arzt war ein frommer Mann. Also konnte ich nur mit den größten Schwierigkeiten praktizieren. In einem Winter sperrte mich die Guardia ins Stadtgefängnis – und verprügelte mich außerdem noch.«

»Und das hat Sie nicht dazu gebracht, die Heilkunst aufzugeben?«

»Nein, Heilen ist eine Gabe. Wie die Gabe des Hörens und Sehens, man kann nicht aufhören sie zu benutzen. Die Menschen kommen mit ihren Schmerzen und Krankheiten, und ich weiß, dass ich ihnen helfen kann. Also mach ich es, ich kann nicht anders. Ich nehme kein Geld dafür – nur das, was die Leute mir geben wollen –, aber es bringt mir jede Menge Freude.

Jedenfalls klopfte da jemand spät in der Nacht an die Tür. Als ich öffnete, stand dort eine Frau, die von Kopf bis Fuß in eine dunkle Decke eingehüllt war. Ich führte sie ins Licht, und als ich mich umdrehte und sie ansah, begriff ich, warum sie sich so vermummt hatte. Es war die Frau des *Comandante*. Sie erzählte mir, dass sie unter großen Schmerzen in den Beinen litt; sie hatte wochenlang nicht schlafen können, und die Ärzte wussten keinen Rat.

Ich fand bald heraus, was ihr fehlte. Es waren eingeklemmte Nerven, die arme Frau konnte kaum mehr gehen. Ich behandelte sie in dieser Woche mehrere Male – sie kam immer nachts und verhüllt, weil es sich für die Frau des Comandante nicht geschickt hätte, zu einem Curandero zu gehen –, und am Ende der Woche waren die Schmerzen verschwunden, und es ging ihr viel besser. Von da an hatte ich nie mehr Ärger mit der Guardia.«

Manuels Geschichten waren eigentlich zu schön, um darüber einzuschlafen. Er erzählte sie gut, fließend und mit viel Gefühl für Ausgewogenheit und dramatische Höhepunkte. Diejenigen, die nicht lesen oder schreiben konnten, speichern stattdessen lange Geschichten im Gedächtnis; dies Fähigkeit schwindet mit zunehmender literarischer Bildung dahin.

Jetzt fing er an zu erzählen, was dem Arzt zustieß – natürlich erhielt er seine wohlverdiente Strafe –, und ich zweifelte nicht daran, dass die Geschichte der Wahrheit entsprach. Dann ging es weiter mit einer Geschichte von einem anderen Doktor. Verschiedene Leute aus der Stadt, der Fleischer Sevillano, der Bäcker, der Cafébesitzer, der von einem Esel gestillt worden war, gingen in dieser Erzählung aus und ein. Er sprach ohne Pause, drehte sich alle fünf Minuten herum, um zu gucken, ob ich ihm noch zuhörte. Ich beugte mich vor, um seine ruhige Stimme über dem Dröhnen des Motors aus dem Rumpeln des Anhängers zu verstehen.

Als wir nach Osten fuhren und dem Puerto del Lobo entgegenholperten, merkte ich, dass der Monolog Neuland betreten hatte. Die Arbeitswelt, die er beschrieb, wurde von fremdartigen und unwirklichen Charakteren bevölkert. Ein Fischer betrat die Szene. Lanjarón liegt hoch in den Bergen und mehr als 30 Kilometer landeinwärts; was es hier sicher nicht gibt, ist eine Fischereiflotte. Dann folgten Elemente, die eigenartig vertraut wirkten. Überrascht erkannte ich, dass Manuel nahtlos in die Erzählungen aus Tausendundeiner Nacht übergegangen war. Der eifersüchtige Arzt und die korrupten Priester verblassten hinter einer Reihe von Prinzen und Dschinns, Wesiren und Weisen.

Kurz nach Mitternacht durchfuhren wir schwungvoll das Haupttor des Markts.

»Sie sind die Ersten«, sagte der halb erfrorene Mann im Pförtnerhaus. »Fünfhundert Pesetas, und die Hürde ganz oben gehört Ihnen, der beste Platz von allen.«

»Wunderbar«, sagte ich und reichte ihm das Geld. »Gut, wenn man so früh hier ankommt.« Baltasar grunzte. Alle anderen schliefen.

Langsam rollten wir über die leere Betonfläche des Marktes und hielten bei der obersten Reihe von Hürden an. Baltasar stellte den Motor aus, streckte sich und ächzte. Ich öffnete die Tür, um auszusteigen und mir die Beine zu vertreten – und schlug sie schleunigst wieder zu. Ich hatte nicht gewusst, dass es in Spanien so kalt werden konnte. Erst als ich am nächsten Tag die Zeitung las, die Baza mit der niedrigsten Temperatur in Andalusien anführte, fand ich heraus, dass es zehn Grad unter Null waren.

Angeblich erzeugt der menschliche Körper das Äquivalent

von einem Kilowatt Hitze, also hätten wir fünf diesen Wagen wie ein Dampfbad aufheizen müssen. Das war aber nicht der Fall. Binnen fünf Minuten waren alle erwacht, klapperten mit den Zähnen, drehten und wendeten sich und fühlten sich schrecklich unbehaglich. »Sicher gibt es hier irgendwo eine Bar oder etwas dergleichen, wo wir im Warmen sitzen können, oder?«

»Jetzt noch nicht.«

»Dann schmeiß den Motor an, Mann, um Himmels willen!«

»Noch nicht, ich kann ihn nicht die ganze Nacht über laufen lassen.«

Um vier Uhr öffnete die Bar. Draußen war es zehn Grad minus; drinnen war es genauso kalt. Die Bar war ein riesiger, weißer, neonbeleuchteter Schuppen mit Steinfußboden, der an heißen Sommermorgen die Hitze abhalten sollte. Wir ließen die Tür auf; es hatte wenig Sinn, sie zu schließen. Der Barmann kam, schauderte und beklagte sich bitterlich. Wir tranken Brandy, um uns zu beschäftigen, während die Kaffeemaschine zischte. Der Barkeeper ging nach draußen und kehrte mit einigen Olivenholzstücken zurück, mit denen er in der Ecke an der Küchentür ein offenes Feuer machte. Wir drängten uns alle drumherum. Ein paar Mädchen stolperten herein, just aus dem Tiefschlaf erwacht und kurz vorm Erfrieren. Sie stellten sich an das inzwischen lodernde Feuer und warfen gleichgültige Blicke auf die Kunden.

Um halb fünf tröpfelten die nächsten Gäste herein: dick eingepackte Lastwagenfahrer und Schäfer. Ein Händler, lautstark, in einem affigen Anzug und gesteppten Anorak, hielt mit seinem Gefolge von Speichelleckern Einzug. Ein kleiner Mann in Lederjacke und Baskenmütze humpelte herein und setzte sich auf einen Stuhl nah am Fenster.

»Sie humpeln aber arg!«, sagte Manuel begeistert.

Die Baskenmütze sah ihn erstaunt an; denn obwohl man in Spanien nicht unbedingt über die Gebrechen der Menschen hinwegsieht, spricht man sie doch selten so direkt an. »Ich humple arg«, sagte er langsam. »Und was geht Sie das an?«
»Mich interessieren solche Beschwerden. Weil ich helfen kann. Was ist denn mit dem Bein?«
»Nun, beide bereiten mir seit zwei Jahrzehnten Kummer. Die Ärzte sagen, dass es von der Kälte auf diesen Bergen herrührt und sie nichts machen könnten.«
»Können Sie sie beide so ausstrecken?«
»Nein.«
»Oder so beugen?«
»Nein, das auch nicht.«
»Sie müssen Übungen machen. Ich mache sie jeden Tag, und sehen Sie mich an: Die Kälte kann mir nichts anhaben.«
Das war nicht geprahlt, denn Baltasars Familie gehört der höchst gelegene Bauernhof auf dem Berg über Lanjarón, ein Ort mit wahrlich rauem Wetter, und Manuel hat fast sein ganzes Leben dort oben gearbeitet. Aber der Mann mit der Baskenmütze sah nicht überzeugt aus. Er hielt nichts von diesen Übungen, das konnte ich sehen. Er humpelte davon, um sich den nächsten Brandy zu holen. Manuel ging an die Bar und sah sich nach weiteren interessanten Gebrechen um.

Domingo und ich ließen Baltasar zurück, der aufpassen sollte, dass Kiki an der Bar keine krummen Dinger veranstaltete, und brachten unsere Schafe unter, wobei wir ein Auge auf die Konkurrenz werfen wollten. Unsere Hürde schien weit weg von den anderen zu liegen. Der Trubel, wenn man es so nennen konnte, fand am unteren Ende des Markts statt. Hier drängten sich 100 oder 200 Lämmer in einer Hürde. Meine 40 Lämmer waren gut, aber ein wenig kleiner als die meisten, und die Tatsache, dass sie sich alle in eine Ecke der Hürde verzogen hatten, zeigte sie auch nicht von ihrer besten Seite.

Die Hürde neben mir war von einer Horde alter Ziegen besetzt, und auf der anderen Seite lief ein stinkender Ziegenbock, zwischen einem Haufen hässlicher Lämmer umher. Ansonsten waren alle anderen Hürden an unserem Ende leer. Es war nicht schwer herauszufinden, dass sie hier die Spieler unterbrachten, die die Regeln nicht kannten. Meine Nachbarn gehörten offensichtlich nicht zur ersten Kategorie modern eingestellter Schafhirten. Meine fünfhundert Pesetas hatten mir eine Betonhürde unter einem riesigen, offenen Stall eingebracht. Hier stellte ich meine Ware möglichst vorteilhaft zur Schau und lehnte mich lässig an die Tür, als ob es mir völlig gleichgültig sei, ob ich sie verkaufte oder nicht. Die Händler umrundeten die Hürden, ihnen folgten Leute, die sich Notizen machten oder Ratschläge gaben, um die man sie nicht gebeten hatte, Claqueure und verzweifelte Schafhirten. Die Verkäufer schacherten mit den Käufern auf der Basis von Informationen, die sie aus den Verhandlungen in den anderen Hürden aufgeschnappt hatten.

Um sechs Uhr war am unteren Ende des Markts der Teufel los. Es war die dunkelste und kälteste Stunde der Nacht. Ich dachte, ich hätte mich warm angezogen, aber es reichte nicht aus. Von Kopf bis Fuß steif gefroren, konnte ich kaum sprechen – sicher nicht die beste Voraussetzung für den andalusischen Schafhandel. Domingo kam von den unteren Hürden hoch.

»Schlechte Nachrichten, die Preise fallen. Ein Schäfer in den großen Hürden unten hat eben 7000 akzeptiert, und seine Lämmer sind die größten und besten hier. Kleinere Lämmer bringen überhaupt nichts ein. Außerdem ist Luís Vazquez dort unten, und wenn ich mich nicht sehr täusche, sorgt er dafür, dass niemand Interesse an deinen Lämmern zeigt.«

»Warum das denn?«

»Er ist wütend, weil du ihm deine Lämmer nicht verkauft hast, als er zu dir gekommen ist…«

»Natürlich habe ich das nicht getan, nicht zu dem lächerlichen Preis, den er mir anbot!«

»Nun, wie auch immer, er und die anderen Händler der Alpujarras sind nicht sehr erfreut von der Aussicht, dass noch mehr Schäfer ihre eigenen Lämmer auf den Markt bringen. Es beeinträchtigt ihr Geschäft.«

»Gut so.«

»Ja, aber das werden sie nicht einfach hinnehmen. Luís hat mit allen Händlern hier auf dem Markt gesprochen. Sie wollen uns eine Lektion erteilen.«

Und wie zur Bestätigung von Domingos Worten löste sich jetzt dann und wann ein Händler mit seinem Gefolge aus dem Gewühl am unteren Ende des Markts, bummelte nach oben, strich um meine Hürde, sah sich die Lämmer höhnisch an und ging wortlos weiter. Domingo tat sein Bestes, sie in ein Gespräch zu verwickeln und ihre Aufmerksamkeit auf die Vorteile meiner Tiere zu lenken, doch vergebens.

Ich lehnte verloren an der Mauer und sah meine armen, verängstigten Kreaturen in der Hürde an. Wie lange sollte diese schreckliche Prüfung noch dauern? Ich sah, wie Gruppen von Lämmern durch die Gänge zum Verladen getrieben wurden. Dickbäuchige Händler kletterten in ihren Mercedes und rauschten durch die Tore davon. Es hatte ganz den Anschein, als würde mir die demütigende Erfahrung nicht erspart bleiben, die Lämmer wieder mit nach Haus zu nehmen – was für sie eine lausige doppelte Fahrt und eine elend kalte Nacht bedeutete.

»Wir werden aber trotzdem noch nicht gehen«, sagte Domingo. »Oft ziehen die Preise am Ende des Markttags wieder an. Vielleicht haben dann einige Händler ihr Soll noch nicht erfüllt und müssen aus weniger Lämmern auswählen. Wir können noch Glück haben!«

Dem war aber nicht so. Das Fieber des Verkaufens und Kaufens war gestiegen und gefallen. Eine schwache weiße Sonne kroch hinter dem Horizont hervor und beleuchtete den schrecklichen Platz mit Strahlen, die keine Wärme schenkten. Die großen Schafhürden leerten sich, und die großen Händler verschwanden einer nach dem anderen. Auf dem Parkplatz neben dem Schuppen fuhren die kleineren Händler und die aus dem Dorf die Reihen ab, wo die, die zu schlau waren, um die 500 Pesetas für eine Hürde zu zahlen, ihr Gewerbe betrieben. Hier gab es zerbeulte Renault 4, hinter deren Fenstern ein Dutzend Schafe atmete, eine Ziege, gefesselt und an einen Traktor gebunden, einen alten Mann, der ein paar magere Schafe an einem Strick mit sich führte. Doch niemand warf auch nur einen Blick auf meine Lämmer. Ich fühlte mich einsam und verloren, wie ein neuer Junge in der Schule.

Ich trank einen Kaffee mit Baltasar und überließ es Domingo, sich darum zu bemühen, das Interesse der restlichen Käufer zu wecken.

»Es sieht nicht so aus, als könnten Sie sie heute noch verkaufen.«

»Ja, wahrscheinlich muss ich sie wieder mit nach Hause nehmen.«

»Sie sollten ein wenig vorsichtig sein, denn Sie haben sich Feinde unter den Händlern gemacht – und mit denen ist nicht gut Kirschen essen. Man weiß nie, was sie vorhaben, nicht am hellen Tag wie jetzt, aber in dunkler Nacht auf einer einsamen Bergstraße…«

Er sprach nicht weiter. Ich dachte, dass er ein bisschen übertrieb, aber vielleicht war es ernst. Ich verletzte die Regeln, hatte mich zu weit vorgewagt. Es war ein tollkühner Fehlschlag. Wir luden die Lämmer wieder auf und fuhren heim. Als wir durch Lanjarón und Órgiva kamen, hielten wir öfters an, um die Neugier der Vorübergehenden zu befriedigen.

Einige von ihnen hatten schon mit den Händlern gesprochen und schienen über jede Einzelheit unseres Debakels Bescheid zu wissen.

Wie vorherzusagen, zeigten die Händler ein lebhaftes Interesse zu erfahren, ob sie die unverkauften Lämmer für einen Spottpreis erwerben konnten. Ich würde sie verkaufen müssen; denn bald war ihre beste Zeit vorbei, und dann sähe ich mich gezwungen, sie tatsächlich zu verschenken. Der Mann, der mir das vernünftigste Angebot machte, war ein Zigeuner aus Órgiva namens Francisco. Er war so unbedeutend im Geschäft, dass er nicht das nötige Kleingeld hatte, auf den Markt in Baza zu gehen. Domingo riet mir zur Vorsicht, weil er im Ruf stand, nicht immer zu bezahlen; aber er gab mir das Geld im Voraus, als er während der nächsten Monate die Lämmer in vier Schüben zu zehn abholte.

Seitdem habe ich stets an Francisco verkauft, und bis jetzt wurde ich von ihm nicht übers Ohr gehauen. Überhaupt verkaufe ich nun die Lämmer am liebsten in der näheren Umgebung. Das ist bei weitem die ökologischste Lösung; sie erspart den Lämmern eine anstrengende Reise, senkt die Transportkosten und unterstützt zu meiner Freude die Gemeinde, in der wir leben. Gelegentlich kommen die Leute zu mir und beglückwünschen mich zur Qualität des Lammfleischs, das sie an Franciscos Stand auf dem Markt kaufen. Francisco seinerseits glaubt fest an die höhere Qualität des *Carne Campero*.

»Nein, Schafe mit Kraftfutter im Dunkeln aufzuziehen ist eine neumodische Idee. Als mein Vater noch Metzger war, musste ein Lamm erst einen Sommer lang auf den Bergwiesen grasen, bevor man das Fleisch für gut befand. Die Lämmer waren damals größer und älter, aber der Geschmack war köstlich. Meine älteren Kunden beklagen sich oft, dass sie kein gutes Fleisch mehr bekommen. Das Zeug, das sie kaufen, schrumpft in der Pfanne um die Hälfte zusammen. Folglich bin ich hoch erfreut, dass Sie Carne Campero produzieren. Ich kaufe Ihnen ab, was immer Sie haben.«

Es war keine Oktoberrevolution; ich hatte die Schäfer der Alpujarras zwar nicht von ihrem Joch befreit, doch für mich hatte sich das Blättchen womöglich wieder einmal zum Besten gewendet.

Chloës Taufe

Als Chloë geboren wurde, planten wir ein Fest, um ihre Ankunft zu feiern, das wir mit einer Taufe verbinden wollten,
Ana, die einige Schuljahre im Kloster verbracht hatte, war
überzeugt davon, dass es wichtig war, getauft zu sein. Ich, der
ich in einiger Verwirrung über die Rätsel des Universums
lebe, war mir da nicht so sicher; doch es gab einen Vorteil, den
eine Taufe mit sich brachte und der meine Zweifel zerstreute.
Wir konnten Domingo bitten, Chloës Pate zu werden.

Domingo ist ein Freund, der es hasst, wenn man ihm für
irgendetwas dankt, und er hält es nicht für erwähnenswert,
dass er uns uneingeschränkt Zeit und Energie schenkt. Wenn
ich das Thema anspreche, reagiert er schroff und abweisend.
So war es eine wirklich gute Gelegenheit, mit einem offiziellen Anlass unsere Wertschätzung und Zuneigung zu zeigen.
Ich brachte die Patenonkelfrage noch an dem Tag auf den
Tisch, als wir beschlossen, dass wir einen brauchten.

»Was muss ich denn tun?«, fragte er unsicher.

»Tja, nicht viel. Ich glaube, du musst Chloë nur halten,
wenn der Pfarrer sie mit Wasser besprenkelt.«

»Das könnte ich gerade noch schaffen.«
»Und dann musst du dich natürlich darum kümmern, dass sie in religiösem Geist aufwächst.«
»Das werde ich bestimmt tun«, grinste er.
»Nun dann, wirst du es machen?«
»Weiß nicht«, meinte er, als müsse er noch einmal darüber nachdenken. »Das heißt, wenn ich an dem Tag nichts anderes zu tun habe ...«
Domingo konnte einen mitunter nerven. Dennoch war er sichtlich angetan von der Idee, und Expira und der alte Domingo waren überglücklich. Nachdem ich also gesät hatte, machte ich mich daran, die Früchte zu ernten. Das Erste, was ich tun musste, war, den Gemeindepfarrer aufzusuchen.

Außer während der Messe oder der Siesta war Don Manuel gewöhnlich in seiner dunklen Amtsstube neben der Kirche zu finden. Seine Haushälterin öffnete mir die Tür mit einem Besen in der Hand und führte mich, als sie mein Begehren hörte, sogleich zu ihm. Er hörte auf, die Papiere auf seinem Schreibtisch durcheinander zu mischen, und erhob sich, als ich eintrat. Er war ein dünner, ausgedörrter Mann in Pantoffeln und einem schäbigen grauen Anzug, und seine Hand fühlte sich so zart und klein an, als ich sie drückte, dass ich mich fragte, ob er mir wirklich all seine Finger gereicht hatte.
»Ich hätte gern gewusst, ob Sie meine Tochter taufen könnten?«, begann ich.
»Sind Sie katholisch?«, fragte er und sah mich argwöhnisch an.
»Nein, aber ich habe überhaupt nichts dagegen, wenn meine Tochter katholisch getauft wird.«
»Welcher Religion gehören Sie denn an?«
»Ich vermute, dass ich anglikanisch getauft worden bin, aber ich bin eher ökumenisch eingestellt.«

»Oh, ich auch, ich auch. Aber diese Taufe – ich weiß nicht genau, wie man in solchen Fällen verfährt.«

Er schien sich mehr mit den Papieren auf seinem Schreibtisch zu befassen als mit mir und machte den Eindruck, dass er nicht allzu begeistert von meinem Ansinnen war. Es konnte viel mehr Unannehmlichkeiten verursachen, als es eine kleine Seele wert war. Doch einstweilen war ihm daran gelegen, die Sache etwas zu verzögern. »Ich fahre am Freitag nach Granada«, beruhigte er mich, »und werde die Angelegenheit mit dem Bischof besprechen. Kommen Sie doch nächste Woche wieder vorbei.«

Also suchte ich Don Manuel in der darauf folgenden Woche auf, aber er hatte es nicht geschafft, zum Bischof zu gehen; in der nächsten Woche vergaß er, das Problem zu erwähnen; die Woche darauf wollte der Bischof darüber nachdenken, und noch eine Woche später vergaß ich die ganze Sache. Also ließen wir es irgendwie schleifen.

Worum meine Gedanken kreisten, war allerdings nicht ganz in Don Manuels Sinn. Mir schwebte eine romantische kleine Feier in einer abgelegenen ländlichen *Ermita,* einer Einsiedelei, vor: Nuestra Señora de Fatima ist eine besonders hübsche Kapelle, die von einem schroffen Felsen auf El Valero hinabblickt. Ich malte mir eine Taufgesellschaft aus, die auf Mauleseln mit bunten Geschirren und Blumen in den Mähnen den Berg zur Ermita hinaufzog. Oben an der Kapelle würde es einen kurzen, aber schönen Gottesdienst geben mit Kerzen und Weihrauch und dem zufriedenen Glucksen von Baby Chloë, danach würden wir uns alle zu Hause um einen langen Tisch mit schneeweißen Decken versammeln, auf dem funkelnde Gläser und Berge von köstlichem Essen und Wein ständen.

Die bekümmerten Überlegungen des Bischofs in seinem Schlupfwinkel in Granada und Don Manuels ernstes Bekenntnis zur Ökumene in seinem dunklen, kleinen Büro neben der Kirche schienen in die falsche Richtung zu weisen. Also begann Chloë ihr Leben ohne die Hilfe der orthodoxen Religion, was ihr anscheinend nicht viel ausmachte. Expira und der alte Domingo jedoch waren sichtlich enttäuscht, brachten die aufgeschobene Taufe monatelang immer wieder zur Sprache und hofften auf ein neues Datum. Und dann vergaßen sie es ebenfalls.

Fast drei Jahren waren vergangen, als ich an einem schönen Maienmorgen weit weg von der vertrauten Welt nach Pflanzen Ausschau hielt, deren Samen wir im Sommer sammeln konnten. Ich befand mich in einem Landstrich dort drüben vor Ventas de Zafarraya, einem Eldorado für Samen: meilenweit von allem entfernt und von aufregenden Felsen umschlossen. Auf einem Ziegenpfad kraxelte ich gefährlich nah an einem schrecklichen Abhang immer höher.

Es war hoch oben, die Luft war dünn und schwer zu atmen, und es war so heiß, wie es auf einem in der Sonne backenden Berg im Mai in Andalusien nur sein kann. An einem Fleck angelangt, den wahrscheinlich noch kein Mensch betreten hatte, war ich überrascht, ja sogar ein wenig verstimmt, eine weißhaarige Gestalt zu erblicken, die bezaubert vor einer Iris hockte. Dieser Mensch war so versunken in ihre Schönheit, dass er mich nicht einmal bemerkte, als ich keuchend auf ihn zuschlurfte.

Schließlich riss er sich aus seiner Träumerei und richtete sich, als er mich sah, langsam zur vollen Größe von gut einem Meter achtzig auf. »Buenos días«, sagte ich.

»Oh … sprechen Sie Englisch?«

»Nicht nur das, ich bin Engländer.«

»Wunderbar. Wie schön es doch ist, an den abgelegensten Orten Landsleute zu treffen, Richard, Richard Blakeway-Phillips – und sehr erfreut, sie kennen zu lernen.«

Wir gaben uns die Hand.

»Vielleicht haben Sie bemerkt, dass ich eine wunderschöne Irisart bewundert habe. Es ist entweder eine *xiphium* oder eine *filifolia;* man kann sie oft nur schwer auseinander halten.«
»Nun, das werden wir gleich herausfinden. Ich habe zufällig meinen Polunin dabei.«
»Ah, Polunin. Dem Himmel sei Dank, wir sind gerettet.«
Jeder, der jemals etwas über eine Blume in einem Nachschlagewerk wissen wollte, wird den Namen Oleg Polunin kennen. Selbst der gebildetste Botaniker würde ohne einen Band Polunin unter dem Arm keinen Fuß vor die Tür setzen. Egal, wohin du dich auf dieser Erde wendest: Polunin war vor dir da und hat die endemische Flora akribisch und in allen Einzelheiten identifiziert, katalogisiert und beschrieben. Er war einer der großartigsten und angesehensten Botaniker des 20. Jahrhunderts. Außerdem war er mein Biologielehrer in der Schule, wo man ihn Ollie Pollie nannte. Zu meinem Bedauern muss ich gestehen, dass ich mich für Biologie nicht besonders interessierte und lieber hinten im Labor herumalberte, zumal ich mir der Ehre nicht bewusst war, von einem so bedeutenden Mann unterrichtet zu werden. Heute, wo ich durch den fast täglichen Gebrauch Polunins Werk kennen gelernt habe, plagt mich entsprechende Reue.

Richard blätterte geübt durch die zahllosen Seiten des Buchs und murmelte vor sich hin, während er mit dem Finger an dem wichtigen Eintrag entlangfuhr.
»Natürlich, die goldenen Sprenkel in der Mitte – *chamaeiris* –, wie dumm von uns. Ich denke, es war ziemlich blöd von mir, sozusagen unbewaffnet hier heraufzukommen…«
»Unbewaffnet?«
»Ich meine, ohne Polunin.«
Ich plauderte weiter über den Botaniker und meine frühen Schulerfahrungen, was damit endete, dass ich mir sehnsüchtig wünschte, ihn wieder zu sehen, obwohl ich kaum annehmen konnte, dass dies auf Gegenseitigkeit beruhte.

»Ich glaube, es wäre etwas schwierig, ihn heute wieder zu sehen«, sagte Richard mit einem Blick, als wollte er mir eine Sechs verpassen. »Er ist vor einigen Jahren gestorben.« So fingen wir an, seinen Verlust zu beklagen, hoch oben unter den Tutubias und dem Ginster und der Zistrose, der *Iris xiphium,* nein, *filifolia,* während wir die Nase in sein Buch steckten. In solchen Augenblicken liebe ich es, Engländer zu sein. Fast schon erwartete ich, dass Richard sagen würde: »Hätten Sie gern eine Tasse Tee? Ich habe zufällig mein Teeservice und etwas Lapsang Souchong dabei.« Doch das tat er nicht, und es war ohnehin die falsche Tageszeit für Tee. Ich ließ ihn meine verschwitzte lederne Weinflasche nicht sehen. Das hätte mich doch zu sehr bloß gestellt.

Richard, oder richtiger Reverend Richard Blakeway-Phillips, war in den Midlands Pfarrer gewesen; doch jetzt hatte er sich zur Ruhe gesetzt und wanderte mit Vorliebe botanisierend in der Welt umher. Das brachte mich auf eine Idee, und während ich einer Biene gleich zwischen den Blumen und Büschen hin und her sauste, Muster für die Identifizierung sammelte und sie unwissenschaftlich in meinen Beutel stopfte, kehrten meine Gedanken zu der fast vergessenen Geschichte mit der Taufe zurück.

Ich brachte das Gespräch ganz allgemein auf Pfarrer im Ruhestand und Haustaufen und schwärmte dann von der botanischen Vielfalt der Alpujarras.

»Wir haben auf unserem Hof ein Gästehaus. Vielleicht möchten Sie dort gern etwas bleiben und könnten während dieser Zeit unsere Tochter taufen.«

»Nun, ich muss schon sagen«, meinte Richard und lockerte um der Hitze willen seine Krawatte. »Das hört sich sehr verlockend an – und es wäre mir ein Vergnügen, Ihre Tochter zu taufen.«

Also war der Handel beschlossen, und ich eilte recht selbstzufrieden nach Haus, um es Ana zu erzählen.

Binnen zwei Wochen kam Richard mit seiner Frau Eleanor mit dem Bus aus Granada an. Er faltete sich auf dem Rücksitz des Landrovers wie eine riesige Heuschrecke zusammen, Eleanor setzte sich vorne hin und übernahm das Gespräch. Sie hatte Richard durch die halbe Welt auf seinen botanischen Abenteuern begleitet und war es gewöhnt, alle Situationen, in die sie gerieten, in ihre sachkundigen und diskreten Hände zu nehmen. Ohne dass Richard es bemerkte, erkundete sie vorher die Lage, ebnete Berge zu Maulwurfshügeln und ermöglichte damit so interessante Unternehmungen wie eine botanisierende Reise mit Lokalbussen durch das anarchische Albanien.

Dazu war Eleanor auch noch elegant. Während Richard auf seine Erscheinung nicht den allergrößten Wert legte – er trug zum Beispiel riesige Tennislatschen, lange Shorts und ein Hemd mit schiefem Kragen und einer Krawatte, die irgendwo zwischen Hals und Brustbein hing –, bestach Eleanor durch eine natürliche, unaufdringliche Anmut, wie wenn sie sich auf dem Rasen der Pfarrei um ihre Gäste kümmerte, statt einen Berg auf staubigen Pfaden zu erklimmen.

Chloë war aus Gründen, die Dreijährige vielleicht besser verstehen, von der Sache mit dem heiligen Wasser und Öl ganz und gar nicht zu überzeugen, als wir sie ihr erklärten. Dieses Problem entsteht natürlich nur dann, wenn man mit dem ganzen Vorgang wartet, bis das Kind einen eigenen Willen hat. Mit finsteren Blicken wandte sie das Gesicht ab und gab dadurch zu verstehen, dass sie kein Wort mehr über dieses Thema hören wollte. Ana rang die Hände und sah mich Hilfe suchend an. »An dem Abend wird schon alles gut gehen«, versicherte ich. »Du weißt doch, wie das bei solchen Sachen ist.« Ich nahm wieder einmal zu meinem gewohnten Optimismus Zuflucht.

Beim Mittagessen sah Chloë die ihr vorgestellten Richard und Eleanor misstrauisch an. Schließlich waren sie sehr groß und beeindruckend, und als sie versuchten, sie zu gewinnen, indem sie sie wie eine Erwachsene behandelten und nett zu ihr waren, flüchtete sie sich in Schweigen. Am nächsten Tag jedoch ließ sie sich überreden, mit unseren Gästen eine botanische Rundreise durch das Tal zu unternehmen. Darin war sie gut; es gab ihr eine Möglichkeit, die Litanei botanischer Namen herunterzurattern, die sie auf unseren samensammelnden Expeditionen gelernt hatte. Doch abgesehen von der Freude am lateinischen Singsang hatte sie ein echtes Interesse an Pflanzen und konnte die giftigen von den anderen unterscheiden, was Ana ihr beigebracht hatte, bevor sie die ersten Gehversuche machte.

Für Nichtbotaniker mochte es fürchterlich altklug wirken, wenn eine Dreijährige Namen wie *Adenocarpus decorticans, Euphorbia characias* oder *Anthyllis cytisusoides* trällerte – obwohl Stadtkinder ja die Namen ihrer Lieblingsdinosaurier ähnlich flüssig herunterrasseln können. Jedenfalls fanden es ihre kindischen Eltern wunderbar; und Richard und Eleanor, für die solche Namen wie das tägliche Brot waren, zeigten sich tief beeindruckt. Die Entdeckung ihrer gemeinsamen Liebe zu Pflanzen brach das Eis, und als sie zum Haus zurückkehrten, schienen alle drei voneinander bezaubert zu sein. Ich wurde entsandt, um die Zutaten für eine Riesenpaella zu kaufen und die zuvor gewarnten Gäste zu informieren, dass alles für den folgenden Samstag vorbereitet war.

Susanne, eine Freundin von der anderen Seite der Stadt, sollte Patin werden. Sie war neben Domingo eine weitere Person, die wir in unseren Familienkreis einbeziehen wollten. Sie war, wie sie sagte, unsere Nachbarin geworden, weil sie mit einer Stecknadel auf eine Landkarte von Europa gepiekt hatte und sich dann mit Sack und Pack zu dem Ort aufgemacht hatte, der sich auf solche Art ergeben hatte. Wie Georgina ist sie eine dieser beeindruckenden jungen Engländerinnen, die den einmal gewählten Kurs durch die Welt trotz aller Gefahren der Seefahrt einhalten. Susanne ist eine begabte Künstlerin, die mit ihrem gemeingefährlich klapprigen Auto die Alpujarras durchstreift und Landschaften mit Feder und Wasserfarbe zeichnet. Ebenso wie an Astrologen herrscht in den Alpujarras an Künstlern kein Mangel, aber Susannes Arbeiten sind so originell und technisch perfekt ausgeführt, dass sie zu den Besten zählen.

Seit einigen Jahren ist Susanne wegen lähmender Arthritis auf einen Rollstuhl angewiesen, doch das hat ihrem überschäumendem Temperament und ihrer unerschütterlich guten Laune keinen Abbruch getan. Mit ihrer dunklen, rauchigen Stimme erklärte sie mir, dass diese elende Krankheit die Folge unsagbarer Verbrechen in einem früheren Leben sei, als man den Damen im minoischen Kreta im vollen Bewusstsein der schädlichen Bestandteile Kosmetik mit Bleiweiß verkaufte. Sie zwinkerte vergnügt mit den Augen, als sie diese einmalige Geschichte von sich gab.

Chloë betet Susanne an, weil sie nie zu beschäftigt, zu müde oder zu krank ist, um mit Kindern herumzualbern. Sie ist eine der wenigen Fremden in den Alpujarras, die ich regelmäßig besuche, und sie bringt mich immer zum Lachen. Jedenfalls halfen Domingo und ich Susanne am Tag vor der Taufe auf den Rücken des geduldigen Bottom und wateten mit ihr durch den Fluss. Ana hatte frühzeitig aufbrechen müssen, um ihre Eltern abzuholen, die sich eine Ferienwohnung an der Küste gemietet hatten; und Susanne hatte sich dafür entschieden, mit dem Esel zum Haus hochzureiten, statt die Rückkehr des Landrovers abzuwarten – womit sie als einziger Gast meine romantischen Pläne für die Taufe in die Tat umsetzte.

Außerdem hatte ich ein paar Freunde aus der Stadt eingeladen, dann noch Cathy und John und die Hälfte ihrer Nachbarn aus Puerto Jubiley. Wo immer Cathy und John hingehen, folgt ihnen das halbe Dorf – doch stets nur das halbe. Als

270

Folge eines fünf Jahrzehnte währenden Streits um eine Pappel und eine Ziege gibt es in dem Dorf zwei feindliche Lager, die man nie zusammen einladen darf. Zur Taufe hatten wir die Partei von der Westseite des Flusses zu Gast. Der alte Domingo und Expira waren natürlich in ihrer offiziellen Eigenschaft als Patengroßeltern anwesend, und dann kamen noch Bernardo und Isabel mit ihren Kindern Fabian, Maite und Chloës geliebter Rosa. Antonia, die inzwischen eine sehr enge Freundin der Familie war, hatte in den Niederlanden eine Ausstellung und war deshalb verhindert. Als Ersatz für ihre Anwesenheit hatte sie Chloë ein winziges bronzenes Schaf geschickt.

Zusammen mit Anas Mutter und Vater machte das ungefähr 40 Leute. Also lieh ich mir zwei riesige Paellapfannen aus und entfachte aus Rosmarin- und Olivenzweigen ein gewaltiges Feuer, über das ich die Dreifüße stellte. Das Feuer brannte den ganzen Morgen über und schickte seinen duftenden Rauch in die Luft. In der Küche drängten sich die Helfer, bereiteten Salat und Platten mit köstlichen Leckerbissen zu und ein großes Fass Bowle aus Früchten und Costa. Irgendwie gelang es uns, genug Stühle und Tische und Seiltrommeln für die Gesellschaft aufzutreiben, und Ana legte ihre schneeweißen Decken auf, von denen ich geträumt hatte, und stellte wilde Blumen auf jeden Tisch. Inzwischen spielte Chloë, von den ganzen Vorbereitungen unbeeinträchtigt, fröhlich mit Rosa und den unsäglichen Barbies und bezog in neuen Episoden das Bronzeschaf in das Leben der Puppen ein.

Endlich kamen die Gäste an, parkten ihre Autos an der Brücke und stapften in ihrer Festkleidung den staubigen Hügel hoch. Die älteren Mitglieder der Gesellschaft, denen der Aufstieg nach El Valero nicht sonderlich zusagte, wurden im Landrover hinaufgefahren. Ich stellte die Paellas auf das Feuer und schenkte Wein und Bowle aus.

Die spanische Gruppe beobachtete fasziniert, wie Richard seinen Talar zurechtzupfte. Die älteren Gäste wussten wenig von unseren religiösen Überzeugungen und erwarteten vielleicht eine Art von heidnischem Ritus. Ängstlich drückten sie sich am Rand herum, damit sie sofort die Flucht ergreifen konnten, wenn die Dinge außer Kontrolle gerieten. Mit Rufen wie »*a la misa*« gelang es mir, die Engländer und ein paar der wagemutigeren Spanier um den Altar zu versammeln – eine geweihte Seiltrommel mit besticktem Tuch und Blumen –, vor der Richard eine einfache und bewegende Rede hielt und einige Gebete vortrug.

»Warum übersetzt du nicht, was er sagt, damit es jeder verstehen kann?«, flüsterte Ana.

»Weil mich der feierliche Augenblick überwältigt hat, Ana«, log ich. Die Wahrheit war, dass ich mir nicht zutraute, das biblische Englisch ins alpujarrische Spanisch zu übertragen.

Chloë ließ sich bewegen, Rosa und die Puppen für ein Weilchen zu verlassen und mit Domingo und Susanne in ihrem feinen Kleidchen nach vorn zu treten. Sie war ein kräftiger, eigensinniger und zappeliger Dreikäsehoch, sodass die Pateneltern auf die Tradition verzichten mussten, das Kind liebevoll zum Taufbecken zu tragen, und sich unbeholfen daneben stellten. Chloë sah aus, als ob sie jeden Moment böse werden würde, doch Ana gelang es, sie mit einer Schokoladentafel, die sie zur Hälfte aus der Tasche zog, zu besänftigen und zu einer zögerlichen Zusammenarbeit zu bewegen. Chloë schob sich vorwärts, während sie Seitenblicke auf die Schokolade warf, so wie Schiffskapitäne einen Leuchtturm im Auge behalten, wenn sie durch die Tiden an den Küsten kreuzen.

Richard sah prächtig in seiner schönen Robe aus, wie er da in dem scheckigen Sonnenlicht unter der Akazie stand. Er beugte sich nieder und legte seine Hand sanft auf Chloës Schulter, sprach die passende Zauberformel und machte mit dem heiligen Wasser und Öl auf ihrer gerunzelten Braue das Zeichen des Kreuzes. Ana und ich atmeten erleichtert auf, als sie mit der Schokolade in der Hand zu Rosa zurückschlich, Ich hoffe, sie haben sie sich geteilt. Denn Formen allein machen wenig Sinn, wenn man nicht nach den Geboten lebt.

Als Höhepunkt des Gottesdiensts sangen die Engländer zur Verblüffung der spanischen Fraktion »All Things Bright And Beautiful«, die einzige Hymne, mit der sie sich nicht blamieren konnten. Refrain, dann die erste Strophe, Refrain und eine Strophe, die Richard eigens für diesen Anlass geschrieben hatte, dann ein letzter Refrain. Ohne musikalische Begleitung erschollen die Stimmen der Gemeinde, anfangs ein wenig zittrig, dann kräftiger über das Tal und vermischten sich mit dem Rauschen des Flusses und dem Ruf einer Nachtigall in der Schlucht.

Brücke unter Wasser...

Während unserer ersten Jahre auf El Valero war das Wetter mehr oder weniger vorhersagbar gewesen. Die Sommer waren heiß und die Winter mild. Obwohl uns vor Beginn der glühenden Sommerhitze immer ein Gefühl von Nervosität beschlich, waren wir überrascht, wie schnell wir uns daran gewöhnten, wenn es so weit war. Nach kurzer Zeit schleppten wir das Bett auf das Dach und schliefen unter Sternen, hingen eine schwere Decke vor die Tür, damit es im Haus kühl blieb, und stellten eine Flasche gefrorenes Wasser in den sich abmühenden Kühlschrank. Im Winter war das Wetter angenehm, kühl und sonnig, auch wenn der Flora in den Bergen etwas mehr Regen gut getan hätte. Aber sogar während der kurzen Zeit unseres Hierseins hatten wir den Eindruck gewonnen, dass die Winter um ein Minimum trockener geworden waren – nicht sehr viel, aber genug, damit die Bäume trauriger wirkten und die Pflanzen, die nicht so tief im Boden wurzelten, schlapp machten.

Der Fluss plätscherte sommers wie winters ruhig und friedlich dahin, schwoll kurz an, wenn die Junihitze den

Schnee auf den Bergen schmelzen ließ, und kehrte dann zu seinem trägen, sommerlichen Fließen zurück. Der Regen und der Fluss wurstelten so vor sich hin, sichtlich unwillig, uns Ärger zu machen, bis zu dem Sommer nach Chloës Taufe, als wir zum ersten Mal eine ernsthafte Dürre erlebten. Auf den Bergen war in diesem Winter fast kein Schnee gefallen, und im Frühjahr tröpfelte nur schwacher Regen, den die heißen Winde, die aus der Sahara herüberwehten, sofort wieder trockneten. Anfang Juni bestand der Fluss nur noch aus einigen brackigen Pfützen zwischen den Steinen. Und dann, im Juli, versiegte zum ersten Mal seit Menschengedenken das Rinnsal im Río Cádar.

In den trockenen Mulden verfaulten tote Fische, und auf den Pfaden im Tal versank man bis zu den Knöcheln im heißen Staub. Das Gras auf den Feldern bei El Valero wurde braun und knisterte unter unseren Füßen, die Blätter an den Bäumen welkten und rollten sich ein. In den vergangenen Jahren waren wir oft zusammen zum Fluss hinuntergewandert und hatten im Teich gebadet oder uns den kühlen Wind um die Nase wehen lassen und die Schwalben und Fledermäuse beobachtet, die ihre abendlichen Kunstflüge vorführten; aber in diesem Sommer konnte man sich kaum vorstellen, dass in dem Fluss jemals wieder Wasser strömen würde. Die Stille des Flusses wurde durch die grellen Laute der Zikaden noch unheimlicher.

Das ist der Treibhauseffekt, sagten einige... das Loch in der Ozonschicht... El Niño... eine ungünstige Stellung der Planeten. Die alten Männer schüttelten die Köpfe und sagten düstere Zeiten voraus. Die Dürre betraf ganz Andalusien und den größten Teil Spaniens. Überall in der Provinz trockneten Flüsse und Quellen aus; Brunnen versiegten bis auf den salzigen Schlick am Boden; ganze Wälder verdorrten und starben ab. In Órgiva gab es nur noch eine Stunde Wasser am Tag, und überall in Spanien brachen Waldbrände aus.

Irgendwie fühlten wir uns von diesem Wasserlauf im Stich gelassen. Wir hatten den Hof auf der anderen Seite gekauft – billig, weil niemand sonst das Risiko eingehen wollte – und die ganze Zeit über war uns der Fluss ein guter Nachbar gewesen, der uns tagsüber erfreute und des Nachts in den Schlaf wiegte. Er hatte unsere Brücken verschont; er hatte uns gestattet, ihn zu den meisten Zeiten im Jahr mit dem Landrover zu durchfahren; er hatte uns kühles Nass zum Baden gespendet und klares Wasser, um unsere Ernten zu bewässern. Er war überhaupt nicht so unberechenbar und gefährlich gewesen, wie man uns erzählt hatte – und jetzt war er verschwunden und ausgetrocknet.

Mich hatte die Vorstellung eher gereizt, in der Nähe einer wirklich bedrohlichen und elementaren Naturgewalt zu leben, die jetzt allerdings ungefähr so elementar war wie eine Ententeich im Stadtpark. Der lebendige Strom starb. Wenn ich Domingo oder seinen Eltern diese Gedanken mitteilte, schüttelten sie den Kopf und sahen mich bestürzt an. Doch als es September wurde und es immer noch keine Anzeichen für die Gewitter gab, die die sommerliche Hitze beenden, machten sich die Menschen mehr und mehr Sorgen.

Als wollten sie das Elend noch verschlimmern, zogen dichte Gewitterwolken drohend um die Berge, und schwarze Wolken brauten sich über dem Tal zusammen – doch es fiel kein einziger Tropfen Regen. Wenn die Nacht anbrach, schienen die Sterne durch die Lücken zwischen den Wolken, doch um Mitternacht war der Himmel wieder klar. Vielleicht kündigte dies tatsächlich eine grundsätzliche Veränderung des Wetters an.

Einige Ausländer dachten so und sprachen davon, ihre Häuser in Andalusien aufzugeben. Barkis' Retter, George und Alison, die hoch oben in der Contraviesa leben, überlegten, ob sie nach Norden ziehen sollten, ins regensatte Galicien. Sie hatten sich einen Garten mit Teich und Wasserfall angelegt, rechts neben ihrem Haus; doch die Quelle, die ihn speiste, war im Jahr zuvor versiegt, und jetzt hatten sie kaum genug Wasser für die Kaninchen übrig.

Wegzuziehen war für uns keine Alternative, da wir unsere Schiffe schon verbrannt hatten, indem wir einen Hof gekauft hatten, den wahrscheinlich niemand außer uns wollte. Gleichwohl war es eine Erleichterung, dass wir eine solche Entscheidung gar nicht erst in Betracht ziehen mussten. Wie Domingo würden wir hier bleiben, egal ob das Wetter schön oder schlecht wurde; und das Wissen, dass das so war, verstärkte die Bande zwischen uns.

Dann, Mitte September, fing es an zu regnen. Anfangs fielen ein paar vereinzelte dicke Tropfen, die jeweils einen kleinen Krater in den Staub schlugen. Allmählich gingen die Tropfen in einen stetigen Nieselregen über. Die Farbe des Landes wurde dunkler, und die Luft roch nach heißem, nassem Staub und Kiefern. Die Steine im Fluss glänzten, und binnen Stunden hatten sich kleine Bäche und Pfützen gebildet. Ein leises Flüstern machte sich bemerkbar, wo zuvor Stille geherrscht hatte. Gegen Morgen, als immer noch kein starker Regen gefallen war, plätscherte das Wasser wieder im Fluss. Je mehr die Wolken sich verdunkelten, desto mehr hellten sich die Gemüter der Menschen auf. Drei Tage lang fiel leichter Regen, genug, um den Staub zu binden und das Flussbett aufzufüllen, doch dann hörte es auf. Alle waren sich einig, dass es nicht einmal ausreichend geregnet hatte, um die Paprikaschoten zu bewässern, und dass man noch nicht aufatmen könnte.

Der September ging in den Oktober über, ohne dass weiterer Regen fiel, obwohl der Fluss nicht versiegte. Und dann im November begann es zu gießen, nicht wolkenbruchartig, sondern schön stetig, Tag und Nacht, Tag und Nacht. Am Morgen des zweiten Tages wälzten sich dunkle Wassermassen die Schlucht herab. Mühelos schoben sie die Brücke beiseite, zermalmten die Zementpfeiler und rissen die Balken mit sich flussabwärts. Und mit jeder Stunde schwoll das Wasser weiter an und trieb Felsbrocken von der Größe kleiner Häuser vor sich her, die wie Kanonen donnerten, als sie im aufgewühlten Nass aneinanderprallten. Das Wasser war schwarz und übel riechend, und das ganze Land ringsum, das sonst so ruhig war, hallte von dem gewaltigen Getöse wider.

Aus den Regentagen wurden Wochen, und unser Dach begann zu lecken. Das Sonnenenergiesystem gab den Geist auf, und das Feuerholz war so durchnässt, dass man es nicht gebrauchen konnte. Der Fluss brüllte und erfüllte die Menschen im Tal mit schlimmen Vorahnungen. Als die Erde sich mit Wasser vollgesaugt hatte, bröckelten die Hügel in die Täler. Wir hörten ein Krachen und sahen, wie Hunderte von Tonnen aufgeweichter Erde und Felsbrocken lawinenartig den Hang hinabstürzten und Bäume und Büsche mit sich rissen. Ein Großteil der Acequia wurde durch die Erdrutsche so zerstört, dass es keine Spur mehr von ihrem früheren Verlauf gab, und eine gewaltige Masse Felsbrocken war auf den Weg gerutscht. Alles musste nun mit der Schubkarre zum Haus hochgebracht werden. So schreckliche Erosionen hatte ich mir gar nicht vorstellen können; die Berge brachen buchstäblich ins Meer.

Wir hatten kein Telefon, was uns unsere Isolation besonders bewusst machte, obwohl wir auch froh waren, anderen Leuten nicht erzählen zu müssen, wie furchtbar alles war. Vierzehn Eimer und Schüsseln standen im Haus herum und fingen die Tropfen auf; und ein lustloses Feuer, das im Kamin schwelte, war unsere einzige Aufmunterung.

Ana hatte in ihrer vorausschauenden Art für einen anständigen Vorrat an Dosentomaten und Pasta gesorgt, etwas Kartoffeln, Zwiebeln und Mehl, Senfpulver und Anchovis – aber sonst gab es kaum etwas. Wir schlängelten uns um die Eimer im Haus und bemühten uns, Chloë zu unterhalten und uns

von den kleinen Wehwehchen abzulenken, die uns allmählich plagten: Husten, Schnupfen, Bronchialkatarh und eine
Mattigkeit, gegen die auch die feuchten Seiten von Juliette
und ein quietschnasser Kräutergarten nichts ausrichten
konnten.

Ich erinnerte mich an Expiras und Domingos Warnungen
vor dem Fluss und ihre schrecklichen Geschichten von der
Tochter der Tauben, die im Wochenbett gestorben war, oder
der Frau mit Blinddarmentzündung, deren Maultier unter ihr
weggeschwemmt worden war, als sie das Krankenhaus zu erreichen versuchte. Das war es also, wovon sie gesprochen hatten.

Im Notfall gab es einen Weg von El Valero nach draußen,
aber das bedeutete einen vierstündigen Marsch über den Hügel nach Mecina Fondales. Die Brücke bei Mecina war ein uraltes Steingebilde, das in einer engen Schlucht fast 20 Meter
über dem Fluss gebaut und auch bei Hochwasser zu benutzen war. Diesen Weg hätte man vielleicht nehmen können,
um einzukaufen, aber kaum im Fall einer Blinddarmentzündung.

Unsere erzwungene Isolation dauerte an; von Tag zu Tag
wurden wir verzagter und fühlten uns ein wenig bedroht
durch das unaufhörliche Brüllen der Flüsse und den Regen
und Nebel, der jetzt gar nicht mehr aus dem Tal verschwand.
Unter normalen Umständen hätten wir alles getan, um nicht
in die Stadt fahren zu müssen, aber jetzt kamen uns fast die
Tränen, wenn wir an ihre unerreichbaren Freuden dachten.

Und dann, als ich eines Tages unten am Fluss umherwanderte, erblickte ich Domingo. Was mich erstaunte, war, dass
er sich auf unserer Seite des Gewässers befand. Er erzählte
mir, dass er es geschafft hatte, an einer Stelle, wo der Fluss
breiter und flacher war, mit Hilfe eines kräftigen Stocks hinü-
berzukommen. Er hatte sich nur vergewissern wollen, ob bei

uns alles in Ordnung war. »Wir müssen wirklich ein Seil über den Fluss spannen«, verkündete er. »Das ist hier nie geschehen, weil die Menschen sich Neuerungen widersetzen; aber ich glaube, es könnte die Lösung für deine Probleme sein.«

Am nächsten Morgen stand ich etwas flussaufwärts von der Furt am Ufer, während Domingo sich auf der anderen Seite bemühte, ein Durcheinander aus Seilen und Drähten zu entwirren. Nach mehreren Versuchen gelang es ihm, einen Stein hinüberzuwerfen, der an ein Seil gebunden war. Ich zog und langsam bewegte sich das Drahtseil über den Fluss. An dem Seil hing ein Beutel mit einem Schraubenschlüssel und einem Paar Riesenklemmen. Ich legte das Seil unten um den Stamm eines kräftigen Busches und befestigte es mit den Klemmen.

Als ich fertig war, wickelte Domingo das andere Ende um den Stamm einer Tamariske, ähnlich wie ich an meiner Seite, aber mit einer zusätzlichen Spannschraube versehen, die er so fest wie möglich anzog. Mit Hilfe eines Karabinerhakens hängte er sich unter das Seil und bewegte sich langsam über das Wasser. Das Seil spannte sich, als er die Mitte erreicht hatte, aber er war immer noch gut einen Meter über dem Fluss und landete in weniger als einer Minute auf unserer Seite mitten im Gebüsch.

Ich schlug ihm auf den Rücken und lachte vor Erleichterung darüber, dass ihm nichts passiert war, und vor Glück, dass die Sache funktionierte. Dann brachten wir noch weitere Spannschrauben an und verstärkten die Verankerung um den Busch. Nach einer Stunde hatten wir eine sichere und brauchbare Seilförderanlage, die wir benutzen konnten, bis die Strömung des Flusses sich so weit verringert hatte, dass wir eine neue Brücke bauen konnten.

In den nächsten Wochen verbesserten wir den »Fliegenden Hund« mit einem glatt laufenden System aus Seilen und Flaschenzügen, einem bequemen Schalensitz aus Segeltuch und einer Landeplattform auf jeder Seite des Flusses. Der einzige kleine Nachteil der Luftbahn war, dass – von denjenigen mit ausgesprochen abenteuerlicher Gesinnung einmal abgesehen – zwei Menschen benötigt wurden, um sie zu bedienen, wodurch der seltene Fall einzelner Besucher noch seltener wurde. Chloë liebte es, wenn man sie hinüberzog; es war die beste Schaukel in ihrem bisherigen Leben. Bald konnten wir ziemlich gut damit umgehen und schickten Gasflaschen, Säcke mit Tierfutter, Einkäufe, einen neuen Wassertank, Freunde und Nachbarn und ihre Kinder hinüber, einige Widder und einmal sogar einen kranken Steinbock.

Der Steinbock hatte sich eines Abends in einem Busch an der Furt versteckt. Er litt an räudigen Sarkomen, einer Hautkrankheit, die sich die wilden Steinböcke von den Schaf- und Ziegenherden eingehandelt hatten. Zu dieser Zeit verbreitete sich die Räude gerade in der Steinbockpopulation, was dem Amt für Naturschutz große Sorgen machte. Domingo schlug vor, ihn über den Fluss zu ziehen und zum Amtstierarzt in der Stadt zu bringen. Wir fingen das arme Geschöpf ein, banden ihm die Füße zusammen und hingen es an den Haken. Dann zogen wir den Steinbock über den Fluss und verstauten ihn hinten auf Pepes Landrover, zur Verblüffung seiner Hunde, die sich zur Seite drängen mussten, um Platz zu machen. Der Tierarzt badete den Steinbock, impfte ihn und entließ ihn eine Woche später – völlig geheilt. Doch Pepe brauchte noch einmal eine Woche, um seine Hunde von der Plage zu befreien.

Als der Regen endlich aufhörte und sich die Wolken lichteten, mussten wir das Haus wieder trocken bekommen, wozu wir alles nach draußen schleppten, was sich tragen ließ, und die Türen und Fenster aufrissen, um Sonne und Wind hereinzulassen. Dann nahmen wir unser tägliches Leben wieder auf. Eines Nachmittags, als ich fast mit dem Entwässerungsgraben fertig war, den ich von dem aufgeweichten Hof vor dem Stall gezogen hatte, erblickte ich zu meiner Überraschung Antonia, die den Pfad heraufkam.

»Hallo«, sagte sie in ihrem deutlich artikulierten Englisch. »Ich habe etwas mitgebracht für Leute, die ganz allein und ohne Brücke sind. Hier, ein paar Kuchen – und diese Flasche soll euch ein bisschen aufheitern.« Es war immer ein Vergnügen, Antonia zu sehen, und der holländische Gin kam uns gerade recht, doch ich staunte, dass sie überhaupt aufgetaucht war.

»Wie bist du über den Fluss gekommen?«, fragte ich. »Erzähl mir nicht, dass du die Seilbahn allein bedienen kannst!«

»Domingo hat mir geholfen«, antwortete sie einfach. »Er wird auch gleich hier sein, er verstärkt gerade das Seil. Er will sich etwas borgen.«

Und schon bald schlenderte Domingo den Hügel hoch und sah sich meine Versuche zur Entwässerung kritisch an – zu wenig und zu spät. Er setzte sich zu uns und trank etwas Tee, was selten vorkommt, und nahm sogar einen von Antonias Kuchen. Weder Ana noch ich hatten je erlebt, dass er in unserem Haus Kuchen gegessen hatte.

»Kann ich mir eure Drahtzange ausleihen?«

»Natürlich. Was hast du denn vor damit?«

»Ein bisschen Zaun ziehen, damit die Schafe nicht auf Antonias Terrasse scheißen«, erwidert er, als ob das eine Routinearbeit auf dem Land sei.

In diesem Herbst war Antonia in das Haus auf La Herradura gezogen, direkt gegenüber auf der anderen Seite des Tals, weil auf La Hoya eine neue Kaninchen- und Hühnerfarm gebaut wurde und sie der Unruhe entfliehen wollte. Der Besitzer von La Herradura war froh, Antonia das Haus für einen Apfel und ein Ei vermieten zu können, da Häuser hier die Neigung zeigen, sich für die Anwesenheit eines Menschen zu bedanken, indem sie langsamer verfallen. Domingos Herde, die den Fluss nicht überqueren konnte, weidete in diesem Winter auf La Herradura, und die sämtlichen 200 Schafe drängten sich nur allzu gern auf Antonias Terrasse zusammen, um sich vor dem Regen zu schützen: daher also das Problem mit dem Schafskot.

Domingo brauchte anscheinend eine Menge Werkzeuge für das, was es auf La Herradura zu tun gab, denn er begleitete Antonia fast immer, wenn sie zu uns kam und wieder nach Haus ging. Wir sahen sie oft zu unserer Terrasse heraufkommen, und obwohl es uns überraschte, dass Domingo geselliger wirkte als zuvor und Antonia irgendwie glücklicher und lebendiger, fühlte sich keiner von uns bemüßigt, dazu einen Kommentar abzugeben.

Mitte April war das Wasser so weit zurück gegangen, dass wir uns an die Errichtung einer neuen Brücke wagen konnten. Domingo und ich bauten sie mit Hilfe von Bottom, der die schweren, frischen Balken schleppte, in einem kurzen Tag, was ich für eine beträchtliche Leistung hielt. Ich machte mir keine Illusionen mehr über ihre Dauerhaftigkeit, ich hatte begriffen, dass man im Fluss nicht für die Ewigkeit baut. Mit der frühsommerlichen Schneeschmelze in den hohen Bergen schwoll der Fluss nochmals an und setzte der neuen Brücke zu, ließ sie aber diesmal an ihrem Platz stehen. Dann richtete er sich auf seinen sommerlichen Wasserstand ein und rauschte friedlich das Tal hinab. Nachdem er uns sein zorniges Gesicht gezeigt hatte, war er wieder ein guter Nachbar.

Der Sommer, der dem großen Regen folgte, brachte uns nur Gutes. Die Schafe weideten auf dem üppigen Gras, das jetzt den Hügel bedeckte, und erfreuten uns mit zahlreichen Lämmern. Das Ferienhäuschen, das wir nach dem alten Namen des Landes auf jener Seite des Flusses El Duque nannten, war Woche um Woche von Gästen belegt, die von der Schönheit der überreichlich blühenden Landschaft hingerissen waren. Unser Samenhändler aus Sussex kam mit einer riesigen Bestellung verschiedenster Arten vorbei, und die Pflanzen, die die Samen produzieren sollten, blühten mit unserer guten Laune um die Wette. Wir hatten das Gefühl, es mit allem aufnehmen zu können.

Im September sollte Chloë in die Schule gehen. Sie war noch nicht einmal vier, aber Rosa hatte im letzten Jahr angefangen, und Chloë brannte darauf, es ihr gleich zu tun. Ihr waren die Ängste völlig fremd, die ihre Eltern angesichts ihrer kommenden Prüfung plagten. Der Tag, an dem dein erstes Kind in die Schule geht, ist eine entscheidende Station im Leben, einer der vielen Sprünge in den Abgrund. Uns wurde schrecklich wehmütig bei dem Gedanken, dass unsere einzige Tochter nun bald mit dem Schulbus von uns wegschaukeln würde, wir versuchten aber so zu tun, als ob wir ihre Aufregung teilten, dass sie nun ein richtiges spanisches Schulmädchen werden sollte.

Die Nächte im August können sehr heiß sein. Man sitzt draußen, leicht bekleidet und trotzdem schwitzend, während die schrillen Laute der Zikaden und anderer Geschöpfe heißer Nächte einen ganz benommen machen.

In diesem Sommer gab es eine besonders schwüle Nacht. Da an Schlaf kaum zu denken war, gingen wir drei nach einem späten Abendessen um Mitternacht – zusammen mit den drei Hunden – zum Río Cádiar hinunter, um ein erfrischendes Bad zu nehmen. Der Vollmond beschien unseren Weg, und wir nahmen einige Kerzen mit, um in der Dunkelheit am Fluss etwas sehen zu können.

Im Fluss hatten wir uns einen Teich geschaffen, indem wir die Lücke zwischen ein paar Felsen mit einigen Baumstämmen überbrückt und den Damm mit Steinen und Buschwerk ausgefüllt hatten. Wir stellten die Kerzen auf den Damm und

glitten ins kühle Wasser. Wir schwammen ein wenig flussaufwärts, ließen uns von der trägen Strömung zurücktreiben und
beobachteten das Mondlicht und die Kerzenflammen, die auf
der dunklen, gekräuselten Wasseroberfläche glitzerten. Das
Schilf und die Weiden an den Ufern rührten sich nicht in der
heißen, windstillen Nacht. Die Hunde saßen geduldig am
Wasser, und Chloë, die wie eine Meerjungfrau auf einem
Stein hockte, summte schläfrig einige spanische Kinderreime,
die ihr Rosa beigebracht hatte.

Urplötzlich sprangen die Hunde auf, knurrten und starrten flussaufwärts in die Ferne. Der Mond war jetzt hinter
der Serreta verschwunden, und abgesehen vom schwachen
Lichtschein unserer Kerzen herrschte am Fluss völlige Dunkelheit. Ich fürchtete mich ein wenig und fragte mich, was da
draußen los war. Wir starrten in die Nacht, konnten aber
nichts erkennen. Und dann schien ein heller Nebel durch das
Tal zu schweben, der sich aufblähte und schrumpfte und eine
deutlichere Gestalt annahm, als er auf uns zukam. Wie gelähmt standen wir da und starrten.

Bonka fing wütend an zu bellen, und dann hörte ich die
Glocken. Es waren Domingos Schafe, die durch den mond-
beschienenen Fluss staksten. An der Spitze der Herde konnte
ich gerade noch die Umrisse von Bottom mit seinen großen,
spitzen Ohren erkennen. Als sie näher kamen, erblickte ich
Domingo, der auf seinem Esel ritt, und hinter ihm, die Arme
um seine Taille und den Kopf schläfrig auf seiner Schulter –
Antonia.

Wie Alligatoren glitten wir lautlos in den Fluss zurück und
lächelten uns an, als sie vorüberzogen.

Dank

Meinen herzlichen Dank aussprechen möchte ich Natania Jansz und Mark Ellinghaus, meinen Lektoren und meinen Verlegern, für ihre Risikobereitschaft und freundschaftliche Zuwendung. Irgendwie müssen sie schon bald den Tag bereut haben, an dem wir das erste Mal am Flussufer saßen, Orangen aßen und das Buchprojekt besprachen – doch wenn dem so war, ließen sie es sich nicht anmerken. Dank gebührt ebenfalls Carole Stewart und Andrew Hogg dafür, dass sie dem Buch und seinem Autor auf mannigfache Weise auf die Beine verhalfen, Domingo und seiner Familie, Antonia und »dos del Puerto« für ihre vorbehaltlose Freundschaft und nachbarschaftliche Hilfe sowie der mich stets inspirierenden und willkommen heißenden Familie Ortega, Eigentümer der Bar Mirasierra, meines »Büros« in Órgiva. Vor allem jedoch und selbstverständlich gilt mein größter Dank Ana und Chloë, die meinen schriftstellerischen Werdegang begleiteten, mich bei exzessiven Anfällen an die Kandare nahmen, in Momenten des Übermuts bremsten und mir so viel Stoff für meine Geschichte lieferten, wie Sie (hoffe ich) zu lesen geneigt sind.

Ein besonderer Dank gebührt des Weiteren Peter Dyer, Henry Iles, Shaun Snow und Liz Statham, ohne die...